KB260254

한때 울창하기만 했던 유럽 교회라는 산이 지금 벌거숭이가 되어 가고 있다.
수많은 고목이 쓰러져 가는 산을 다시 푸르게 할 방법은
작은 나무를 더 많이 심고 잘 자라게 가꾸는 것이다.
여기 유럽 재복음화를 위한 한국 교회의 역할과 가능성을 가늠해 본다.

유럽을 향한 하나님의 심장 소리

지은이 | 최종상
초판 발행 | 2011년 9월 30일
6쇄 발행 | 2017. 3. 29.
등록번호 | 제3-203호
등록된 곳 | 서울특별시 용산구 서빙고동 95번지
발행처 | 사단법인 두란노서원
영업부 | 2078-3333   FAX 080-749-3705
출판부 | 2078-3477

책 값은 뒤표지에 있습니다.
ISBN 978-89-531-1650-4 03230

편집부에서 독자의 의견을 기다립니다.
tpress@duranno.com   http://www.Duranno.com

두란노서원은 바울 사도가 3차 전도여행 때 에베소에서 성령 받은 제자들을 따로 세워 하나님의 말씀으로 양육하던 장소입니다. 사도행전 19장 8-20절의 정신에 따라 첫째 목회자를 돕는 사역과 평신도를 훈련시키는 사역, 둘째 세계선교(TIM)와 문서선교(단행본·잡지) 사역, 셋째 예수문화 및 경배와 찬양 사역, 그리고 가정·상담 사역 등을 감당하고 있습니다. 1980년 12월 22일에 창립된 두란노서원은 주님 오실 때까지 이 사역들을 계속할 것입니다.

유럽을 향한
하나님의 심장소리

최종상
지음

두란노

*C*ontents

차례

4

4 "다시 건너와 우리를 도우라"
암노스 교회개척학교 이야기

Prologue

프롤로그

유럽에서
주님 이름의 명예를
회복하소서

이 책의 초고를 쓰고 있을 때, 국제제자훈련원으로부터 원고 청탁을 받았다. 옥한흠 목사님이 실천한 제자훈련을 신학적 관점에서 평가해 달라는 것이었다. 같은 때에 크리스채너티 투데이 코리아에서는 '옥한흠 목사님과 나'라는 제목으로 글을 부탁했다. 옥 목사님이 소천하시기 몇 주 전의 일이다. 중요한 글들을 써야 했기에 옥 목사님의 대표 저서들을 다시 한 번 읽으며 그분의 목회철학과 외곬진 삶에 깊은 감동을 받았다. 주님의 교회와 한 영혼을 향한 사랑과 열정, 제자훈련의 원리와 중요성에 대해 다시 배우고 느끼는 시간이 되었다. 그때 나의 영국 교회 개척 목회 이야기를 세상에 내놓기가 부끄럽다는 생각이 들었다. 교회도 작을 뿐 아니라 짧은 기간 섬긴 것으로 어떻게 감히 무슨 일을 했다고 말할 수 있겠는가?

그러나 집필을 멈출 수는 없었다. 영적으로 황폐해진 유럽 교회의 상황을 한국 교회 성도들에게 알리고 기도와 참여를 모아야 한다는 본래의 집필 목적을 포기할 수 없었기 때문이다. 이미 영국에서만 수천 교회가 문을 닫은 현실이 나를 안타깝게 했다. 영국인 교회를 개척하여 목회할 때 주님께서 보여 주셨던 가능성과 비어 가고 문닫아 가는 교회를 바라보시는 주님의 마음이 자꾸 떠올랐다. 혼자 할 수 없는 일이었다. 한때 울창했던 유럽 교회라는 숲이 지난 50년 사이에 황폐해져 가고 있으니, 함께 작은 나무를 심어 다시 울창한 숲을 만들자고 역설해야 한다는 생각이 사라지지 않았다. 하나님께서는 작은 나무, 즉 교회를 많이 개척하여 유럽 교회를 다시 일으키기 원하신다는 거룩한 부담이 나를 눌렀다. 그래서 비록 부끄러워도 내놓아야 하지 않을까 고민하며 기도했다.

그러던 중 장 지오노의 대표작 《나무를 심은 사람》을 보게 되었다. 1953년 출간된 그 책에는 엘제아르 부피에라는 실존 인물이 등장한다. 외로운 양치기였던 그는 황폐한 땅에 수십 년간 묵묵히 하루에 100개씩 도토리를 심었다. 심은 도토리 중 약 10%가 나무로 자랐다. 첫 3년 후에 일만 그루가 자라났다. 그는 이렇게 몇십 년 더 도토리를 심는다면 이 정도의 숲은 앞으로 생길 넓고 울창한 숲에 비하면 바다의 물 한방울 정도밖에 안 될 것이라고 확신했다. 거대하고 당돌한 비전이었다. 훗날 이 도토리들은 나무가 되고, 나무는 바다같이 넓은 숲을 이루었다. 그 속에 꽃이 피어나고, 시절을 따라 풍성한 열매가 맺혔다. 각종 새들과 동물들이 깃들기 시작했다. 울창한 나무들 사이로 맑은 시냇물이 흘렀다. 28명이 살던 작은 폐허 같은 마을이 어느새 1만 명이 북적이는 행복의 터전으로 변모했다. 소박한 꿈을 가진 한 촌부의 끈질긴 노력이 기적을 이루어낸 것이다.

이 책은 세계의 수많은 독자들을 감동시켰다. '20세기 프랑스 문학의 일인자'라 불리는 저자 장 지오노는 70여 페이지의 짧은 글을 20년 동안 생각하며 준비했다고 한다. 그는 "사람들로 하여금 나무를 사랑도록 더 정확하게 말하면 '나무 심는 것을 사랑하도록' 이 작품을 썼다"고 했다. 그리고 실제로 이 책의 결과로 캐나다를 비롯한 세계 여러 나라에서 수천억 그루의 나무가 심겨지는 기적이 일어났다.

나는 《나무를 심은 사람》에서 유럽 재복음화의 비전을 보았다. 오늘날 유럽이 아무리 영적으로 황폐해져 있다 하더라도, 이 책의 주인공처럼 하루에 100개씩 복음의 씨앗을 심고 그중에 1%씩만 자란다 하더라도 유럽에서 하나님 이름의 영광이 회복될 것이라고 생각했다. 나도 장 지오노처럼 크리스천들로 하여금 교회를 사랑도록, 더 정확히 말하면 교회개척하는 일을 사랑하고 참여하도록 용기를 내어 이 책을 내놓는다.

하나님의 인도하심과 은혜로 1997년 10월, 영국 런던 외곽에 있는 이스트버리에서 영국인 교회를 개척하여 6년 반 동안 목회한 이야기를 여기에 썼다. 내가 무엇을 어떻게 했다고 말하려는 것이 아니다. 한국 사람이라도 유럽에서 교회를 개척하려고 하면 예수께서 함께해 주신다는 것을 알리고 싶다. 여기 담긴 이야기는 유럽 교회 대조림(大造林) 사업의 가능성을 보여 주기 위한 긴 사례 발표다. 목회 경험이 전혀 없던 내가 "주님 이름의 명예를 회복하고 싶습니다", "문 닫으려는 교회의 문을 다시 열고 어찌하든지 모여 계속 예배드리고 싶습니다" 했을 때, 주님께서 기다리셨다는 듯이 직접 일해 주신 이야기다. 추수할 것은 많은데 일꾼이 부족하다 보니 나 같은 사람도 써 주셨다고 생각한다.

아무쪼록 나의 일천한 영국 교회 개척 경험과 부족한 필치에도 불구하고 독자들이 유럽 재복음화의 비전을 공유하며 함께 기도하고 어떤 모양으로든지 참여하기를 소망한다. 이제는 개신교 선교사로서 우리나라에 맨 처음 들어와 순교한 토마스 선교사와, 성경을 우리말로 맨 처음 번역한 로스 선교사를 보낸 영국 교회와 유럽 교회에 복음의 빚을 갚을 때가 왔다. 한국 교회의 기도와 참여로 유럽에 많은 작은 나무들이 심겨져 울창한 숲이 이루어질 날을 꿈꾸어 본다. 그 숲에서 주님 나라의 거목이 될 인물들과 교회들이 자라게 되길 기도한다. 살아 계신 하나님께서 함께해 주시리라 믿는다.

나는 이 책을 4부로 구성했다. 또 이야기로 전개되는 책 내용을 나중에 묵상하고 적용할 수 있도록 '되새겨 볼 핵심 원리'를 2장부터 11장 끝에 다섯 개씩 모았다. 1부에서는 유럽을 향한 하나님의 심장 소리가 전해진 '2010 동경선교대회' 이야기를 적었다. 2부에서는 이스트버리 교회 개척과 전도 이야기를 담았고, 3부에서는 목회 이야기를 나누었다. 4부에서는 유럽의 영적 현황과 재복음화의 필요성을 조명하면서 동시에 유럽 재복음화의 꿈을 품고 2011년 10월부터 영국에서 운영하게 될 교회개척학교의 비전과 전략을 제시했다. 독자들의 기도와 참여로 교회개척학교가 풍성한 열매를 맺어 다음에는 하나님께 영광 돌릴 간증보고집이 나오길 기도한다.

이 책이 나오기까지 수고해 주신 분들께 감사드리고 싶다. 여러 해 동안 선교 활동을 후원해 주시면서 자상한 멘토로 사랑과 격려를 아끼지 않으셨고, 특히 이스트버리 교회 개척에 참여할 수 있도록 격려해 주신 故 은보 옥한흠 목사님과 홍정길 목사님께 감사드린다.

우리 가정이 선교사역을 계속할 수 있도록 기도하며 지원한 후원 교회들에 깊이 감사드린다. 부족한 나를 담임목사로 맞아 주고, 한마음으로 동역했던 이스트버리 교회 성도들과 특히 당시를 회고하며 내 목회에 대한 소감을 피력해 준 몇몇 성도에게 감사한다. 과분한 추천의 말씀을 써주신 강준민, 이동원, 조현삼, 홍정길 목사님께 감사드린다.

개척하고 목회할 때 마음과 삶을 함께 쏟았던 우리 가족, 아내 윤명희 선교사와 주혜, 다은, 은지에게 감사한다. 초고를 읽고 좋은 제안을 해준 김미향, 박대영, 이경미, 조용성님께 감사한다. 이 책이 출판되기까지 수고를 아끼지 않은 두란노서원 편집부 여러분께도 깊은 감사를 드린다.

가장 큰 감사는 우리 예수님께 드린다. 불신 가정에서 자란 나를 열아홉 살 때 구원해 주셨고, 32년간 선교사로 사역하게 해주셨다. 로고스 선교선과 둘로스 선교선을 타고 세계 90여 나라에서 사역하는 특권을 주셨다. 영국인 교회를 세우게 해주시고, 이제는 유럽 재복음화의 한 부분을 담당할 꿈과 부담을 주셨다.

"여호와여 주는 주의 일을 이 수년 내에 부흥하게 하옵소서 이 수년 내에 나타내시옵소서"(합 3:2).

유럽의 추수 밭을 바라보며

최종상

Recommendation

강준민
새생명비전교회 담임목사

《유럽을 향한 하나님의 심장 소리》는 현대판 사도행전이다. 무너져 가는 유럽 교회를 다시 세울 희망의 메시지다. 교회개척이 어렵다고 하는 이 시대에 지금도 얼마든지 가능하다는 것을 보여 주는 희망의 책이다. 이 책은 저자가 어떻게 한 영국 교회를 개척해 일으켜 세웠는가를 보여 준다.

저자는 둘로스 선교선의 단장을 역임한 선교 지도자이며 사도 바울과 로마서를 연구해서 박사학위를 받은 탁월한 신학자다. 더불어 한 영혼을 생명처럼 소중히 여긴 참 목자다. 우리는 이 책을 읽으면서 하나님이 어떻게 저자를 준비시켰는가에 주목해야 한다. 또한 어떤 삶의 원리와 목회 철학이 불가능한 현실 속에서 기적을 경험하게 했는지에 관심을 기울여야 한다.

하나님께서는 저자를 철저하게 준비시키셨다. 무엇보다 예수님을 닮은 성품과 지혜로 준비시키셨다. 저자는 하나님의 준비에 순응했고, 이 시대가 요구하는 참신한 리더십을 발휘했다. 저자는 지구촌 시대에 적합한 참 리더십을 선교 현장에서 익혔다. 그리고 발휘했다. 지금은 더 이상 서구화에 한정된 시대가 아니라 글로벌 시대다. 글로벌 시대의 지도자는 전 세계를 보는 안목으로 다양한 문화를 이해하는 폭넓은 경험이 있어야 한다. 저자는 오엠선교회에서 로고스와 둘로스 선교사역을 통해 다양한 문화를 접했다. 또한 둘로스 단장으로 일하는 동안 수많은 나라의 지도자들을 만났다. 그 과정을 통해 글로벌 리더십을 발휘했다.

둘로스 단장으로서 사역을 마친 저자는 새로운 사역을 준비하는 중에 무너진 유럽 교회를 다시 세우는 것이야말로 하나님이 원하는 것임을 깨달았다. 사도 바울은 에베소서에서 주님의 교회는 만물 위에서 만물을 충만케 하는 충만이라는 사실을 밝혔다. 하나님은 지금도 교회를 통해 만물을 충만케 하신다. 교회는 이 시대의 소망이요, 하나님의 영광을 드러내는 은총의 도구다. 그런 면에서 저자가 시작하려고 하는 암노스 교회개척학교는 하나님의 비전이요, 하나님의 심장이 담긴 사역이다.

이 책은 교회개척에 관심을 가진 목회자뿐만 아니라 모든 목회자가 읽어야 할 책이다. 이 책에 예수님의 목회원리가 담겨 있기 때문이다. 작은 시작과 성실한 전도사역이 얼마나 놀라운 결과를 가져왔는지 이 책은 성실하게 보여 준다. 한국 교회와 이민 교회는 위기 중에 있다. 그 위기는 지도자의 위기요, 도덕성의 위기다. 이 책은 교회개척과 성장의 원리를 제시해 주는 것보다 더 근본적인 목회 리더십의 원리를 다루고 있다. 잘 준비된 목회만이 아름답게 열매 맺는 원리를 가르쳐 준다. 하나님은 진실하고 성실한 목회자에게 기름부으심을 허락해 주신다. 교회를 세움에 있어 작은 일에까지 진실해야 함을 보여 준다. 서두르지 않고 인내하며, 하나님보다 앞서지 않는 성경적 원리를 가르쳐 준다.

이 책은 유럽에 다시 한 번 하나님의 교회를 세우기 위해 쓰인 것이지만 더불어 한국 교회와 이민 교회를 다시 한 번 세울 좋은 안내서다. 진지하게 읽고, 배운 원리를 목회 현장에서 실천할 수만 있다면 저자가 경험한 놀라운 기적을 당신도 경험할 것이라고 확신한다. 이 책을 통해 수많은 개척교회가 세워지고 유럽 교회에 부흥이 일어나길 기도드린다.

| 이동원
지구촌교회 원로목사

신학교를 졸업해도 갈 교회가 없다고 한다. 그러나 이웃 나라 일본에는 담임목사 없는 교회가 허다하고 복음의 불모지가 된 유럽에는 교회개척을 기다리는 지역이 즐비하다. 조금씩 열려가는 중국 대륙에서는 수많은 사람이 복음과 교회를 갈망하고 있다.

평생을 OM선교회 지도자로 전 세계를 다니며 전도했던 최종상 선교사는 영국에서 6년여 동안 성경의 원리를 따라 영국인 교회를 개척하여 전도와 섬김으로 목회했다. 이 책의 각 장 끝에 모아 놓은 "되새겨 볼 핵심 원리"는 그 자체만으로도 성경적 목회원리의 보고(寶庫)다.

어떤 소설이나 드라마보다 더 흥미진진한 그의 모험적인 이야기는 우리가 성령으로 충만하고 약간의 외국어만 할 수 있다면 세상은 할 일로 가득 차 있음으로 보여 준다.

최종상 선교사는 한국인으로서 영국에서 영국인들을 대상으로 교회를 개척하고 훌륭하게 목회함으로써 유럽 재복음화의 가능성을 입증했다. 이에 더하여 더욱 효과적이고 전략적인 유럽 선교사역을 위해 최근 영국에 암노스 교회개척학교를 열었다.

그가 유럽에 심어 갈 작은 나무 교회 이야기는 아직도 이 땅과 열방에 우리가 심어야 할 하나님 나라의 꿈나무 이야기가 될 것으로 나는 믿는다. 그러므로 나는 이 땅의 모든 신학생과 목회자들, 그리고 위대한 꿈의 탄생을 기다리는 모든 성도에게 이 책을 적극 추천한다. 더불어 나도 이 복음의 나무를 심는 사역에 동역자가 되고 싶다.

조현삼
서울광염교회 담임목사

"한 달 내로 추천사를 써 주면 좋겠다는 메일을 받자마자 이 책의 초고를 단숨에 다 읽어버렸다. 그리고 바로 내 영혼을 충만케 한 감동으로 추천사를 썼다. 삶이 아름다운 사람에 대한 말이나 글은 부담이 되지 않고 도리어 그 자체로 기쁨이 된다. 한국인으로서 영국인 교회를 개척해서 목회한 이야기는 자랑스런 감동이었다.

'하나님께서 그렇게 일하셨구나! 선교사님은 그렇게 준비하셨구나.'

최종상 선교사의 마음과 열정이 그대로 느껴졌다. 진한 감동으로 다가왔다.

'부어 주심', 《유럽을 향한 하나님의 심장 소리》를 읽는 중에 이 네 글자가 마음으로 들어왔다. 하나님께서는 어떤 일을 계획하시고, 누군가에게 그 일을 맡기실 때 먼저 그의 마음에 '부어 주시는 것'이 있다. 그러면 그 사람은 감동이 되어 그 일을 신나게 시작한다. 이 책을 읽으면 하나님께서 최종상 선교사에게 부어 주신 것이 무엇인지 알 수 있다. 하나님의 사람에게 부은 바 된 유럽 재복음화의 비전은 이 책을 읽는 독자들과 한국 교회에도 부어질 것이다.

영국인 교회를 개척해서 목회할 때에 보이지 않게 담아 놓으셨던 하나님의 더 큰 뜻 하나가 이제 암노스 교회개척학교를 통해 나타나는 것을 보는 즐거움도 이 책 속에 들어 있다. 주의 길을 따르는 우리는 늘 기대와 감동의 연속이다. 지금은 우리가 알지 못하는 놀라운 하나님의 계획을 독자들도 이 책 안에서 발견해 내길 기대한다.

홍정길
남서울은혜교회 담임목사

20여 년도 더 전의 일이다. 영국 출신으로 OMF 선교사였던 데니스 레인 목사가 한 한국 교회 집회를 인도하면서 이렇게 말했다.

"영국도 전쟁 직후 한국처럼 교회가 미어터지도록 사람들이 모였습니다. 모두들 주님의 말씀을 따라 살아야 하고, '주님의 진리' 이것이 영국을 살리는 길이라 확신했기 때문입니다. 그러나 이제는 그 열심이 사라지고 남은 것은 썰물처럼 빠져나간 빈자리뿐입니다. 지금 한국 교회에 이렇게 열심히 모이는 것, 여기에 도취되지 마십시오. 언젠가 사람들이 썰물처럼 빠져나갈 수도 있다는 것을 꼭 기억하십시오."

요즘, 데니스 레인 선교사의 말처럼 한국 교회도 썰물의 때를 맞고 있는 것은 아닌가 하는 생각이 든다. 어떤 통계를 보면 심지어 과거 영국 교회 쇠퇴의 시기보다 한국 교회가 더 빠르게 그 길을 걷는다는 보고도 나오고 있다.

그런데 영국 교회가 쇠퇴의 시기를 지나 이제는 '교회가 진정 살아 있기는 한 건가' 하는 탄식마저 들려오는 때에 복음을 들고 분연히 일어나 영국 성도를 향해 도전하고, 교회개척자들을 길러내려고 교회개척학교를 새롭게 시작한 사람이 있다. 최종상 선교사다.

최종상 선교사는 철저한 전도자다. 평생 OM 선교선을 타고 5대양 6대주를 누비며 복음을 전했고, 로마서 해석에 새로운 지평을 연 것으로 평가받는 탁월한 저서를 출간한 학자이기도 하다. 그리고 이 책에서 소개하는 것처럼 영국인들을 대상으로 교회를 개척하여 섬긴 목회자이기도 하다.

그는 박사 공부를 할 때나 교수 생활을 하면서도 영국을 복음으로 회복할 비전을 품고 있었다. 그래서 그가 영국 교회를 목회하는 동안 내내 가가호호 방문하며 복음을 전했다. 영국 문화에서는 초청받지 않은 사람이 갑자기 집을 방문하는 것은 실례였지만 그는 어떻게든 가능성 있는 구실을 만들었고, 그것이 여의치 않을 때는 길에서도 복음을 전했다.

복음이 사도 바울에게 능력이었고 그래서 빌립보 감옥을 변화시켰던 것처럼, 최 선교사의 복음은 불쌍한 심령들을 교회로 모이게 했다. 교회는 그렇게 성장했다. 120여 명의 성도가 모이는 교회, 영국의 교회 형편으로 보면 이런 일이 있을 수 있을까 할 정도로 튼튼한 교회로 양육하여 세우고 자립시킨 후에 하나님의 부르심을 받아 둘로스호 단장으로 사역을 이어갔다.

이제 다시 둘로스호 사역을 마친 최 선교사는 영국으로 돌아가 개척 목회에 뜻 있는 사람들을 모아 교회개척학교를 시작한다고 한다. 영국과 유럽에 수많은 복음의 나무를 심어 교회와 복음의 울창한 산을 만들려고 한다. 나는 믿는다. 그리고 한국 교회도 이 비전에 함께 마음을 모으길 기대한다.

이 《유럽을 향한 하나님의 심장 소리》에는 영국인들에게 전도하며 목회한 최종상 선교사의 모습과 유럽 재복음화를 향한 비전과 전략이 진솔하게 그려져 있다. 교회를 개척할 때부터 이임할 때까지 하나님께서 주신 귀한 복을 하나하나 되새기며 복음이 어떻게 능력으로 역사했고, 주님의 손이 어떻게 교회에 함께하셨는가를 정리했다. 그는 복음의 썰물기라 불리는 이 시대에, 교회는 썰물이 될지라도 복음은 절대로 그리 될 수 없다는 것을 삶으로 입증했다. 최종상 선교사의 영국 교회 개척 이야기는 한국 교회에도 큰 도전과 복이 될 줄 믿는다.

복음의 사람 최종상 선교사, 그는 머리로만 생각하는 관념론자가 아닌 복음 앞에 삶을 통째로 헌신하고 주의 명령에 순종한 하나님의 사람이다. 주님 나라에 반드시 이런 사람이 필요하다. 하나님께서 귀하게 보시는 사람, 그가 바로 최종상이다.

EUROPA
NORD SEE
MITTELLÄNDISCHES MEER
IRLAND
ENGLAND
FRANKREICH
SCHWEIZ
DEUTSCHLAND
ITALIEN
PORTUGAL
SPANIEN
DÄNEMARK
ADRIATISCHES MEER
ALGERIEN
MAROCCO
AFRICA
Madrid
Paris
London
Dublin
Wien
Sardinien
Sicilien
Corsica
Maasstab

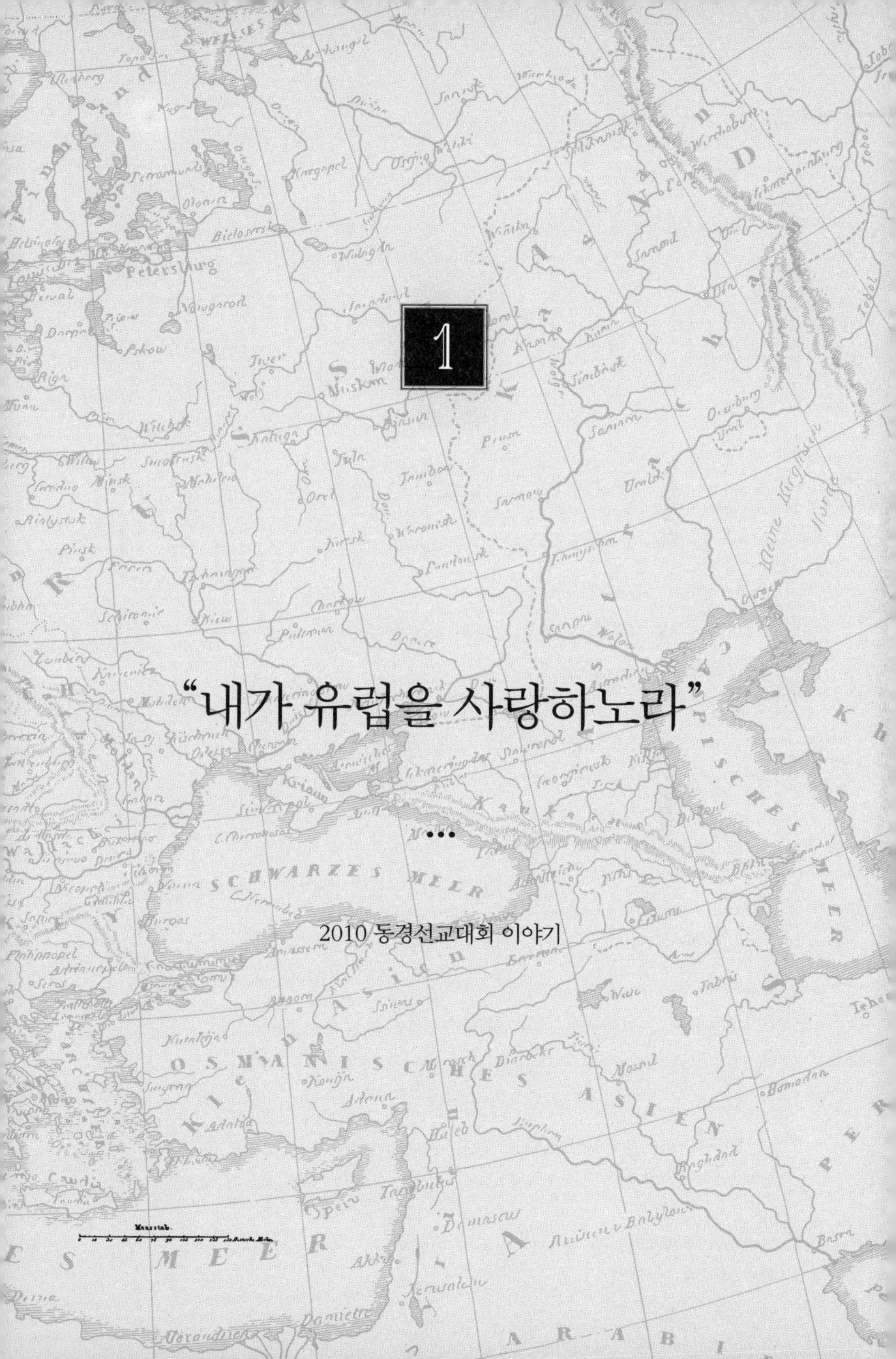

1

"내가 유럽을 사랑하노라"

...

2010 동경선교대회 이야기

Chapter.1

유럽을 향한 하나님의 심장 소리

"쇠퇴해가는 유럽 교회의 실정을 들으며 흐르는 눈물을 주체할 수 없었습니다. 우리는 100년 전 유럽 에딘버러에서 열렸던 선교사대회를 기념하기 위해 지금 모였습니다. 그런데 오늘의 유럽은 이렇게 어려운 형편에 처해 있다고 합니다. 앞으로 여러분이 가진 영향력으로 유럽을 위해 기도해 주시고 일꾼을 보내 주십시오. 아니, 오늘 여기서부터 시작하십시다. 다 일어나셔서 유럽을 위해 기도합시다!"

스웨덴에서 온 스테판 구스타브슨 박사의 유럽에 대한 주제강의가 끝난 후, 사회를 맡은 조용중 선교사(2010 동경 선교대회 준비위원장)는 울먹이며 유럽을 위해 기도하자고 제안했다. 그리고 유럽에서 왔거나 유럽에서 사역하는 사람들은 단상 앞으로 나와 기도하라고 초청했다. 나도 주님께 감사드리며 앞으로 나갔다. 모두 60~70명이 앞으로 나왔다. 100여 나라에서 모인 1천여 명의 선교기관 대표들이 모두 간절한 마음으로 기도하기 시작했다. 주께서 유럽을 불쌍히 여겨 주시고 유럽으로 기도를 모아 주시며 유럽에서 주님의 이름이 다시 명예를 되찾게 해달라고 소리 높여 눈물로 기도했다.

선교대회 현장을 지켜보던 국민일보 신상목 기자는 당시 그 기도의 간절함을 이렇게 기사로 내보냈다.

○ "다시 건너와 우리를 도우라"는 유럽 기독 지도자의 간청을 들은 후 유럽의 재복음화를 위해 눈물로 기도하는 2010 동경선교대회 참가자들
○ 사진 출처: 국민일보

“흐느끼는 소리는 점점 퍼져갔다. 흐느낌은 절규와 기도로 번졌다. 100년 세계 선교의 중심지였던 유럽이 세속주의로 침몰하는 것을 보며 1천여 명의 선교 지도자들은 하나님께 부르짖었다. 유럽이 복음으로 회복되기를, 교회가 부흥하기를 간절히 기도했다”(국민일보 2010. 5. 14).

뜨거운 통성기도가 한참 드려질 때 조 선교사가 속삭이듯 나를 부르더니, 단상에 올라와 마무리 기도를 해달고 손짓했다. 속으로 “주여, 제 기도를 인도해 주옵소서” 하며 단 위로 올라갔다. 서너 개의 계단을 딛고 단에 오르는 그 몇 초간의 시간에 주께서 생각을 주셨다.
‘유럽에 감사하라. 유럽을 위로하라. 내가 유럽을 사랑하노라.’
마이크를 받자마자 주께서 기도를 주셨다. 이미 한껏 뜨거워진 장내 분위기에 따라 간절하게, 그러나 단호하게 또박또박 기도했다. 먼저 예수님의 이름을 높여 드린 후 유럽에 대한 감사로 이어갔다.

“지난 200년 이상 세계 곳곳에 복음을 전하기 위해 기도와 선교사와 물질을 드려 주님께 헌신해 온 유럽 교회로 인해 감사를 드립니다. 저들이 100년 전 에딘버러에 모여 세계 복음화에 매진하기로 결심하고 선교 사역을 충실히 감당해 왔기 때문에 오늘날 복음이 저희 한국을 포함하여 온 땅에 퍼졌습니다. 그래서 오늘 우리가 여기 주님의 이름으로 모일 수 있었습니다. 하지만 지금은 유럽이 이렇게 어렵다는 보고를 받았습니다. 유럽을 불쌍히 여겨 주옵소서. 유럽 성도들과 교회 지도자들을 위로하시고, 축복해 주옵소서. 다시금 부흥을 허락해 주옵소서. 성령의 바람이 다시 유럽 대륙을 덮게 하옵소서. 우리는 유럽을 포기할 수 없습니다! 유럽은 아직도 세계 선교를 위해 감당해야 할 전략적 역할이 많이 남아 있습니다. 그런데도 저들은 지금 생존을 염려하고 있고, 이슬람의 전진 앞에 속수무책으로 있습니다. 주여, 이제 우리가 복음의 빚을 갚으러 일어나게 하옵소서. 바울이 마게도니아 사람의 간청을 듣고 주님께 순종하여 유럽으로 건너간 것처럼 오늘 이 보고를 들은 우리도 주님께 순종하게 인도하여 주옵소서. 미전도종족 선교뿐 아니라 유럽을 위한 기도와 전도 인력도 모으게 하옵소서. 이 동경대회와 기도, 그리고 우리가 앞으로 할 일로 인해 하나님의 영광을 인정하는 것이 물이 바다를 덮음같이 다시금 유럽 땅을 덮게 하옵소서! 유럽이 옛날처럼 세계 선교에 크게 쓰임 받게 하옵소서!"

기도가 끝난 후 박수가 터졌다. 하나님을 향한 기대와 우리의 결단을 나타내는 박수였다. 사람들은 흐르는 눈물을 훔치고 기쁨으로 충만해졌다. 나는 휴식시간 내내 이 '하나님의 사건'을 묵상했다. 이렇게 뜨거운 기도의 시간이 동경대회 기간 중 전에도 후에도 없었다는 것이 내게는 중요한 의미로 다가왔다. 세계 선교기관 지도자들은 이 대회를 통해 향후 100년을 향한 주님의 마음을 읽고자 많이 기도했다. 성령께서도 강하게 임재하시는 선교대회였다. 그런데 의심의 여지없이 가장 강력한 감동의 시간은 마지막 날 유럽 주제강의와 이어진 기도 시간이었다. 그렇다면 이것은 분명히 성령님의 역사였다. 하나님께서 당신의 마음이 유럽을 향하고 있음을 분명히 보여 주신 것이었다.

세계 교회여, 유럽을 보라!

하나님께서 유럽을 향한 당신의 마음을 보여 주시고 심장 소리를 듣게 하신 것은 마지막 날 주제강의 때만이 아니었다. 처음은 5월 11일 저녁, 동경대회 개회식에서였다. 동경 나카노에 있는 선프라자 호텔의 주집회장은 일본 성도를 포함하여 2천 500여 명으로 가득 찼다. 110개 국의 대형 국기 입장으로 대회가 시작되었다. 먼저는 1910년에 열린 에딘버러 선교사대회 이후 100년간의 사역을 감사하며 축하하고 미래를 다짐하는 시간이 있었다.

100년 전에는 세계의 90%가 미전도종족 지역이었다. 선교사의 99%가 미국과 유럽의 서구 출신이었다. 그러나 지금은 미전도종족 지역이 25%로 줄어들었고, 선교사의 78%가 비서구권 출신이다. 에딘버러 선교사대회 때에는 1천 200명 참석자 중 비서구권 사람은 17명에 불과했다. 이중 8명이 인도 사람이었다. 이번 동경대회에 참가한 비서구권 대표들은 65%인 650명에 달했다. 비자나 경비 문제가 없었다면 비서구 지도자들이 250명은 더 참석했을 것이라고 한다.

개회식에서 5~6명의 인사들이 축사나 인사말을 짧게 전했다. 그중에 세계복음주의연맹의 신학위원장이며, 동 연맹 산하 국제종교자유연구소 소장인 독일 사람 토마스 쉬르마허 박사가 있었다. 그는 이번 동경대회야말로 선교에 대해 말만 하는 사람들의 모임이 아닌 진짜 선교를 하는 사역자들의 집회이며, 따라서 에딘버러 1910 선교사대회의 진정한 후예라고 말했다. 그는 웩 선교회(WEC)가 이번 주간에 영국에서 싱가포르로 국제본부를 옮기는 것을 상기시켜면서, 앞으로 남반부 교회들이 북반부로 와서 도와야 한다고 강조했다. 그러면서, "건너와서 우리를 도와주십시오. 와서 우리 [유럽]대륙을 도와야 된다는 것을 잊지 마십시오"라며 인사말을 마쳤다.

유럽 선교에 대한 하나님의 음성은 나이지리아의 그빌레 아칸니 목사를 통해 또다시 들려왔다. 그는 이번 대회 중 최고의 강사라 해도 손색이 없을 만큼 열정적이었고 내용과 메시지 전달이 탁월했다. '제자화야 말로 선교가 지향해야 할 길'이라는 주제강의 중에 유럽을 심도 있게 언급했다.

"전에 정복됐던 땅들이 다시 황폐해져 새로운 선교지가 되고 말았습니다. 그 지역은 10/40창(Window) 속에는 들지 않을지 모르지만, 선교계에 익숙한 미전도종족들보다 더 힘든 상황이 되고 말았습니다. 저는 지금 흔히 '제1세계'라고 불리는 유럽과 북미에 대해 말씀드리고 있습니다. 세속주의, 인본주의, 심령주의와 다른 철학사상들이 이 땅들을 쑥대밭으로 만들었고, 이 나라들의 젊은이들은 '계몽된 흑암'(Enlightened Darkness) 속에서 방향을 잃고 헤매고 있습니다. 이제는 하나님께서 우리 [비서구] 중에서 남종과 여종을 일으켜 서구로 보내 주시길 기도해야 겠습니다."

주제강의 이외에도 세계를 9개 지역으로 나누어 지난 100년간 하나님께서 하신 일들을 상기하며 '자축'하는 소규모 지역 세미나들이 있었다. 북미와 유럽을 묶은 '서구 지역'은 풀러 신학대학교 선교대학원장을 지낸 폴 피어슨 박사가 인도했다. 선교계의 거장인 그는 서구가 주도해 온 여러 훌륭한 사역을 설명했다. 그러면서도 에딘버러 선교사대회에서 서구의 기독교 감소를 전혀 예상하지 못했고 따라서 대책도 세우지 못했다고 지적했다. 현재 세계 기독인구의 2/3가 비서구에 살고 있다는 사실과 대부분의 비서구 교회가 복음주의적이라는 점을 고려할 때 이제는 비서구가 선교에 적극 나서야 한다고 강조했다. 전에는 복음이 서구에서 나머지 세계로 전달되었지만(from the West to the Rest), 이제는 선교지가 선교체가 되었다(Mission Fields have become Mission Force)고 역설했다.

그러나 그가 선교체였던 서구가 선교지가 되었다는 것과 비서구가 서구 재복음화를 위해 적극 나서야 한다는 말을 분명히 하지 않은 것은 아쉬웠다. 아직까지 미국 교회가 그다지 힘들지 않아선지 미국 선교 지도자들은 유럽 교회의 쇠퇴 상황을 절감하지 못했고, 서구가 비서구 선교사를 받아들여야 한다는 것을 피부로 느끼지 못하는 듯했다.

이런 미국적 분위기는 '미완성 과제의 현주소'를 주제강의한 폴 에쉴먼 국제 CCC 부총재에게서도 느껴졌다. 그는 유럽 선교의 필요에 대해 전혀 언급하지 않았는데 그것은 강의 전에 보여 준 동영상에서 백인의 모습이 하나도 보이지 않은 것에서도 잘 알 수 있었다. 물론 미전도종족에 초점을 맞추다 보니 그랬을 수도 있겠지만 내게는 예사롭게 보이지 않았다. 그런데 주최측에서는 나에게 '후기 기독교 지역의 재복음화'라는 워크숍 주제를 주었다. 참석한 50여 명은 유럽 재복음화에 커다란 관심을 보였다.

마지막으로, 앞에서 이미 언급한 스테반 구스타브슨의 유럽 주제강의에 앞서 이 강사를 소개하던 한 유럽인의 말을 소개한다.

"여러분, 유럽이 아직도 지도에 엄연히 나와 있는데 왜 유럽을 위해 기도해 주지 않습니까? 유럽을 잊지 마시고 기도해 주십시오. 유럽인들은 복음이 필요합니다."

그는 간절히 호소했다. 주제강의를 맡은 구스타브슨 박사는 진지하고
도 명확하게 유럽의 현실을 설명했다. 그러면서 "유럽 크리스천들이 자신
감을 잃고 패배감에 빠져 있습니다"라고 말하면서 안타까운 심정을 전했
다. 유럽을 거울삼아 다른 대륙은 교회 쇠퇴의 전철을 밟지 않도록 최선
을 다하라는 경고도 잊지 않았다.

유럽의 기독교 지도자가 유럽 교회의 어려운 형편을 진지하고 진솔하
게 얘기하니 설득력이 있었다. 그 메시지를 비서구인인 아킨니 목사나 내
가 아무리 사실을 실감나게 말한다 해도 권위 있게 들리기가 쉽지 않았을
것이다. 도리어 유럽 교회의 어려움을 과장해 부정적인 인상을 심는다고
오해를 받았을지도 모르겠다. 하지만 스웨덴 복음주의 협의회의 총무요,
교수이며, 유럽 복음화를 위해 전심으로 사역하는 크레도 아카데미(Credo
Academy)의 회장인 그가 하는 말을 현실로 받아들이는 데는 거부감이 없
었다.

"있는 그대로 정직하게 유럽의 상황을 전하려다 보니, 여러분을 낙심케
한 것 같습니다. 그러나 소망이 있습니다. 유럽으로 와서 도와주십시오.
하나님의 마음이 유럽에 있습니다. 유럽은 다시 복음화될 것입니다."

그가 이 간절한 말로 강의를 맺자 우레와 같은 박수가 대회장을 흔들
었다.

어렵고 부끄러운 보고를 용기 있게 해준 것에 대한 격려의 박수요, 함
께 유럽을 위해 기도하며 일하겠다는 다짐의 박수였다. 무엇보다 유럽을
향한 하나님의 애틋한 마음을 읽고 순종하여 동역하겠다는 결심의 박수

였다. 이런 정황에서 조용중 목사가 유럽을 위해 기도하자고 제안한 것이다. 모두 성령께서 엮어가신 일이다. 강의를 듣는 중에 강력한 느낌이 내게 임했다.

'유럽의 재복음화를 위해 사역하는 것은 분명 하나님의 뜻이다!'

2010년 5월, 귀국 중 어느 기도원에서 일주일 동안 유럽 선교를 구상했다. 필요한 물질을 위해 기도하는데 주님께서 "너희가 구하기 전에 이 모든 것이 너희에게 있어야 할 줄을 하늘에 계시는 너희 아버지께서 아시느니라"(마 6:8, 32, 참조)라는 말씀으로 격려해 주셨다. 그리고 며칠 후, 주님께서는 동경대회를 통해 유럽을 향한 당신의 마음을 넘치도록 보여 주셨다. 이제 할 일은 간단하다. 주님께서 보여 주신 뜻에 믿음으로 순종하는 것이다. 주께서 중요하다 여기시는 일을 열정적으로 추진해 가는 것이다! 필요한 전략과 물질, 네트워크와 동역자들은 주님께서 공급해 주시리라.

유럽은 당연히 기독교 대륙 아닌가요?

유럽은 당연히 기독교 대륙인데 왜 이렇게 초상난 집 이야기하듯 할까 하며 의아해 하는 분들이 있을 것이다. 유럽 교회가 어려운 줄은 알지만 도대체 어느 정도인지 궁금해 하는 분들도 있을 것이다.

유럽은 종교개혁은 물론이고 경건주의와 대각성운동, 현대신학연구의 발원지였던 것이 사실이다. 특히 윌리엄 캐리 이후 현대선교운동의 모체가 되어 다른 대륙으로 복음을 전하는 선교의 전진기지 역할을 수행해 왔다. 그러나 지금 유럽 교회는 생존을 염려해야 할 만큼 심각한 상황에 처해 있다.

유럽은 현재 세계에서 기독교가 성장하지 않는 유일한 대륙이다. 오히려 급격하게 감소하고 있다. 20세기 동안 복음주의 교회가 남미에서 50배, 아프리카에서 40배, 아시아에서 20배 이상 성장한 것과 비교하면 너무도 대조적이다. 유럽의 개신교 출석교인은 평균 3% 정도에 불과하고, 복음주의자가 1%도 안 되는 나라가 19개국이나 된다. 유럽은 복음주의자 비율도 세계에서 가장 낮다. 2010년 10월에 발간된 《세계기도정보》 제7판에 의하면 북미 26.8%, 아프리카 17.7%, 남미 16.7%, 아시아 3.5%인데 비해 유럽은 2.5%에 불과하다.

유럽 사람들은 종교심마저 잃어가고 있다. 세계적인 리서치 기관 '퓨 포럼'(Pew Forum)에서 세계인의 신앙관과 가치관을 보여 주는 '퓨 세계인의 의식구조 프로젝트'(Pew Global Attitudes Project) 결과를 최근(2009년) 출간했다. "종교가 당신에게 얼마나 중요합니까?"라는 질문에 "종교는 내 삶에 매우 중요하다"고 답한 사람들의 비율은 세네갈 98%, 인도네시아 95%, 브라질 78%, 인도 74%, 미국 57%였다. 그러나 유럽으로 오면 비율이 급격히 떨어져 폴란드 33%, 독일 25%, 영국 19%, 헝가리 15%, 스웨덴 8%로 나타났다. 많은 유럽 사람들이 종교가 중요하다고 생각하지 않으니 예수님을 믿으려 할 리가 없다.

이런 통계는 유럽이 엄청나게 변화하고 있음을 보여 주는 단적인 예다. 많은 유럽인들은 기독교의 복음을 더 이상 기쁜 소식(Good News)으로 인식하지 않는다. 한때 시도했다가 진리가 아닌 것으로 판명난 것쯤으로 치부할 뿐이다. 선교학자 레슬리 뉴비긴이 말한 대로 기독교는 지금 서구 세계에 더 이상 아무런 매력도 주지 못하는 종교로 인식되고 있다. 계몽주의 시대부터 오랫동안 지속된 세속화와 포스트모던 시대가 낳은 다원주의의 영향으로 유럽에서 기독 교회는 점점 그 영향력을 잃어가고 있다.

영국의 경우 1989년부터 1998년까지 10년 사이에 런던과 인근 두 지역을 제외한 잉글랜드 전역에서 일제히 10% 이상 교세가 감소했다. 그 결과 1980년에서 2009년까지 30년 동안 영국에서 9천여 개의 교회가 문을 닫았다. 2000년대에 들어와서도 매주 평균 4개 교회가 문을 닫고 있어 매년 220개의 영국 교회가 폐쇄되고 있는 것이 현실이다. 한 달에 한 번 예배에 출석하는 사람은 인구의 5% 정도에 불과하다. 매주 출석하는 사람은 2% 미만으로 보는 영국 교수도 있다. 이런 상황에서 2000년 4월 종려주일에 영국 유명 일간지 〈디 인디펜던트〉에 "영국 교회 40년 내 사라진다"는 조사 발표 기사가 대서특필되었다.

문닫은 교회들은 팔려서 술집, 디스코 장, 식당, 주택, 공장, 사무실, 창고, 심지어 모스크로 변했다. 문화재 보호법에 따라 오래된 건물의 외양은 그대로 보존하고 있지만 이젠 다른 용도로 쓰이는 옛 예배당의 모습이 우리를 안타깝게 한다. 현대 선교의 아버지 윌리엄 캐리가 목회했던 교회 중 하나가 인도 사람들이 믿는 제인교 유럽 총본부 사원이 되었고, 1910년 세계 최초로 에딘버러 선교사대회가 열렸던 교회는 연극 공연장과 에딘버러 페스티벌 매표소로 바뀌었다.

프랑스의 경우도 60년 전에는 전체 인구의 96%가 천주교 미사에 참

○ 나이트 클럽과 술집으로 바뀐 영국 리버풀 한 교회의 모습

○ 고급 술집, 식당, 파티장으로 바뀐 사우스햄튼의 한 교회

○ 힌두교 방송국으로 변한 영국 레스터의 한 교회

○ 제인교 유럽 총 본부사원으로 바뀐
현대선교의 아버지 윌리엄 캐리 목사 기념교회

○ 사진 출처: 김태규 목사

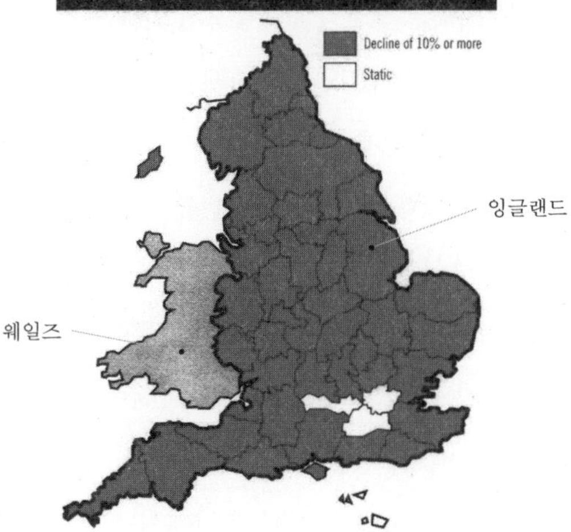

○ 1989-1998년 사이에 잉글랜드 거의 모든 지역이 10% 이상 교회 출석 인원이 감소했음을 보여주는 이 지도에서 신 마게도니아 환상을 본다.
○ 지도 출처: Peter Brierley (ed.), UK Christian Handbook Religious Trends 3, (London: Christian Research, 2002/2003) p. 2.15

석했지만 지금은 6%만이 미사에 참석한다. 개신교는 2% 정도고 복음주의자는 0.6%에 불과하다. 한 독일 대학의 조사에 의하면 3만 5000개 독일 교회 중 3분의 1이 문닫을 위기에 처해 있으며 스위스에는 사제가 없는 성당이 절반에 달한다. 이렇듯 유럽 전역의 많은 교회가 문을 닫고 있는 현실 속에 이슬람의 저돌적 전진으로 이제 유럽은 심각한 선교지가 되었다. 하지만 아무리 현 추세가 절망적이라 할지라도 유럽을 포기할 수는 없다. 미전도 지역 선교도 중요하다. 그러나 유럽을 간과해서는 안 된다. 전방만 보고 달리다가 후방이 다 뚫려서야 되겠는가?

하나님의 때를 맞은 유럽 재복음화

유럽을 향한 주님의 심장 소리는 동경선교대회로 그치지 않았다. 얼마 후 2010년 6월 30일부터 7월 3일까지 할렐루야교회에서 제5차 세계선교 전략회의(NCOWE)에서도 들렸다. 한국세계선교협의회가 4년마다 주관하는 이 회의는 우리나라에서 제일 심도 깊은 선교전략회의다. 주님께서 나에게 소그룹 워크숍과 전체 집회에서 두 번에 걸쳐 유럽 재복음화의 필요성을 역설할 기회를 주셨다. 회의를 끝내면서 선언문을 채택했는데 "우리는 북한 선교와 유럽 재복음화에 힘쓴다"는 항목이 선언문에 포함되었다. 이것은 한국 선교계가 유럽 재복음화를 향후 전략사역의 하나로 정하여 명문화했다는 점에서 매우 의미 있는 진전이었다. 축사와 총평을 맡은 한국 선교계의 원로 최찬영 목사도 이번 회의에서 선교의 시선을 유럽으로 돌리게 된 것은 큰 의미가 있다고 강조했다.

유럽 재복음화는 하나님의 때를 맞은 것이 분명하다. 135년의 역사를 가진 영국 케직 사경회(Keswick Convention)에서도 서유럽의 영적 침체를 뼈아프게 반성하며 부흥을 위한 노력을 기울여야 한다는 지적이 여러 강사들로부터 제기 되었다(국민일보 2010. 8. 4. 참조). 2010년 10월 케이프타운에서 열린 제3차 로잔대회에서도 서구 교회가 복음에 대한 확신을 잃고 급격히 쇠퇴하는 상황을 직시하면서 교회의 본질과 사명을 케이프타운 서약에 분명히 제시했다.

유럽 재복음화는 몇몇 개인들의 비전을 넘어 한국 교회와 세계 교회가 전략적으로 주력해야 할 사역으로 인식되기 시작했다. 앞으로 유럽을 위해 많은 기도가 드려지리라. 주님은 기도에 응답하셔서 유럽으로 헌신자들을 보내 주시리라. 서구와 비서구 교회의 연합 사역으로 유럽은 다시 복음화되리라! 유럽 교회는 소생하여 그 땅에 온 이주자들에게 말과 삶으로 복음을 전하리라! 그들이 본국으로 돌아가 복음을 전하리라! 뿐만 아니라 유럽 교회는 유럽의 정치적, 경제적, 문화적, 외교적, 언어적 영향력을 동원하여 옛날처럼 다시 온 땅에 예수님의 사랑을 나누게 되리라!

EUROPA
MITTELLÄNDISCHES MEER
NORD SEE
OSTSEE
ADRIATISCHES MEER
ATLANTISCHER OCEAN
IRLAND
ENGLAND
SCHOTTLAND
FRANKREICH
DEUTSCHLAND
SCHWEIZ
SPANIEN
PORTUGAL
ITALIEN
DÄNEMARK
UNGARN
SICILIEN
MAROCCO
ALGERIEN
AFRICA

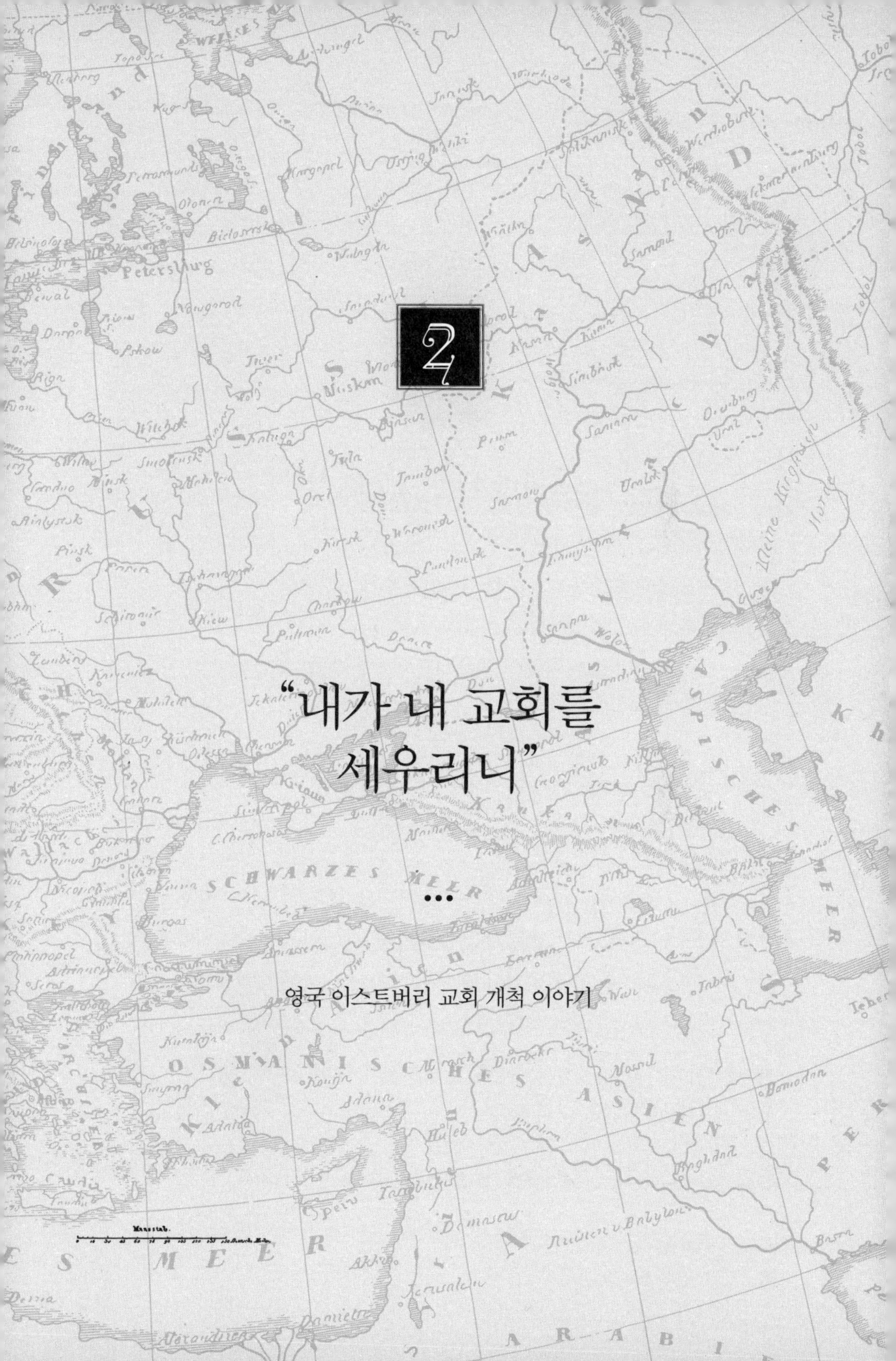

2

"내가 내 교회를 세우리니"

...

영국 이스트버리 교회 개척 이야기

Chapter.2

이스트버리에 첫 나무를 심다

　동경선교대회에서 유럽을 위한 특별 기도회를 보고 남다른 감격을 느낀 이유는 유럽의 영적 상황이 여러 사람들에게 직접 전달되기를 여러 해 동안 간절히 기도해 왔기 때문이었다. 특히 둘로스 선교선에서 내린 후에는 영국으로 돌아와 '유럽 재복음화'에 도전하며 새로운 사역을 계획하고 있었다. 세계 90여 개국을 다니며 교회가 성장하는 것을 본 나로서는 한때 세계복음화의 전진기지였다가 지금은 심각한 선교지로 변한 영국과 유럽의 실상을 바로 알려야 한다는 부담감이 있었다. 에딘버러 선교 백주

년을 기념하는 이 특별한 대회에서만큼은 더욱 유럽 교회의 현실이 알려지기를 바랐다. 유럽을 위한 많은 기도를 모아 주시고, 복음을 전할 추수꾼을 세워 달라고 기도해 왔다.

1979년부터 1984년까지 로고스 선교선을 타고 세계 순회 선교사역을 하는 동안, 나는 주께서 평생토록 선교사역을 하라고 부르신 것을 확인했다. 대학에서 경영학을 공부했던 나는 체계적으로 신학공부를 해야 할 필요를 느꼈다. 국내 신학교는 분열되고, 미국에서는 입국 비자를 거절했다. 결국 주님은 런던신학대학(London Bible College, 현 London School of Theology)으로 인도해 주셨다. 1984년 5월이었다.

영국에 거주하면서 교회가 건물은 크고 오래되었으나 교인수는 참으로 적다는 것을 발견했다. 젊은이들이 거의 없고 주로 노인들이었으며 짧은 설교와 낭독이 많은 예배, 힘없는 찬송에는 어딘지 모르게 구원의 기쁨과 하나님을 향한 간절함이 빠져버린 듯 허전했다. 몇몇 교회를 다녀보아도 비슷했다. 우리나라에 첫 선교사를 보냈고, 한글로 성경을 처음 번역했던 영국이 아닌가! 영국 교회에 대한 경외심이 컸던 만큼 충격은 엄청났다.

그러다가 1987년 런던신학대학 졸업논문을 쓰면서 영국 교회 현황을 파악해 보니 그 전 30년 동안 6천여 개의 교회가 문을 닫았다는 통계자료를 보고 또 충격을 받았다. 영국의 급격한 교회 감소 추세를 보고 마음이 안타까웠다. 주님 이름의 명예가 이렇게 실추되어서는 안 된다는 생각으로 가득 찼다.

어느 날 홀로 차를 운전하면서 나도 모르게 감정이 북받쳤다.

"주님, 이 땅에서 당신 이름의 명예를 회복하소서!"(Lord, restore the honour of your name in this land!)

이 말만 반복해 읊조렸다. 그것은 절규이자 기도였다. 하지만 영국 사람들을 위해 교회를 개척하겠다는 비전이나 부담은 전혀 없었다. 그런 생각조차 하지 못했다. 하지만 주님은 그로부터 꼭 10년이 지난 후 한 영국 교회의 문을 열도록 인도해 주셨다. 예수님의 명예를 회복케 해달라던 눈물 어린 외마디 기도를 하나님이 들으셨나 보다.

이 교회개척은 우리의 계획을 따라 된 것이 아니었다. 전혀 예상하지 못한 일이 우리 앞에 닥쳤다.

1987년 신학과정을 마치고 귀국했을 때 옥한흠, 홍정길, 이태웅, 하용조 목사는 런던에 돌아가 박사과정을 하라고 결정해 주었다. 그러나 사양하고 둘로스 선교선에 전도부장으로 부임했다. 결국 아내의 건강문제로 일 년을 채우지 못하고 갑자기 배에서 내렸을 때는 지도 목사들의 권면을 받아들일 수밖에 없었다. 주님의 은혜로 1995년 로마서 연구로 학위를 받고 모교에서 파트타임으로 가르치게 되었다. 그 당시 우리 부부에게는 계획이 있었다. 귀국하여 선교 활동에 주력하면서 교수 사역을 하려는 것이었다. 하나님께서도 이 계획을 분명히 기뻐하시리라고 믿었다. 그러나 주님은 우리 생각보다도 더 높은 계획을 가지고 계셨음을 나중에야 깨달았다. 런던 외곽 이스트버리 지역에 한 그루의 작은 나무를 심는 것이었다.

"이는 내 생각이 너희의 생각과 다르며 내 길은 너희의 길과 다름
이니라 여호와의 말씀이니라 이는 하늘이 땅보다 높음 같이 내 길

은 너희의 길보다 높으며 내 생각은 너희의 생각보다 높음이니라”
(사 55:8-9).

“사람이 마음으로 자기의 길을 계획할지라도 그의 걸음을 인도하
시는 이는 여호와시니라”(잠 16:9).

교회를 하나 세우는 일은 귀하다. 하지만 수많은 교회가 문을 닫아 가
는 영국의 실정에서 하나의 교회가 세워진들 무슨 큰 의미가 있을까. 아
무도 눈여겨 보지 않을 작은 일이다. 그러나 이 작은 개척이 하나님께서
하실 중요한 일의 시작이라면 의미가 있다. 이것이 “이 땅을 위하여 성
을 쌓으며 성 무너진 데를 막아 서서 나[여호와]로 하여금 멸하지 못하게
할”(겔 22:30) 일의 기초를 놓는 일이라면 더더욱 그러하다. 많은 고목이 쓰
러진 산을 다시 푸르게 하려는 대조림사업의 노하우를 배우는 첫 발걸음,
이 중요한 일은 하나님 외에는 아무도 모르는 중에 이렇게 시작되었다.

“매주 모여야 합니다”

“여보, 우리 지역에 교회를 개척하려는 사람들이 있어요!”

1997년 4월 20일, 오엠 기도 모임에 다녀온 아내가 상기된 표정으로
알려 주었다. 1996년 12월부터 이스트버리 초등학교 강당에서 매월 첫
주에 예배를 드리기 시작한 그룹이 있다는 것이었다. 우리 집에서는 불과

1km 밖에 안 떨어진 곳이다. 그 교회개척 이야기를 듣고 무척 기뻤다.

5월 첫 주일예배, 설레는 마음을 안고 아이들과 함께 예배에 참석했다. 새 교회 하나가 생긴다는 사실만으로도 감격스럽게 예배를 드렸다. 예배를 마친 후 교제시간에 몇몇 사람들이 커피를 마시며 나누는 이야기를 들으니 회의적인 내용이었다. 자기들의 교회에도 빈 자리가 많은데 가까운 이곳에 굳이 새 교회를 개척할 필요가 있느냐, 더구나 매달 예배 준비하는 것도 쉽지 않은데 이젠 그만 모이는 것이 어떻겠느냐는 거였다. 나는 참지 못하고 대화에 끼어 들었다.

"교회개척을 한번 시도했으면 그렇게 쉽게 그만두면 안 됩니다. 교회를 제대로 개척하려면 한 달에 한 번 예배를 드릴 게 아니라 매주 예배를 드려야 합니다."

"한 달에 한 번 모이는 것도 이렇게 힘에 부치는데, 매주 모이라고요?"

"그래도 그 방법밖에는 없습니다."

나는 진지하게 대답했다.

6월 1일, 예배를 마친 후에는 30여 명이 모두 자리에 그대로 앉아 회의를 했다. 안건은 하나였다. 지난 6개월 동안 매월 예배를 드려 보니 교회개척에 큰 진전이 없고 따로 모이는 의미도 별로 없다. 그런데 매주 모여야 한다는 의견이 있는데 매주 모일 수 있겠는가, 하는 것이었다.

나는 매주 예배를 드리자는 안건을 낸 사람으로서 그 당위성을 설명했다. 매주 모인다면 전도로 교회개척을 도울 테니 개척하려는 이 좋은 시도를 쉽게 포기하지 말라고 당부했다. 하지만 뒤이은 토론은 처음부터 부정적이었다. 주일학교 교육이 미비하여 아이들을 매주 여기에 다니게 할

○ 일일 수양회에 참여한 초창기 성도들(1998. 5. 30)

수 없다, 30~40년 다니던 교회를 떠나 이 개척교회에만 전념하기가 쉽지 않다는 등 여러 의견이 분분했다. 매주 모일 가능성은 거의 없어 보였다.

그때 누군가 "매주 예배를 드릴 경우 나올 사람은 서명하라"고 쓴 종이를 돌렸다. 우리 부부도 서명했다. 6월 12일, 팀과 도린 버클리 부부는 우리를 집으로 초대하여 어려움을 토로했다. 팀은 당시 칠십이 넘은 고령에도 불구하고 도날드 모르간과 함께 교회개척에 제일 열심을 내던 사람이었다. 내가 공부한 런던신학대학에서 40년간 봉직하고 은퇴한 직원이었다. 영국 전역을 다니며 설교할 뿐만 아니라 단연 모범이 되는 귀한 그리스도인이었다.

그는 우리를 보자고 한 이유를 설명했다.

"매주 예배를 드릴 경우 나오겠다는 사람이 목사님 부부를 포함하여

9명밖에 되지 않습니다. 실망스런 결과입니다. 아무래도 개척을 포기해야 할 것 같습니다.”

하지만 나는, “9명이나 되는데 왜 못합니까? 한국에는 목사님 부부가 거실에서 기도하며 시작하여 수백 명, 수천 명으로 성장한 교회들도 있습니다. 여기는 9명이나 되니 얼마든지 할 수 있습니다. 수천 개의 교회가 문을 닫아갈 때 하나님의 마음이 얼마나 아프셨겠습니까? 누구든지 문을 열겠다고 하면 하나님이 도와주실 것입니다. 시작해 보세요” 하며 교회를 개척하려고 시도하다가 제대로 힘써 보지도 못하고 중도하차 한다는 것이 안타까워 계속하라고 종용했다. 그러나 누가 우리 말을 듣겠는가. 이제 예배에 두 번 참석한 동양인 형제일 뿐이었다. 나중에 담임목사가 되어 당시의 회의록을 보니 내 이름도 잘 모르고 있었다. 영어로 내 이름의 ‘최’를 ‘Chae’로 표기하는데 회의록에는 ‘Chay’, ‘Chang’ 등으로 기록돼 있었다. 그만큼 나는 그들에게 낯선 사람이었다. 그나마 이런 나그네의 발언도 지나쳐 버리지 않고 기록해 두었다는 것이 놀라왔다.

런던신학대학에 재학하던 3년 동안 간부 직원이던 팀 버클리와 개인적으로 얘기해 본 적이 없었다. 그런데 이날 교제하는 중에 팀은 여러 해 전 우리 대학에 돌던 피너힐 교회(Pinner Hill Chapel)가 소생된 이야기의 주인공이 우리라는 것을 알게 되었다.

영국 첫사랑 피너힐 교회

런던신학대학에는 매주 교회 봉사를 해야 하는 규정이 있었다. 1984년 9월에 입학한 후 나는 전도가 필요한 교회로 보내달라고 신청했다. 대학에서는 우리를 피너힐 교회로 배정했다. 피너힐 교회는 당시 50년 된 교회로 한때는 크게 성장해 지교회도 개척했던 형제교단의 교회였다. 한때는 200명까지 모였다고 하는데 우리가 출석한 날은 9명이 모여 예배를 드리고 있었다. 한 살 된 주혜를 데리고 3명의 학생들과 참석하니 하루 아침에 교회는 50% 성장했다! 그들은 교회 폐쇄를 결정하려고 모였다가 마지막으로 이웃 신학대학에 도움을 청해 보고 난 후 폐쇄 여부를 결정하기로 했다. 그래서 신학교에 전도할 수 있는 학생들을 보내달라고 신청했고, 마침 내가 전도가 필요한 교회로 배정해 달라고 신청했던 것이다.

한 달 동안 교회 부흥과 전도 활동의 열매를 위해 간절히 기도한 후 11월 첫 주부터 교회 1km 반경 안에서 축호전도를 시작했다. 나는 전도 계획과 활동의 책임을 맡았고, 목사가 없는 교회다 보니 가끔 설교도 하게 되었다. 어른 15명의 교회인데 전 교인의 절반이 넘는 8명이 매 주일 오후 두 시간 동안 전도를 다닌다는 사실이 감격적이었다. 세상의 모든 교회에서 교인의 절반이 일주일에 두 시간씩 전도를 한다면 세계 복음화가 얼마나 앞당겨질까 생각하니 힘이 났다. 1984년 크리스마스에는 어린이까지 65명이 모여 예배를 드렸고, 주일학교를 만들고, 중고등부를 만들었다. 성도가 늘어나자 일 년 후에 교회는 콜린 존스 목사를 전임사역자로 모셨다. 이 교회는 2011년 지금도 계속 예배를 드리고 있다! 이렇게 되니 이 교회는 대학에다 계속 감사의 말과 상황을 전했다. 마침 역사학 교수가 형제교단 출신이어서 피너힐 교회에서의 사역들이 대학에 더욱 잘 알려지게 되었다.

마게도니아 환상 같은 간청

10년이 지난 후에도 이 이야기를 기억하고 있던 팀은 이스트버리에서 교회개척을 도와 달라고 간청했다. 그러나 나는 이렇게 대답했다.

"저희는 목회할 생각이 없습니다. 경험도 없습니다. 저희는 선교사역을 계속하려고 합니다. 저는 모처럼 하시려던 개척을 시작도 못하고 그만두는 것이 안타까워 발언한 것뿐입니다. 죄송합니다."

그런데도 이 노신사는, "우리는 교회를 개척해 본 적이 없습니다. 도와주세요. 목사님은 피너힐 교회도 소생시키고, 인도, 스리랑카, 대만에서 교회개척을 하셨다고 들었습니다. 도와주세요" 했다.

마게도니아 환상의 간청처럼 들렸다. 하지만 이 일은 한번도 생각하거나 기도해 본 적이 없다고, 귀국하여 할 일이 있어 죄송하다고 말했다.

6월 14일, 이 지역 성공회 교구교회인 임마누엘 교회의 존 윌리스 목사로부터 만나자는 연락이 왔다. 임마누엘 교회 교인 몇이 이스트버리에 교회개척하는 것을 주도했으므로 그는 처음부터 이 일을 알고 있었다. 팀 버클리에게서 얘기를 들었는지 나에게 교회개척을 맡아달라고 부탁했다.

리더십 팀도 구성하여 함께 돕겠다고 했다. 이제 마음이 무거워지기 시작했다. 고민이 되었다. 기도해 보아도 해답이 없었다.

1997년 7월 29일 저녁, 최종 결정을 위해 11명이 모였다. 나도 초대를 받았다. 매주 예배를 드리려면 개척과 목회를 담당할 사역자가 있어야 한다는 데 의견 일치를 보았다. 그 자리에서 이들은 나에게 사역을 맡아 달라고 간곡히 부탁했다. 한 교회가 꽃을 피우느냐, 아니면 봉우리도 맺기 전에 지고 마느냐가 나의 결정에 달렸다고 생각하니 부담스러웠다. 매주 예배를 드려야 한다고 제안했던 사람으로서 책임감마저 느꼈다. 다른 사람이 없다는 것도 이 회의에서 충분히 들을 수 있었다.

기도 끝에 결국 일 년 정도 목회를 해보겠노라고 했다. 당시 비자 문제가 법정에 계류 중이어서 해결될 때까지는 영국을 떠나지 못할 것이기에 기간을 일 년으로 정한 것이다(Chapter.10 참조). 한국 지도자들의 허락이 있어야 한다는 말도 덧붙였다. 그런데 보고를 받은 옥한흠 목사는 "그건 신마게도냐 환상이구만. 영국인 교회를 개척해서 한국 교회가 진 복음의 빚도 갚고, 쓰러져 가는 영국에 모델 교회를 세워 봐. 우리가 기도할게"라며 선뜻 격려해 주었다. 우리는 주님의 부르심으로 받아들이고, 가보지 않은 개척과 목회의 길에 들어서기로 결심했다. 10월 첫 주부터 매주 예배를 드리자고 제안했다. 성도들은 다들 좋아했다.

이것이 이스트버리 교회를 개척하고 담임목회를 시작하게 된 배경이다. 처음부터 영국 교회를 개척하여 목회하겠다는 비전이나 해야 한다는 부담이 있었던 것이 아니다. 꾀 없이 발언했다가 걸려든 케이스라 할 수도 있다. 하지만 후에 이 날들을 되돌아보면 이 모든 일 뒤에 성령님의 간섭과 인도하심이 있었음을 부인할 수 없다. 앞서 행하시는 주님께 감사를 드릴 뿐이다. 한국인 선교사로서 런던에서 영국 사람들을 대상으로 교회를 개척해 6년 반 동안 목회할 수 있었던 것은 그저 특권이요, 감사의 제목이 아닐 수 없다.

칠순의 비저너리

팀 버클리는 당시를 회고하며 2010년 12월 2일, 이런 글을 보내왔다.

"우리끼리 시작하려고 한 교회였지만 조직력과 위임력, 무엇보다도 목회적인 심장을 가진 지도자가 없이는 교회를 개척할 수 없음을 곧 알게 되었습니다. 그런데 하나님께서 목사님을 보내 주셨습니다. 목사님은 이미 교회개척과 전도, 성경 지도에 경험이 많았습니다. 이미 런던신학대학에서 박사 공부를 마친 때였습니다. 학사과정 때에는 문닫으려던 피너힐 교회를 다시 살리기도 했습니다. 또 나중에 들으니 인도와 스리랑카, 대만에서 교회를 개척한 경험도 있었습니다.

목사님은 기도와 의논 끝에 청을 들어주었습니다. 월급도 받지 않고 말입니다. 목사님의 열정과 경험, 영적 헌신도는 놀라웠습니다. 사모님과 자녀들도 백분 헌신했습니다. 우리는 목사님의 지도력으로 모든 성도를 사역에 참여시키는 위임 능력에 감동받았습니다. 무엇을 해야할지 보여 주고, 가르쳐 주고, 스스로 할 수 있도록 위임해 주었습니다."

○ 주일예배를 인도하는 최종상 목사(1998. 12)

나는 오히려 교인들에게 감사하다. 교회개척의 비전이 그들로부터 나왔기 때문이다. 기록에 의하면 1996년 5월 14일, 팀 버클리가 개척을 논의하기 위해 6월 18일에 모임을 갖자고 제안했다. 그 후 5월 18일 도날드 모르간이 여기에 불을 붙였다. 결국 6월 18일 모임에서 개척을 시도하기로 결정했고, 6월 24일 키스 올섭도 서면으로 뒷받침했다. 그해 9월 23일 회의에서 매달 한 번씩 첫 주일에 예배드리기로 결정했다. 12월 1일에 크리스팅글 예배를 드렸다. 드디어 1997년 1월 5일, 역사적인 첫 예배를 드렸다. 첫 헌금은 94파운드(약 2십만 원)가 모아져 십일조를 다른 곳에 헌금하기로 했다고 한다.

놀라운 것은 이 개척의 꿈을 가진 사람들(Visionaries)이 모두 당시 나이 칠십을 넘긴 노인들이었다는 점이다. 도날드는 1997년 10월 첫 주에 교회 창립을 보고 두 주 만에 소천하였다. 팀과 키스는 아흔이 가까운 노년임에도 주님을 뜨겁게 사랑하며 지금도 교회를 섬기고 있다. 이들의 기도와 노력이 없었으면 이스트버리에 교회가 탄생할 수 없었을 것이다. 그들은 주님의 중요한 도구였다.

❧

되새겨 볼 핵심 원리

1.

하나님은 연단과 훈련으로 일꾼을 준비시키신다

하나님은 자신의 계획과 시간에 맞춰 미리 사람을 준비시키신다. 교회개척에 참여할 때까지 하나님은 부단히 나를 연단하고 훈련시키셨다. 6년의 선교 활동과 본격적인 신학수업을 받게 하심으로 준비시키셨다. 힘들고 억울한 일을 경험하며 인내하게 하셨다. 인도, 스리랑카, 대만에서 전도훈련을 시키고 선교 활동을 주관하면서 전도를 통해 교회개척한 경험이 훗날 영국 교회 개척 사역에 큰 보탬이 되었다. 쟁기를 준비하라. 하나님이 할 일을 주실 것이다.

2.

맡겨진 작은 일에 충성하라

"작은 일은 작은 일이다. 그러나 작은 일에 충실하면 위대한 일이 된다." 철학자 플라톤의 말이다. 주님은 작은 일에 충성한 종에게 많은 것을 맡기시겠다고 하셨다(마 25:14-30). 피녀힐 교회에서 헌신적으로 사역했던 전례가 이스트버리 교인들로부터 초청받는 데 결정적인 역할을 했다. 물론 피녀힐 교회에서 사역할 당시는 후에 이런 일이 있을 줄은 전혀 몰랐다. 오늘 하는 일에 최선을 다하는 것이 내일 할 일에 대한 최선의 준비다.

3.

거룩한 분노와 애통을 가져라

하나님의 성전이 장사꾼의 소굴이 된 것을 보고 예수님은 분노하셨다. 하나님 이름의 명예가 훼손당한 것을 보셨기 때문이다. 불신의 예루살렘, 멸망할 예루살렘을 보시고 눈물을 흘리셨다. 영국 교회의 급격한 감소를 바라보고 애통함이 일었다. 이 땅에서 예수님 이름의 명예를 회복해야 한다는 울분이 마음에 서리기 시작했다. 그것이 바로 개척을 시도하던 한 교회가 그만두겠다고 하자 발분하고 나서게 된 열정의 밑거름이 되었다.

4.

사심을 버리고 주님의 인도에 예민하라

매주 예배를 드려야 교회가 제대로 개척될 수 있다고 한 것은 원리에 입각한 순수한 발언이었다. 초창기에 목회해 달라는 부탁을 받고 계속 사양하는 모습에서 교인들은 더욱 간절히 청빙하길 원했다. 사심이 없었다. 우리의 계획은 언제나 주님의 인도에 종속되어야 한다.

"내가 네 갈 길을 가르쳐 보이고 너를 주목하여 훈계하리로다"(시 32:8).

"미리 계획하지 말라고 말씀하신 적이 없다. 하지만 독선적으로 계획을 세우면 안 된다고 하셨다"(에디스 쉐퍼).

5.

주님이 부르신다고 생각되면 순종하라

소명을 확인하는 것이 무엇보다 중요하다. 말씀과 환경을 통하여 소명을 확인했으면 순종해야 한다. 일에 대한 두려움은 뒤로 미뤄 놓아도 된다.

"하나님이 어떤 명령을 내리신다면 바로 그 자체가 우리가 그 일을 할 수 있다는 가장 큰 증거다"(찰스 피니).

Chapter.3

교회의 기초를 놓다

교회개척과 목회를 맡기로 결정하고 나자, 기도하며 여러 가지를 생각하고 준비해야 했다. 부족함을 스스로 잘 알았기 때문이다. 1979년에 평신도 선교사로 5년을 사역한 후, 영국에서 신학공부를 처음 시작한 나로서는 사실 목회 경험이 전무(全無)했다. 전도사, 부목사 생활로 목회 훈련을 받은 적도 없었다. 굳이 따진다면 런던킹스크로스 한인교회에 목회자가 없었던 1990년에 6개월 동안 교회를 책임 맡아 돌본 것이 고작이었다.

물론 교회를 다니며 관찰을 통한 간접 목회 경험과 풀타임으로 선교사역과 신학공부를 한 시간이 18년 되었으니 그저 문외한은 아닐 정도였다. 그러니 개척 목회를 하기에는 경험이 턱없이 부족했다. 게다가 이번에도 뚜렷한 목회관을 가지고 이 교회를 개척한 것이 아니었다. 하나님의 은총으로 떠밀려서 맡게 된 목회였다.

영혼 사랑이 목회의 기본

한인 교회 목회 경험도 없는 동양인이 영어를 모국어로 쓰는 영국인들을 대상으로 목회해야 한다고 생각하니 앞이 캄캄했다. 주님께 간절히 매달릴 수밖에 없었다. 얼마를 기도하는 중에 주님께서 어떻게 목회해야 되는지 아이디어를 주셨다. 목회의 가장 중요한 기본은 두 가지라는 생각을 주신 것이다. 불신자들을 찾아가 예수님의 사랑을 전하여 주님께 인도하는 것이 하나고, 교회로 나오게 된 그들을 돌보고 가르쳐 예수님의 제자로 자라게 하는 것이 다른 하나였다. 불신자에게 전도하고, 신자는 교육(훈련)시키는 것이 목회의 핵심이라는 말씀이었다. 그러면 개척도 되고 목회도 될 것이라는 마음을 주셨다.

제일 처음 떠오른 생각이 '전도로 개척한다'는 것이었다. 먼저 목사인 나 자신부터 전도를 하면서 솔선수범하고 양적인 전도 효과를 위해 다른 성도들도 훈련시켜 함께 전도 나가는 것으로 방향을 잡았다. 전도대를 구성하려는 계획이었다. 우리 지역의 850집을 하나도 빠뜨리지 않고 방문하기로 했다. 우리 지역은 사람이 모이는 공원이나 버스정류소나 가게도 없는 전형적인 주택가여서 내가 좋아하는 노방전도는 효과가 없을 것 같았다. 오히려 한 집 한 집 방문하는 축호전도가 제일 낫겠다는 판단이 섰다. 전도는 로고스, 둘로스 선교선에서 늘 해왔던 것이기에 어려움이 없을 것이었다. 뿐만 아니라 그동안 학위 공부하느라 우선순위에서 밀려났던 전도를 이제 정기적으로 하게 될 것이란 기대감에 가슴이 부풀었다.

나중에 책을 보면서 주님께서 보여 주신 전도와 교육(훈련)이 목회의 기본 핵심이라는 것을 확인하고 더욱 용기를 가졌다. 존 필립스는 사도행전 20장 18~19절을 통해, 바울이 에베소 교회 장로들에게 말한 그의 목회 회상을 이렇게 요약했다.

"나는 초지일관 두 가지 목표를 추구했습니다. 될 수 있는 대로 많은 사람을 그리스도께로 인도하는 것과 믿는 자들을 그리스도의 충만한 분량에까지 자라게 하는 것이었습니다."

이 두 가지가 바울의 목회 방향이었다면 내가 생각한 것도 잘못된 것은 아니었다. 자신감이 생겼다.

스펄전 목사의 목회관을 읽으면서도 힘을 얻었다. 그는 영혼 사랑이 목회의 기본이라고 했다. 그의 가슴속에는 항상 영혼을 구원하려는 뜨거운 열정이 있었다. 그에게 영혼을 구원하는 것보다 더 중요하거나 앞선 일은 없었다. 스펄전은 하나님을 향한 불타는 열심이 있었다. 하나님의 인도하심과 기름부음을 간구하며 설교를 준비했다. 그는 철저히 말씀을 연구했고, 때와 장소를 가리지 않고 기도에 전념했다. 무엇보다도 죄와의 끈질긴 투쟁을 통해 하나님과 교통하는 마음을 유지했고, 죄를 회개하는 마음이 일생 동안 떠나본 적이 없었다.

불신 영혼에 대한 최고의 사랑 표현은 그에게 복음을 전하여 구원으로 인도하는 것이다. 또 성도에 대한 최고의 사랑 표현은 "각 사람을 권하고 모든 지혜로 각 사람을 가르침은 각 사람을 그리스도 안에서 완전한 자로 세우려 함이니"(골 1:28)에 드러난다. 바울처럼 복음을 전하고 성도를 교육하고 훈련하는 일에 '힘을 다하여 수고할 수 있도록' 주님의 은혜를 간구했다.

개척교회 맞춤 성경공부 교재

두 번째는 교육(훈련)이었다. 개척 초기에 출석하던 몇 안 되는 성도는 이미 예수님을 믿고 오랫동안 신앙생활을 하던 사람들이었다. 하지만 이 교회의 기초를 새로 놓는 사람들이 이 교회를 어떤 교회로 함께 세워가야 할 것인가를 놓고는 같은 기대로 연합해야 했다. 화요 성경공부를 통해 우리가 소망하는 교회의 모습을 나누고 그 교회가 건강하게 자리잡길 바라며 기도했다.

서점에 가서 성경공부 교재들을 살펴보았다. 유명 출판사에서 나온 좋은 교재들이 있었지만 갓 개척하는 우리 교회로서는 성경 지식을 얻을 공부보다는 교회의 방향을 정하고, 연합을 강조하고 은사를 통한 섬김을 지도해 줄 교재가 필요했다. 기도와 고민 끝에 나는 어려운 길을 택했다. 교재를 직접 쓰기로 한 것이다. 전체적인 방향과 내용을 먼저 파악하고 매주 성경공부 교재를 준비하는 일은 참으로 벅찬 과제였다. 여러 책을 참조하여 미리 공부하고 묵상하며 영어로 교재를 마련하는 일은 결코 수월하지 않았다. 업무와 사역이 밀릴 때는 더욱 그랬다. 하지만 꾸준히 할 수 있도록 주님께서 은혜를 주셨다. 교회가 정식으로 창립 예배를 드리기 한 달 전부터 이미 매주 성경공부를 겸한 기도회로 모이면서 꿈과 기도를 모았다.

주님이 기뻐하시는 교회로 틀을 세우려는 소망을 갖고 초대교회들을 공부하며 닮아가고자 했다. 그래서 《초대교회들의 삶과 사역》(The Life and Ministry of the Early Churches)이라는 교재를 만들어 1997년 10월 14일부터 화요 성경공부를 시작했다. 교회가 개척된 지 불과 두 주 후였다. 교재는 창립 예배 전에 어느 정도 미리 준비해 놓았다. 예루살렘 교회(10회), 안디옥 교회(5회), 데살로니가 교회(11회), 로마 교회(10회)에 대해 공부하며 이 초대교회들의 살아 있는 신앙과 전도적인 삶, 성숙과 거룩을 향한 그들의 노력을 배워 나갔다.

몇 년 지난 후에는 《기독교 기본 진리》(Christian Basics) 같은 구역공부 교재도 만들어 사용했다. 즉, '우리는 무엇을 믿으며, 어떻게 살아야 하는가?'에 대한 주제를 17주에 걸쳐 다루었다. 8주 동안은 '복음의 기초'를, 뒤이어 9주 동안은 '그리스도인의 성장'에 대한 공부를 했다. 각 주일에 정해진 주제를 따라 설교하고, 그것을 집에서 복습하고 구역공부에서는 토의하는 형식을 취했다.

사실 이렇게 교재를 만드는 데는 많은 시간과 노력이 들었다. 하지만 내가 힘이 들더라도 교인들의 수준에 맞는 자료를 가지고 필요한 공부를 다 같이 한 것은 교회의 기초를 놓는 데 큰 도움이 되었다. 교인들의 생각이 복음과 삶의 영역에서 하나가 되어가는 것을 볼 수 있었다.

딸기잼보다 더 단 이스트버리잼

또 하나의 교재를 썼다. 《잼 코스》(JAM Course)라는 불신자를 위한 전도 공부용 책이다.

JAM은 'Jesus and Me'의 첫 글자를 따서 만든 것이었다. 마침 우리 동네 이름이 이스트버리(Eastbury)인데 우리 Eastbury JAM이 strawberry jam, raspberry jam, blueberry jam 같은 각종 잼들보다 더 달다고 하면서 유머스럽게 프로그램을 설명하곤 했다.

매주 토요일 오후에 가가호호 방문하는 축호전도를 했다. 그러다가 예수님을 믿는 데 관심 보이는 사람들을 가끔 만났다. 복음을 더 설명하기 위해서는 그들과 계속 접촉할 수 있는 구실이 필요했다. 그 당시 영국에서 유행하던 '알파코스'가 있었다. 하지만 12주를 참석해야 하는 장소가 교회나 교인들의 집이므로 불신자들이 '알파코스'를 하겠다고 선뜻 말하지 못하는 경우가 많았다. 복음을 확실하게 설명하고 구원의 확신으로 인도할 좀 더 짧은 성경공부 자료가 필요하다고 느꼈다.

1998년 11월 13일에 교재 초안이 준비되었다. 그날 수첩에 "마치 박사학위 논문 초안을 끝낸 기분이다. 이 교재로 많은 사람들이 주님을 만

○ 딸기잼보다 더 단 이스트버리 잼코스 교재와 초청장. 관심자들에게 자연스럽게 복음을 설명하는 효과적인 도구로 쓰임을 받았다.

나게 하소서”라고 적었다. 몇 번의 수정과 교정을 거쳐 확정했다. 잼 코스 리더들을 위해 좀 더 설명을 덧붙인 교재도 따로 만들었다. 1999년 1월 24, 31일 주일에 잼 코스를 소개하는 안내지를 교인들에게 나누어 주었다. 2월 7일 주일은 잼 썬데이(JAM Sunday)로 온통 내부 홍보에 주력했다. 먼저 우리 성도들이 이런 전도 성경공부가 있다는 것과 그 가치를 알아야 주변의 불신자들에게 이 공부를 권유할 수 있을 것이기 때문이었다.

2월 9일에는 이 공부에 대해 더 알고 싶은 사람들을 따로 모아 오리엔테이션을 가졌다. 이 공부를 인도할 리더들을 발굴하는 과정이었다. 두 성도가 한 불신자를 찾아가 6주 동안 45분씩 공부하며 마지막 공부를 하면서 구원 초청을 하는 것이었다.

6주간 공부할 주제는 1) 성경과 예수 그리스도, 2) 예수님은 누구신가, 3) 예수님은 왜 오셨는가, 4) 예수님 죽음의 중요성, 5) 예수님 부활의 중요성, 6) 예수님 사랑에 대한 나의 반응이었다. 그리고 번외로 '건강한 그리스도인으로의 성장'에 대한 공부는 본인의 선택에 맡겼다. 예수님을 영접한 사람들은 어김없이 일곱 번째도 공부하고 싶어 했다.

❦

"어떻게 제 이름을…?"

잼 코스를 하나님께서 축복하신다는 확신을 갖게 된 일이 있다.

이 코스의 준비를 다 마친 후 나는 교회 리더들에게 개인적인 설명을 덧붙이고자 몇 집을 돌았다. 교회에서 제일 연로한 키스 올섭을 먼저 찾아갔다. 그의 집 앞에서 이야기를 나누는데 50대 초반의 한 사람이 길을 지나가다가 눈이 마주쳤다. 그 사람은 일상적인 인사만 나누고 그냥 지나갔다. 순간, 전에 우리 교회에 한번 출석했던 사람인 듯했다.

얼른 뒤따라가며, "로저 스미스 씨가 아니세요?" 하고 물었다.

순간 그 사람은 얼어붙은 듯 서고 말았다.

"어떻게 제 이름을 아십니까?"

"이스트버리 교회를 섬기는 다니엘 목사입니다. 여러 달 전에 저희 교회 예배에 한번 오시지 않았습니까?"

"아! 그렇지요. 다녀간 적이 있습니다. 죄송합니다, 못 알아봐서. 오래 전인데 어떻게 제 이름을 기억하십니까?”

“그때 오셨을 때 너무 반가워서 기억하는 것 같습니다.”

이런 저런 이야기를 주고받다가 잼 코스를 설명했다. 참여를 권유했더니 그는 흔쾌히 응했다.

“목사님이 제 이름을 기억해 주셨는데, 해야지요!”

그 자리에서 신청서를 기록했다. 1999년 3월 4일부터 키스 올섭이 잼 코스 공부를 가르치기로 했다. 로저가 떠난 후 우리는 얼굴을 마주보며 기쁨의 미소를 지었다. 따끈하게 잼 코스 교재와 예비 자료까지 다 완성하고 중진 성도와 처음으로 의논하러 만난 바로 그 자리에서 잼 코스 1호 신청을 받은 것이다. 잼 코스로 영혼을 구령하려는 우리의 노력을 주님께서 기뻐하신다는 징표가 아니고 무엇이랴! 이름 하나 기억한 것이 계기가 되어 구원으로 인도하게 된다면 얼마나 감사한가!

혼자 외롭게 살던 로저는 직장 때문에 잼 코스를 다 마치기 전에 다른 도시로 이사 갔다. 아쉽지만 그곳에서도 주님의 은혜로 예수님을 믿고 자라기를 기도했다. 잼 코스의 첫 열매는 홍콩에서 온 티나 왕 자매였다. 교인의 소개로 티나를 처음 만난 것은 1999년 6월 24일이었다. 우리 집에서 6km 떨어진 다른 도시에 있는 그 집을 아내와 함께 찾아갔다. 남편과 떨어져 있으면서 스무 살이 되어가는 자폐증 아들을 키우고 있던 그는 기독교를 전혀 접한 적이 없었다. 그는 8월 19일부터 매주 목요일 10시에 자기 집에서 공부하자고 했다. 주로 토의를 통해 진행하도록 만들어진 교재를 따라 공부하는 동안 성령께서 이 자매의 마음을 열기 시작하셨다. 마지막 공부 때 주님을 영접하겠다고 고백했다. 그 후 개인 성경공부는 한참 더 지속되었다.

그 후 티나는 교회 예배를 빠진 적이 거의 없다. 구역공부에도 계속 참석하며 꾸준히 성장해 주었다. 먼 곳에서 매주 열심히 교회에 나오는 그를 교인들은 끔찍이도 사랑했다. 그러다가 우리 교회에서 있은 첫 세례식에서 아들 타트만과 나란히 세례를 받았다.

이스트버리 교회의 네 기둥

전도와 교육(훈련)을 통하여 교회의 기초를 놓으려 노력했다. 결과는 좋았다. 성도들은 생기를 되찾았고, 기대와 자신감을 갖기 시작했다. 하지만 전도와 교육은 점진적으로 꾸준히 자라갈 수 있다는 면에서는 좋았으나 시간이 오래 걸린다는 아쉬움이 있었다. 처음부터 간단명료하면서도 교회의 방향을 알릴 수 있는 일목요연한 모토가 필요했다. 사도행전 2장 42~47절에 나오는 예루살렘 교회의 모습을 모델로 하여 '이스트버리 교회의 네 기둥'(The Four Pillars of Eastbury Church)을 만들었다.

〈그림 1〉에서 보는 바와 같이 하나님 은혜의 터 위에 네 개의 기둥이 세워져 있다. 예배, 전도, 교제, 헌신의 기둥이다. 그리고 각 기둥은 모퉁이돌 되시는 그리스도 위에 세워져 있다. 하나님의 영광이 임하는 예배, 정규적이고 지속적인 전도, 따뜻하고 열린 교제, 온 마음과 정성을 다하는 헌신을 목표로 하였다.

나는 창립 주일부터 매주 각 기둥에 대해 설교와 예배 주제로 다루자

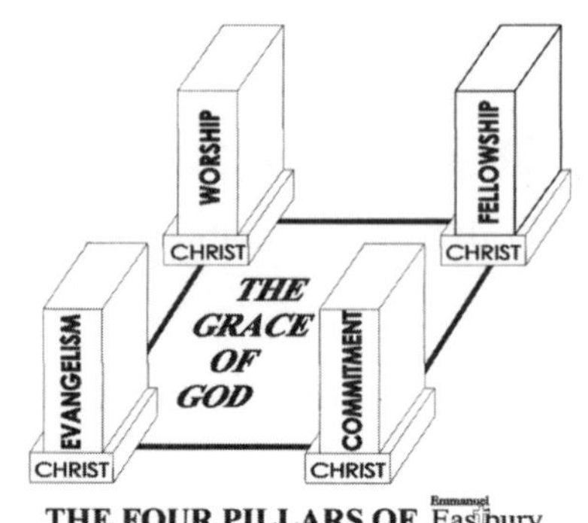

○〈그림 1〉. 이스트버리 교회의 네 기둥

고 제안했다. 하나님께서 첫 네 번의 예배를 통하여 우리 교회가 무엇을 지향해야 하는지 확연하게 보여 주셨다. 성도들 가운데 새로운 교회를 세우는 기쁨과 기대가 싹트기 시작했다. 비전을 받고 꿈을 꾸게 되었다. 지금 이스트버리 교회에는 제3대 목사가 봉직하고 있는데, 2대, 3대 목사를 청빙할 때 청빙위원회는 신청한 목사들에게 이 네 기둥의 정신을 이어가야 한다고 요구했다고 한다.

이 네 기둥과 함께 네 주제의 실천 내용을 구체화시켰다. 네 기둥과 마찬가지로 〈그림 2〉로 나타내니 쉽게 이해했다. 먼저 교회 가족끼리 돌봄의 자세로 따뜻한 교제를 나누어야 한다. 믿지 않는 이스트버리 지역의 불신자들에게는 전도를 하되 섬김의 자세로 해야 한다. 또한 영국 전체와 세계를 품어야 하는데, 그것은 나눔을 통해 선교로 실천해야 한다. 위로는 주 예수 그리스도의 품어 주시는 넓은 사랑으로 가능하다. 따라서 예수님을 따르는 삶으로 예배해야 한다. 이 모든 것은 하나님의 은혜와 우리의 헌신이 개인과 교회의 삶 중심에 있어야 가능하고 또 효율성을 극대화할 수 있다.

성도들에게 이 주제와 실천 방안들을 외우고 익혀서 삶에 적용해야 한다고 반복적으로 강조했다. 개척 8개월이 지난 1998년 5월 30일에 전교인 일일 수양회를 가졌을 때에도 이 그림을 설명하면서 다시 한 번 우리

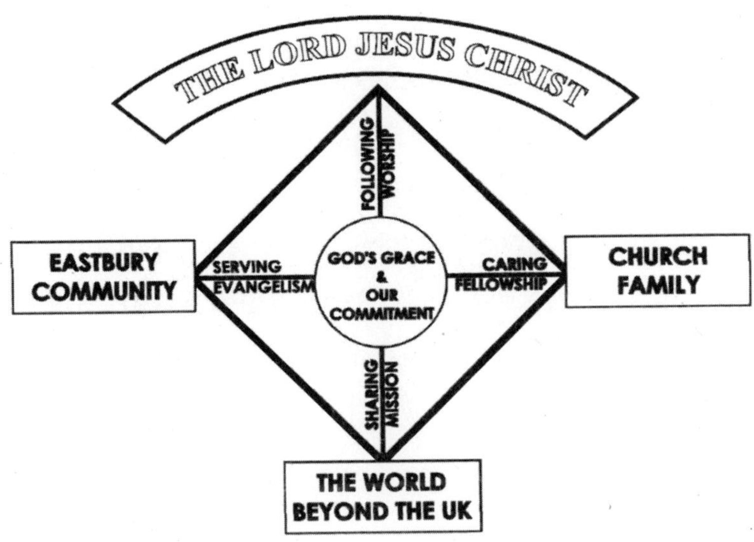

○〈그림 2〉. 이스트버리 교회의 사역 비전 실천강령

교회의 방향과 기초 개념들을 주지시켰다.

또한 1997년 11월 4일에는'교회의 기초를 놓으며'라는 목회와 돌봄에 대한 전반적인 계획을 수립하였다. 먼저 리더십 팀에게 초안을 나누어 주고 11월 21일에 정식으로 기도하며 의논했다. 리더십 팀 멤버들은 적극적으로 환영의 뜻을 표했다. 약간의 조율을 거쳐 교회에 발표하니 교인들도 기뻐했다. 비록 시작이 작다 하더라도 꿈이 있고 방향이 있어서 주님께 감사했다. 무엇을 위하여 어디로 달려야 하는지 알게 해주셨다. 이제는 성도가 마음을 모아 이 지역에서 주님의 일을 이루며 그분의 복음을 전하는 일만 남았다.

나의 이스트버리 언약

또 하나의 기초는 '나의 언약'(My Covenant)이라는 행동강령이다. 신앙강령인 사도신경처럼 소중했다. 이 '나의 언약'을 카드에 인쇄하여 나눠주고, 모두 성경책에 끼워 가지고 다니면서 수시로 읽고 기도하게 했다. 한 달에 한 번 정도는 예배 중에 일어서서 다같이 공동체 고백을 하며 실천하려고 노력했다.

나의 언약

나는 아래의 내용에 최선을 다하기로 언약합니다.

형제 자매를 격려하고 지원할 때에는 공개적으로 하며

의심가는 것이나 동의하지 않는 것은 개인적으로 만나 얘기하겠습니다.

다른 지체들을 위해 기도하고

할 수 있는 대로 자주 그들과 함께 기도함으로써

나의 지원을 표현하겠습니다.

그들의 의견을 귀히 여기고

하나님께서 그들에게 주신 재능과 은사를 존중하겠습니다.

우리가 주님 앞에서 책임 있는 행동을 해야 하는 것 같이 서로 서로에게도 책임 있는 행동을 하겠습니다.

실질적인 차원의 사랑을 표현하려고 노력하겠으며
지체들의 필요와 관심사를 찾아내고
그들과 그 가족의 행복을 도모하겠습니다.

하나님께서 이스트버리에 있는 그리스도의 교회의 지체로
우리를 불러 모아 주셨으니
그분의 이름으로 언약합니다. 아멘.

평신도를 사역의 동반자로

개척 초기부터 가졌던 정신은 평신도를 사역에 참여시키는 것이었다. 모든 성도가 다 교회의 주인이라는 의식을 가지고 가능한 봉사 기회를 부여하는 것이었다. 옥한흠 목사에게 배운 영향도 컸지만, 이것이 자연스러웠던 것에는 이유가 있다.

첫째, 이스트버리 교회는 평신도들의 비전과 기도의 결과로 생긴 교회였기 때문이다. 나는 개척의 비전을 가졌던 사람들을 비저너리(Visionary)라고 부르며 늘 감사의 마음을 표현했다. 그들은 교회가 없던 이스트버리 지역에 교회개척을 소망하고 94년부터 기도하며 부활절 성경학교를 운영해 왔다. 사역에 대한 남다른 열심이 있었다. 그들이 계속 비전을 실천해 나가도록 하는 것은 당연했다.

둘째, 외국인인 나는 영국인들의 문화와 감성을 이해하는 데 한계가 있었다. 성도들이 나서서 일하게 해야 나의 부족을 채울 수 있고, 지역사회에 맞는 사역을 할 수 있었다. 담임목사라고 나의 주장대로 하면 실수나 역효과가 날 게 틀림 없었다. 역사적으로 열등하게 생각되어 오던 동양 사람이 무리하게 주장하는 자세를 가지면 영국 사람들의 마음이 편할 리 없다. 예수님의 가르침을 따라 겸손히 섬기는 자세를 갖고 매사를 의논하며 평신도들이 은사를 발휘하며 기쁨으로 일하게 하는 것이 나의 역할이라는 생각이 들었다.

셋째, 성도들 가운데 재주와 은사를 가진 사람들이 많았다. 중상류층으로서 사회적으로 신분이 좋은 사람도 많았다. 예전에 사회와 교회에서 큰 일을 하던 사람들이었다. 이들의 경험과 은사를 활용하는 것이 당연했다. 근처 신학교 학생들도 이 교회에 출석했다. 그들과 교회 사역을 나누는 것도 당연했다. 그러다 보니 설교와 사회를 비롯해 예배 순서도 나누어 맡게 되었다.

자체 예배당 없이 학교 강당에서 모이다 보니 기도회, 구역공부 같은 각종 모임은 성도의 집에서 가질 때가 많았다. 주일이면 학교 문을 먼저 여는 사람, 의자를 놓으며 강당을 예배 장소로 준비하는 사람들, 주일학교 교사들, 음향 시설 책임자, 예배 후에 커피와 차를 돌리는 사람들, 예배 후 본래의 강당 모습으로 바꾸어 놓는 사람들 등 주일에 예배만 왔다가 그냥 가는 사람은 거의 없었다. 모두 자원하여 기쁨으로 봉사하는 모습이 감사했다. 일 년에 한 차례씩 열리는 사역 박람회에서 일 년 동안 섬길 사역에 자원했다.

회계사로서 재정부를 도맡아 온 로저 쿠퍼는 이것이 우리 교회의 강점이라고 회상했다.

"이스트버리 교회에서는 처음부터 무엇인가 봉사를 해야 했습니다. 주일예배만 참석하고 아무것도 하지 않는 사람은 있을 수가 없는 교회였습니다. 각자의 경험과 재주를 부지런하게 사용하며 교회 봉사를 할 수 있었다는 것은 강점이었습니다."

'주는 교회, 선교하는 교회'가 되자

우리 교회는 복음주의적 신앙을 굳게 붙잡았다. 또한 늘 이웃과 사회, 세계를 향해 삶으로 보여 주는 전도와 신앙생활을 소망했다. 창립 예배 전부터 '주는 교회, 선교하는 교회'가 되자고 마음을 모았다. 9월 9일 리더십 모임에서 '주는 교회, 선교하는 교회'가 되고자 하는 열망의 표현으로 창립주일 헌금 전액을 아프리카 콩고에서 성경번역 사역을 하고 있는 데이비드 모르간 선교사에게 전달하기로 했다. 그날 모인 245파운드 전액을 그 선교사에게 보냈다. 적은 인원이 모여 적게 드린 헌금이지만 첫 헌금 전액을 선교사역에 드렸다는 것은 의미 있는 일이요 감사의 제목이었다. 그 후 교회를 이임하기까지 매년 창립기념주일에는 수천 파운드씩 특별헌금을 모아 인도로, 루마니아로, 칠레로, 신학교로 보냈다.

1998년 3월 12일 리더십 팀 회의에서는 매달 헌금액의 10%를 따로 적립하여 교회 밖 사역을 위해 쓰기로 결정했다. 아예 여섯 달을 소급하여 창립주일부터 헌금의 십일조를 떼어 놓기로 했다. 한국이 IMF 구제금융을 받을 만큼 어렵게 되자 교회에서는 런던신학대학에서 공부하는 한국 학생들과 선교사들을 도울 수 있도록 재정 지원을 해주었다. 1998년 3월 열다섯 가정에 쌀 한 포대씩, 미혼 학생들에게는 라면 한 상자씩을 나누어 주었다. 우리는 그것을 기억하지 않지만 2010년 8월 우리 교회를 방문한 한 선교사가 그때 쌀 받은 것을 감사하기도 했다.

또 교회에서는 나에게 처음에는 일 년에 5백 파운드, 나중에는 1천 파운드를 책정하여 교회 내외의 어려운 사람을 도울 수 있도록 했다. 나만이 알아서 쓰는 기금(Pastor's Discretionary Fund)이었다. 큰 돈은 아니었지만 요긴하게 나누어 주었던 기억이 새롭다. 이렇듯 교회는 개척 초기부터 주는 교회가 되려고 애썼다.

이런 나눔은 교회의 전통이 되어 성도들은 당연한 것으로 받아들였다. 창립 초기부터 서너 가정의 선교사들을 위해 기도하며 재정적으로 지원했다. 우리가 둘로스로 갔을 때 이스트버리 교회가 기도와 재정 지원을 아끼지 않은 것도 물론이다. 성도들이 우리 딸들을 자신의 집에 함께 데리고 있으면서 돌봐 준 것도 나름대로 선교에 동참한다는 강한 동역의식에서 나온 사랑이었다.

"내 귀에 들린 대로 행하리라"

"하나님께서는 기도 응답으로만 일하신다"고 존 웨슬리는 말했다. 이스트버리 교회가 하나님의 역사를 기다린다면 기도를 많이 그리고 자주 해야 했다. 40년 전에 이 지역에 교회를 세워 달라고 기도한 사람들이 있었다고 들었다. 1993년부터는 구체적으로 개척 계획을 세우는 사람들의 기도가 올려졌다. 우리 부부는 1996년 2월부터 이 지역의 영국 교회에 출석하며 장래의 사역을 위해 간절히 기도해 왔다. 그해 5월부터는 임마누엘 교회 본당에서 새벽기도를 시작했다. 교회개척을 시작한 후에는 새벽마다 기도에 더욱 매달렸고, 성도들과 전도하다 만난 사람들을 위해 기도하게 되었다. 소문을 들은 한국 사람들이 6~7명 모여 들었다. 영국 사람들의 문화적 특성을 생각하여 교인들에게 새벽기도를 강요하지는 않았다. 한 여자 성도만 참석했다.

늘 기도에 힘쓰자고 성도들을 독려했다. 매달 셋째 주 금요일 저녁에 성도의 집에서 기도회를 가졌는데 15명 정도가 늘 모였다. 한 달에 한 번씩 아침 식사를 같이 하며 기도회를 갖기도 했다. 물론 주일예배 전에 예배를 위해서 기도 시간을 가졌다. 예배가 끝나면 기도가 필요한 사람을 위해 기도사역팀이 가동되었다. 구역에서도 기도가 중요한 부분을 차지했다. 기도 조직망을 만들어 긴급한 기도제목을 쇼나 쿠퍼에게 알리면 순식간에 전달되어 기도가 드려지게 했다. 3명씩 그룹 기도팀을 만들어 일주일에 한 번씩 만나서 기도하게 했다. 교회와 성도와 지역주민과 초등학교를 위해, 그리고 영국과 세계를 가슴에 품고 기도했다. 병 낫기를 위해 기도했고, 불치병이 고쳐지는 역사도 몇 번 있었다. 복음의 진보를 위해서도 기도했다. 많은 응답을 주신 하나님께 감사드린다.

위대한 목회자이며 신학자인 F.B. 마이어가 말한 것처럼 "인생에 있어서 큰 비극은 응답받지 못한 기도가 아니라 드려지지 못한 기도다." "내 귀에 들린 대로 내가 너희에게 행하리니"(민 14:28)라고 약속하신 말씀을 따라 많이 고하려고 애썼다.

홍정길 목사의 방문

이스트버리 교회의 기초를 놓으며 바쁜 시간을 보내고 있을 즈음 반가운 손님이 방문했다. 홍정길 목사였다. 아내는 홍 목사가 반포 지하상가에서 개척할 때부터 그 교회를 다녔다. 남서울교회 출신 평신도로서는 아내가 처음 선교사로 파송되었다. 홍 목사가 몸이 약한 아내를 위해 등에 땀이 흐르도록 기도했다고 어느 권사가 알려 주었다.

1998년 3월 3일 화요일에 도착하여 5일에 출국하는 짧은 일정이어서 주일예배 설교에 모시지 못했지만 팀 버클리의 집에서 열린 화요 성경공부모임에 참석할 수 있어 다행이었다. 찬송과 기도 후에 홍 목사를 소개했다. 이어 그가 인사말을 했다.

"22년 전 7명이 한 성도의 집에 이렇게 모여 성경공부를 하면서 남서울교회가 시작되었습니다. 첫 성경공부를 하면서 한 영혼이 지극히 귀하게 여겨지던 때가 그립습니다. 남서울교회가 한국 교회에 끼친 영향은 첫째, 평신도를 훈련하여 남을 가르치게 한 것입니다. 둘째는 작은 개척교회도 선교할 수 있고 또 해야 한다는 것을 선포하고 보여 준 것입니다. 이스트버리 교회도 영향을 끼치는 교회가 되길 기도하겠습니다."

팀 버클리가 설교를 부탁하니 홍 목사는 주저없이 사도행전 20장 24절을 읽고 말씀을 전했다. 해야 할 사명을 알면 대가를 지불할 각오가 되어 있어야 한다. 바울과 같이 우리의 사명은 복음을 전하는 것이다. 이스트버리 교회의 각자가 복음을 전하여 이 교회를 세우기 위해 자신이 귀하게 여기는 것까지 내려놓고 헌신할 수 있길 기원한다는 내용이었다. 공부가 끝나고 차를 마시며 교제의 시간을 가졌다. 성도들은 큰 격려를 받았다. 홍 목사도 주께서 하시는 일을 보고 기뻐했다.

"최 선교사는 한국에서 할 일이 있으니 이 교회의 기초를 놓고는 귀국을 해야 할 것입니다."

홍 목사의 말을 받아 팀 버클리가 재미있게 응수했다.

"염려 마십시오. 목사님을 8월에 보내드리겠습니다. 하지만 몇 년도의 8월인지는 우리도 모릅니다."

되새겨 볼 핵심 원리

1.

전도로 개척하고 전도로 성장시켜라

베드로와 바울은 복음의 메시지를 선포하고 설명하여 회심자를 얻었고 이들을 모아 지역교회를 구성했다. 전도로 교회를 개척하는 것이 성경적 모델이다. 개척된 교회는 계속 전도해야 한다. 복음 전파가 주님의 명령이요, 교회의 사명이기 때문이다. "사람을 강권하여 데려다가 내 집을 채우라"(눅 14:23)고 하셨다. 교회는 한 영혼이라도 더 구원하기 위해 기도해야 하며 전략을 세워 실천해 나가야 한다. 복음을 받은 사람은 그 복음을 나누어야 할 책임이 있다.

2.

목회의 핵심을 놓치지 말라

불신자에게 복음을 전하여 교회로 인도하고 그들을 성경말씀으로 교육(훈련)시켜 그리스도의 장성한 분량에까지 자라게 하는 것이 목회의 핵심이다. 영혼을 구원하려는 열정, 구원받은 영혼을 사랑으로 보살피며 섬기려는 헌신이 목회의 기본이다. 선한 목자 예수님처럼 양들을 위하여 목숨을 내놓을 수 있어야 한다(요 10:11). 한 마리 잃어버린 양을 찾아 나서는 목자, 찾으면 크게 기뻐하는 목자, 계속 잘 보살피는 목자가 필요하다.

3.

성도의 성장과 성숙을 위해 올인(all-in)하라

다양한 배경에서 새로 모인 성도들을 하나로 묶고 함께 성경적인 교회로 발전하기 위해 교회에 알맞는 훈련교재를 새로 썼다. 전도용 성경공부 교재도 만들었다. 많은 시간과 노력이 들었지만, 이런 성경공부가 이스트버리 교회의 기초를 놓는 데 결정적 역할을 했다. 성도들의 생각이 복음과 삶의 영역에서 하나가 되어 갔기 때문이다. 성도의 성장과 성숙을 위해 올인(all-in)해야 한다.

4.

핵심가치로 교회의 기초를 준비하라

세계 최고층 건물인 부르즈 칼리파가 828미터나 올라갈 수 있었던 것은 4만 5천 평방미터의 특수 콘크리트를 부어 암반 위에 기초를 놓았기 때문이다. 고층 건물일수록 눈에 보이지 않는 하부구조를 잘 놓아야 한다. 잘 세우려는 교회일수록 핵심가치를 잘 설정해야 한다. 창립 예배 전에 예배, 전도, 교제, 헌신을 교회의 핵심가치로 정하고 반석이신 그리스도와 연결하려 했다. 리더십 팀과 성도들에게 반복해서 설명하여 공감과 호응을 얻으려고 노력했다. 이 핵심가치가 각인 되어 그런 삶을 살자고 격려했다. 핵심가치는 구색을 맞추기 위해 필요한 교회의 구호가 아니다. 교회의 사역 방향과 삶의 기초를 놓는 것이다. 기도와 모본과 반복교육으로 설정된 가치를 삶으로 나타내야 한다.

5.

평신도를 사역의 주체로 자리매김하라

성경적 교회는 그리스도의 몸이다. 여러 지체가 한몸을 이루어 지체마다 중요한 역할을 하는 것과 같이 교회의 각 성도도 해야 할 중요한 역할이 있다. 목회자는 성도들이 가진 은사와 경험으로 기쁘게 교회를 섬길 수 있도록 분위기와 사역의 영역을 마련해 주어야 한다. 이럴 때 성도들은 소속감뿐만 아니라 하나님을 섬기는 사역의 주체의식을 갖게 된다.

"교회가 교회 되게 하려면 평신도가 교회의 주체가 되어 역할을 감당해야 한다"(옥한흠).

Chapter. 4

교회마다 전도대를!

2003년 6월 2일 월요일 오후 3시 40분. 런던 북서쪽 변두리에 있는 라이슬립의 브레이크스피어 화장터 예배당에서 영결예배가 끝났다. 20여 명도 안 되는 사람이 모인 조출한 장례였다. 장례 의식이 끝나면 보통 커튼이 닫히고 관이 밀려들어간 다음 유족들과 조문객들이 밖으로 나가는 것이 관례다. 하지만 이 유족들은 커튼을 닫지 않고 관도 그대로 두고 자기들이 먼저 나가는 것으로 사전에 계획했다. 예배를 마친 후 유족들은 관 앞으로 나와 정중히 마지막 인사를 하고 왼쪽 출구로 나갔다.

나는 모두 나갈 때까지 내 자리에 서 있다가 맨 마지막 조문객으로 관 앞에 섰다. 작은 예배당 안에는 고인과 나밖에 없었다. 내 눈에는 눈물이 고였고 내 마음은 슬픔으로 가득 찼다. 나는 가만히 관에다 손을 댔다. 그때 하나님께서 한 생각을 주셨다.

'이 한 사람을 위해서라도 목회를 했어야 했고, 이 한 사람만으로도 내 목회는 보람이 있었다.'

이 한 사람을 위해서라도

찰스 하토그, 향년 75세.

이스트버리 교회 성도다. 일시 귀국하여 횃불트리니티신학대학교에서 로마서 특강을 마치고 돌아오는 길에 부음을 들었다. 귀국하기 며칠 전에 찰스를 심방했다. 그것이 마지막이 될 줄은 정말 몰랐다. 나중에 들으니 내게 괜찮은 모습을 보여 주려고 약을 많이 먹고 버티셨다 한다. 너무도 깔끔한 이 분은 돌아가시기 전에 소천을 알리고 장례에 올 사람의 명단까지 만들어 놓았을 만큼 철저했다. 장례식에 가 보니 교회에서는 나만 장례에 초청받았다. 장례는 내가 돌아온 후의 날짜로 잡고 꼭 초청하되 집례는 친척 목사에게 부탁하고 내게는 기도 순서를 부탁하라고 했단다.

"영원하신 하나님, 무엇보다 감사드리는 것은 찰스에게 죄 용서함의 은총을 베풀어 주시고, 영생을 선물로 주신 것을 감사드립니다."

그는 예수님을 하나님의 아들로 고백하고 십자가의 대속을 믿었다. 고

○ 찰스 하토그의 부인 진 하토그와 그들을 신앙으로 섬긴 키스 올섭

통스런 암 투병 중에도 새롭게 만난 구주 예수님으로 인해 하늘의 소망으로 즐거워하였다.

그를 처음 만났을 때 그는 예수님을 알지 못했다. 부인인 진을 먼저 만났다. 1999년 크리스마스 직전에 〈예수〉 영화 비디오를 우리 지역에 무료로 나누어 주기로 계획했다. 무료 공급의 단 한 가지 조건은 이 비디오를 보고 함께 토의하는 것이었다. 진은 비디오를 정중히 거절했다. 이유는 20년 전 한 교회에서 나온 전도요원들에게 받은 큰 상처 때문이었다. 그때 상처 준 사람들을 대신하여 같은 그리스도인으로서 진지하게 사과했다. 그랬더니 마음이 누그러졌는지 비디오를 받았다. 2000년 2월부터

4월까지 오며 가며 만나 이야기를 나누었다. 그래도 진의 마음은 좀처럼 열리지 않았다. 크리스천의 말 한마디로 받은 상처는 좀처럼 아물 줄 몰랐다.

그러다가 만남이 뜸했다. 그해 9월 5일 화요일 새벽, 여느 때처럼 아내와 같이 이웃 영국 교회에 나가 교인들을 위해 기도했다. 교인 수가 적을 때는 교인 명부를 가지고 한 명 한 명을 위해 매일 기도하다가 인원이 좀 늘어난 후에는 하루에 절반씩 그들을 위해 기도했다. 나중에는 삼분지 일씩 나누어 기도했다. 전도하다 만난 사람들도 1명씩 이름을 부르며 기도했다. 그날은 순서를 따라 진 하토그를 위해 기도했다. 보통 한 사람을 위해 기도하는 시간은 1~2분 정도다. 그런데 이날은 진 하토그 집을 위한 기도가 멈춰지지 않았다. 다른 성도를 위한 기도로 넘어갔다가도 다시 진을 위한 기도로 넘어왔다. 10분 정도가 지나갔다. 이제 그만 기도하려고 머리를 좌우로 흔들었다. 그러나 그날 아침 하토그 집만을 위해 거의 30분을 기도했다.

너무도 이상했다. 지금까지 어떤 한 성도의 집을 위해 이렇게 기도해 본 적이 거의 없었다. 그 집에 무슨 일이 있는 것 같았다. 어서 알아 보아야겠다는 생각이 나를 사로잡았다. 하지만 영국 노인들의 집에 너무 일찍 찾아갈 수도 없었다. 11시에 갔더니 아무도 없었다. 할 수 없이 집에 돌아왔지만 하루종일 아무 일도 손에 잡히지 않았다. 하나님께서 이렇게 기도를 시키신 이유가 있을 것 같았다. 안절부절하는 마음으로 오후 다섯 시경에 다시 찾아갔다.

이날 처음 만난 찰스는 나를 보자마자, "진은 지금 전화를 하고 있습니다. 중요한 일이어서 통화가 길어질 것 같은데 다음에 오십시오. 집사람은 목사님을 아주 좋게 생각합니다. 그럼…" 하고 말했다.

나는 물러서지 않고, "바로 돌아가겠습니다. 연락도 없이 불쑥 찾아와 죄송합니다. 간단하게 한 가지만 여쭤보겠습니다. 댁에 무슨 일이 있으시지요? 무슨 일이 있는 것 같아 찾아왔습니다" 하고 말했다.

그러자 그는 내 팔을 덥석 잡으며, "아니, 목사님이 어떻게 아셨습니까? 어떻게 아셨어요?" 했다.

"모르니까 알아보려고 온 게 아닙니까? 분명 무슨 일이 있군요? 오늘 새벽에 기도를 하는데 선생님 댁을 위한 기도가 길고도 간절히 나왔습니다. 하나님께서 거의 강제로 기도를 시키시는 것 같았습니다. 무슨 일입니까?"

"제가 오늘 아침 병원에서 암 말기라는 진단을 받았습니다. 2주 후에 수술을 받기로 했습니다. 상상도 못하던 일이어서 우리는 완전히 정신을 차리지 못하고 있습니다. 진은 지금 여기 저기 가족들에게 전화로 알리고 있는 중입니다. 그런데 목사님이 이것을 어떻게 아셨어요?"

그는 내 팔을 놓지 않고 계속 어떻게 알았느냐고 몇 번이고 다그쳐 물었다. 아내 진이 영국 통신공사 수간호사로 은퇴했기에 가족의 건강만큼은 잘 지키고 있다고 생각했는데, 예상치 못한 진단 결과에 큰 충격을 받은 것 같았다.

"참으로 안타까운 일입니다. 하지만 하나님께서 제게 그렇게 기도를 시키신 것은 하나님께서 선생님께 일어나고 있는 일을 다 아신다는 말씀입니다. 그러니 도와주시겠다는 메시지가 아니겠습니까? 어려우시더라도 진정하시고 하나님을 의지하십시오. 반드시 도와주실 것입니다. 저희도 계속 기도하겠습니다. 수술 받으러 가기 전날 와서 기도해 드려도 되겠습니까?"

"물론이지요. 19일에 수술합니다. 꼭 오셔서 기도해 주십시오. 가장 필요할 때 목사님이 찾아와 주셨습니다. 감사합니다."

"하나님이 하시는 일입니다. 그분을 의지하세요. 도우실 것입니다."

돌아오는 자동차 안에서 2천 년 전 빌립을 인도하신 성령님께서 지금도 전도자의 걸음을 인도하신다는 확신이 생겼다. 주님께서 하실 일이 기대되었다. 수술은 성공적으로 잘 되었다. 그리고 그 후 2주에 한번씩 방문해 성경을 읽어드리고 함께 기도하기 시작했다. 2001년 3월부터는 예배에 출석했다.

예수가 하나님이라는 한 유대인의 고백

어느 토요일 평상시처럼 전도를 나갔는데 한 노부부가 집 안으로 들어오라고 하고는 차를 대접해 주었다. 그러면서 "목사님이 제 친구 찰스를 그렇게 잘 돌보아 주신다면서요?" 하고 물었다.

다른 집에 갈 때도 이런 소리를 종종 들었다. 이렇게 찰스는 나름대로 전도하는 사람이었다. 하나님께서 찰스의 간증을 통해 전도의 문을 열어 주셨다. 찰스의 건강도 많이 좋아져 갔다. 그는 예수님 안에서 새 삶을 살아갔다.

　　2002년이 저물어 가던 어느 날, 그를 방문하여 구원의 확신을 재확인하고 싶었다. 이런 저런 대화 중에 그는 어떻게 하면 예수님을 확실히 믿을 수 있는지 물었다. 로마서 10장 9~10절 말씀을 펴서 보여 주었다.

　　"네가 만일 네 입으로 예수를 주로 시인하며 또 하나님께서 그를 죽은 자 가운데서 살리신 것을 네 마음에 믿으면 구원을 받으리라 사람이 마음으로 믿어 의에 이르고 입으로 시인하여 구원에 이르느니라."

　　덧붙여 간단히 복음을 설명했다. 열심히 듣던 그가 진지하게 고백했다. "저는 예수님을 하나님으로 시인하고 다시 사신 것을 이제 믿습니다." "그러면 구원을 선물로 주신다고 하나님께서 약속하셨습니다."

　　우리는 머리를 맞대고 신앙을 고백하며 구원의 은총에 감사하는 기도를 드렸다. 어려운 나날을 신앙의 힘으로 소망 가운데 사는 그의 모습은 너무도 귀했다.

　　찰스가 예수님을 하나님으로 고백한 것은 예삿일이 아니다. 그가 유대인이었기 때문이다. 1928년 독일에서 태어난 그는 히틀러의 반유대인 정서를 일찌감치 알아챈 부모를 따라 일곱 살 때 영국으로 이주해 왔다. 고지식한 유대인은 아니었으나 예수를 구세주로 인정하지 않는 유대의 전통과 피가 그에게 배어 있었다. 그래도 하나님은 그를 불러 주셨다.

　　2003년이 되면서부터 그의 건강은 현저하게 악화되었다. 예배에 참석하기 위해 시간을 조절해 가며 약을 먹었지만 점차 예배에 참석하지 못하는 주일이 많아졌다. 그래서 성찬 주일에는 집에 찾아가 개인적으로 성찬을 베풀고는 했다. 찰스와 나는 인종과 나이, 목사와 초신자의 차이에도 불구하고 예수 신앙 안에서 가까운 친구였다. 하지만 안타깝게도 그의 임종을 지켜보지 못했다. 그러나 저 천국에서 그를 다시 반갑게 만나리라!

우리 교회 재산목록 1호

찰스는 이스트버리 교회가 처음부터 중점을 둔 전도 활동의 한 열매였다. 성령님의 주권적인 개입으로 가능했던 놀라운 이야기다. 우리 부부를 포함하여 어른 9명으로 시작한 우리 교회는 처음부터 전도로 개척한다는 것이 비전이었다. 즉, 찾아가는 전도를 하는 것이다. 예수님도 잃어버린 자를 찾아 구원하러 오셨다고 말씀하셨다. '죄와 허물로 죽은' 영혼들이 일어나 찾아올 수 없으니 새생명으로 살아난 우리가 그들을 찾아가야 하는 것이다. 어떻게 전도했는지 몇 가지 이야기를 적어 본다.

창립 예배 때 A4 크기의 합판에 자세한 우리 지역 지도를 붙여 각 가정마다 나누어 주고 기도 전담 도로를 정하게 했다. 예를 들어, 우리 가정은 데밴햄 거리에 사는 주민들을 위해 기도하기로 했다. 대부분의 성도가 전도대원이 되겠다든지 전도대를 위해 기도하겠다는 약정서에 서명했다.

창립 다음 주일에는 전도 계획과 처음 전도 나갈 때 쓸 설문지를 완성했다. 우리 지역의 영적 현황을 파악하고 우리 교회의 시작을 알리며, 거

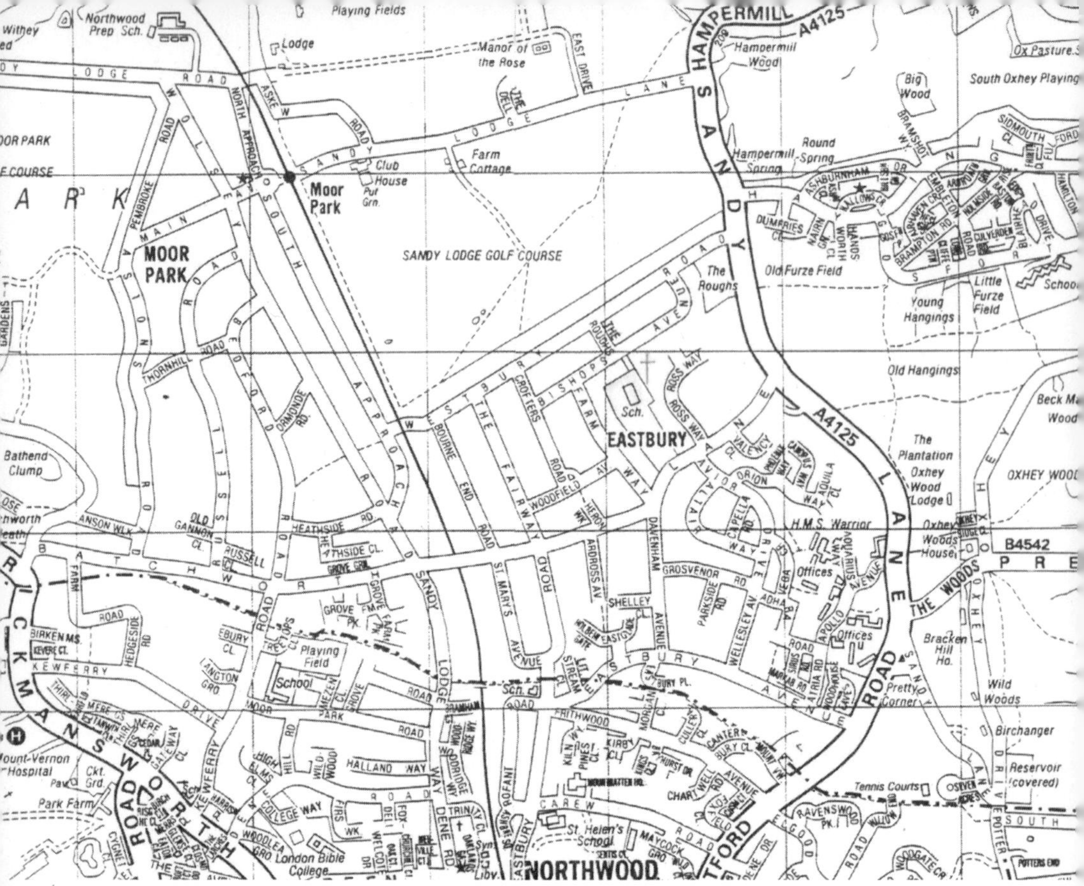

⊙ 이스트버리 지역의 지도 6년 반 동안 이 지역을 다섯 번 돌면서 한 집씩 전도한 것은 하나님의 크신 은혜였다.

부감 없이 이웃들에게 접근하기 위해서는 설문조사가 제일 낫겠다고 판단했다. 가까운 런던신학대학 학생 4명을 포함하여 8명으로 전도대를 구성했다.

한 달간 집중적으로 기도한 후 1997년 11월 2일에는 다음 주일에 설문조사를 할 것이라는 편지를 미리 집집마다 넣어두었다. 드디어 11월 9일부터 문을 두드리면서 설문조사를 포함해 전도를 시작했다. 이날을 역사적인 축호전도 시작의 날(The Historic First Knock)로 의미를 부여했다.

설문지에는 객관식 답이 달린 8개의 질문을 담았다.

1. 당신의 종교는 무엇입니까?

2. 사람들이 종교를 갖는 가장 중요한 이유는 무엇입니까?

3. 만일 종교를 가진다면 어떤 종교를 선택하시겠습니까?

4. '교회'라는 단어를 들으면 제일 먼저 무슨 생각을 하십니까?

5. 가족 중에 교회에 다니는 분이 있습니까?

6. 교회에 나가지 않는 가장 중요한 이유는 무엇입니까?

7. 예수는 누구라고 생각하십니까?

8. 저희 교회가 우리 지역을 위해 무엇을 하면 좋겠다고 생각하십니까?

축호전도를 하면서 기록을 철저히 남기기로 했다. 설문지 응답 자료뿐만 아니라 각 집에서 나눈 대화의 요점까지 기록하는 간단한 보고서 양식을 만들었다. 각 도로마다 파일을 따로 만들고 그 파일 안에 각 집에 한 장씩 기록부를 마련하고 거기에 대화 내용을 요약하여 기록해 두었다. 또 집 번호에다가 동그라미(○), 가위 표(×), 세모 표(△), 네모 표(□)를 표시한다. 동그라미는 좋은 대화 나눈 것을, 가위 표는 문전박대당한 것을, 세모 표는 다음에 다시 오라고 한 것을, 네모 표는 집에 아무도 없을 때를 표시했다. 예수님을 영접하면 그 집 번호에다가 십자가를 그렸다.

이렇게 간단하면서도 요약된 기록이 담긴 파일을 들고 어느 거리든지 나가면 지난 주에 어떤 반응이 있었는지 알 수 있었다. 혹 이번 주에 다른 전도대원이 그 거리에 나간다 해도 전도의 연속성에는 큰 어려움이 없었다. 세모 표와 네모 표가 그려진 집은 다시 방문했다. 전도 나가기 전에 모여 기도하고, 끝난 후에도 다시 모여 보고하고 기록하고 기도하고 헤어졌다. 이 전도 기록은 교회 재산목록 1호였다.

설문지를 가지고 대화를 시작하면 여러 가지로 수월했다. 한 유대인 중년부인을 방문했을 때 "예수는 누구라고 생각하십니까?"라는 질문을 하자 갑자기 심각해졌다. 참으로 진지한 표정으로, "글쎄요, 한 번도 생각해 본 적이 없는데…, 한번 깊이 생각해 보겠습니다"라고 했다.

내가 말을 이었다.

"제가 읽는 성경에서는 그분이 유대인들이 기다리던 메시아라고 합니다. 성경은 메시아가 이미 2천 년 전에 오셨다고 합니다. 유대인들은 지금도 메시아를 기다린다는데, 메시아를 기다리고 계십니까?"

"네, 평화를 기다립니다. 세계 평화가 메시아지요."

"다니엘 7장에 보면 메시아는 인격체이신데요? 말씀하신 대로 예수님에 대해 깊이 생각해 보시면 좋겠습니다."

그 다음 주에는 시크교를 믿는 한 집을 방문했다. 친절하게도 집으로 들어오라고 했다. 긴 대화가 이어졌다.

"모든 종교가 다 신(神)에게 가는 길이 아닙니까? 저는 기독교를 좋아합니다. 하지만 제 종교만 믿겠습니다."

"저도 모든 종교가 다 좋고, 다 신에게 나아가는 길이라고 말할 수 있으면 좋겠습니다. 포용성이 있는 사람으로 보일테니까요. 그러나 그렇게 말하면 진리를 말하는 것이 아닙니다. 인도에서도 3억의 신이 다 같은 신이라고 말하지 않고, 브라마(Brahma), 비쉬누(Vishnu), 시바(Shiva)를 3대 신으로 특별히 모시지 않습니까? 신들 중에도 등급이 있다는 말이 아니겠습니까? 결국 올라가면 모든 신 위에 뛰어난 오직 한 분의 신이 계십니다. 성경의 하나님이십니다. 이 가장 위대한 신을 믿어야 하지 않겠습니까? 성경에는 예수님을 통하지 않고는 하나님께 나아갈 사람이 없다고 씌어 있습니다. 예수님 말고는 구원받을 만한 이름을 우리에게 주신 적이 없다고 합니다.”

“예수 안에만 구원이 있다는 것은 독선이 아닌가요?”

“그렇게 들릴 수 있습니다. 그러나 예수님이 그렇게 자신 있게 말씀하시는 것은 그분이 인류를 위해 하신 일 때문입니다. 누가 다른 사람을 대신하여 십자가에서 죽을 수 있습니까? 예수님이 그렇게 하셨습니다. 누가 죽었다가 다시 살아났습니까? 예수님 말고는 부활했다고 주장하는 위인이 아무도 없습니다. 그분은 하나님의 아들이십니다. 예수님이 십자가에서 피 흘림으로 선생님과 저의 죄 값을 대신 치르고 죽으셨을 때, 전능하신 하나님이 그분을 다시 살려 주신 것입니다. 예수님 안에만 구원이 있다는 말이 배타적으로 들릴지 모르나 사실이고 진리이기에 그렇습니다.”

“모든 종교가 다 같은 것 아닙니까?”

“공통 요소가 많습니다. 저는 로고스와 둘로스라는 배를 타고 세계 수십 개국을 다녀 보았습니다. 세상 많은 사람들에게 깊은 종교심이 있는 것을 발견했습니다. 종교는 신을 찾아가는 노력이라고 제 나름대로 정의하게 되었습니다. 수많은 사람들이 신을 찾고, 신에게 은혜를 입고자 몸부림치는 것을 보았습니다. 특히 인도에서 말입니다. 그런데 기독교에는 다른 점이 있습니다. 기독교에서는 사람이 신을 찾아가는 것이 아니라 신이 사람을 찾아오십니다. 먼저 화해의 악수를 청하십니다. 하나님이 선생님과 세상 사람들을 너무도 사랑하셔서 당신의 아들 예수님을 보내 주셨습니다. 누구든지 이 예수님을 믿기만 하면 죄를 용서해 주시고 영원한 생명을 얻게 해주신다고 약속하셨습니다.”

“‘누구든지’라고 했습니다. 선생님도 예수님을 믿으면 죄 용서받고 영원한 생명을 얻을 것이라고 하셨습니다.”

“좋은 말씀이네요. 감사합니다만, 저는 제 종교가 좋습니다.”

“잘 들어 주셔서 감사합니다. 한번 깊이 생각해 보세요. 참으로 신의 도움이 필요하실 때 최고의 신이신 예수님을 불러 보세요. 언제든지 제게 연락주시고요.”

여운을 남기고 이 정도에서 그치는 것이 좋다고 판단되었다. 복음의 핵심은 전해졌으니 나머지는 성령님께 맡겨야 한다. 이날은 런던신학대학에서 공부하는 독일 자매 비브케와 함께 나갔다. 그는 대화를 들으며 옆에서 기도했다. 전도할 때 우리 팀 멤버에게도 교육이 된다. 복음의 내용을 다시 듣고 확신하게 된다. 또 어찌하든지 예수님을 믿게 하려고 애쓰는 모습을 배우게 된다. 실전(實戰)에서 질문과 논쟁을 어떻게 처리하는가를 배우게 하는 데도 효과적이다.

“목사님, 요새 설교하신 내용을 오늘 전도에 다 활용하셨네요?”

그 집 문을 나서면서 비브케가 말했다. 사실 지난 두 주 동안 예수님의 유일성에 대해 설교했다. 그 설교의 내용을 이날 시크교도 1명을 앞에 놓고 대화식으로 ‘설교’한 것이다.

교회마다 전도대를!

전도대원들이 모두 불타는 열심과 은사를 가진 것은 아니었다. 훈련과 기도를 하고 나가지만 매번 그들을 격려하고 하나님의 손에 의탁해야 했다. 문전박대당할 때 쉽게 낙심하거나 부끄러워하는 대원들도 있었다. 그들에게 늘 강조했다.

"오늘 20~30집을 방문하겠지만 하나님께서 예비하신 한 사람을 만나러 가는 것입니다. 그 한 사람이 예수님을 믿게 되면 말할 것도 없고, 한 걸음만 더 가까이 예수님께 나오게 되어도 오늘 전도는 성공입니다."

그러나 주님은 늘 2~3명과 좋은 대화를 할 수 있도록 연결시켜 주셨다. 문전박대를 당한다 해도 심한 경우는 없었다. 언성을 높이며 달려들었던 사람은 단 1명뿐이었다. 점잖은 사람들이라 대부분 공손히 거절했다. 의외로 반대가 적었다. 이런 것 저런 것 다 챙기려 하면 전도를 나갈 수 없는 이유만 생긴다. 최대한 예의를 갖추고 겸손히 나가면 상대방의 적대감을 줄일 수 있다. 부드러운 사랑의 마음을 갖되 속으로는 복음을 부끄러워하지 않는 강한 확신을 가져야 한다. 때를 얻든지 못 얻든지 말씀을 전파하라는 말씀에 순종하여 나가야 한다.

전도 보고서에 의하면 1997년 11월 2일부터 1998년 9월 20일까지 701집을 방문했는데, 298집에서 설문조사에 응해 주었고, 187집은 거절했다. 몇 차례 갔어도 비어 있었던 집은 165집, 기타 51집, 재차 방문이

399집이 되었다. 23개월 동안 총 1,100집을 방문했다. 매주 평균 25집을 방문한 셈이다. 이 지역 850집을 방문하는 데 거의 일 년이 걸렸다. 이로써 이 지역을 어느 정도 파악했고, 교회가 초등학교에서 매 주일 아침 10시에 예배드린다는 것을 알릴 수 있었다.

일 년이 지나자 장년 65명이 출석했다. 영국 사람들이 80% 이상으로 주류를 이루었지만, 미국, 캐나다, 프랑스, 스코틀랜드, 독일, 아일랜드, 싱가포르, 스리랑카, 홍콩, 한국 등 다민족이 모인 모자이크 교회였다. 나중에는 케냐, 남아공, 말레이시아, 루마니아, 폴란드 사람들도 출석했다. 목사가 비서구 사람이어서 외국인들이 교회에 나와 적응하는 데 수월했다고 했다.

설문 조사가 끝났다. 신학생들은 졸업을 하거나 다른 교회로 사역 지원을 가게 되었고 전도대는 3~4명으로 줄어들었다. 교인들을 더 독려하여 8명의 전도대를 유지하지 못한 것이 후회가 된다. 전도 인력이 줄어드니 당연히 전도의 속도와 열매가 줄었다. 그래도 하나님께 감사한 것은 내가 교회를 이임할 때까지 출장이나 휴가 때를 제외하고는 거의 한 주도 전도를 쉬지 않았다는 것이다.

이렇게 전도를 지속할 수 있었던 것은 내가 끈기가 많은 사람이어서라기보다 전도대가 있었기 때문이다. 아프거나 해외 출장을 가거나 급하게 아이들 학교에 가야 할 때 전도를 못 나가는 것은 당연하다. 그래도 전도대가 있으면 전도는 계속할 수 있다. 전도대원들 중에 누군가 출장이나 급한 일이 끝난 후, 심지어 병이나 영적 슬럼프에서 일어선 후에도 다시 합류할 수 있다.

　교인들은 이번 주 토요일에도 전도를 나가느냐고 따로 묻지 않았다. 당연히 나가는 줄 알고 있었다. 나갈 사람은 목사관으로 모이고, 못 나갈 사람은 나가는 전도대를 위해 있는 곳에서 기도했다. 하다 말다 하는 비정기적인 전도 활동은 무척 힘겹다. 마치 자동차의 변속기어를 1단, 2단으로 달리다가 시동을 끄고 멈추었다가 다시 1단, 2단으로 달리기를 계속하는 것과 같다. 매주 정기적으로 꾸준히 전도 활동을 하면 5단 기어로 질주하는 것처럼 효율적이다. 그래서 크게 외치고 싶다.

　"교회마다 전도대를!"(An Evangelism Team in Every Church!).

　전도 활동에는 방학도 없어야 한다. 비가 오든지 춥든지 덥든지 날씨에 관계없이 전도대는 계속 나가야 한다.

　어느 추운 겨울날이었다. 그날은 아무도 오지 않아 혼자 나갔다. 손이 오그라드는 추운 날씨에 계속 서서 다니다 보니 힘이 들었다. 집으로 돌아갈까 생각도 했지만 적어도 두 시간은 채워야 할 것 같았다. 아드로스 거리의 13번지 집으로 걸어가며 기도를 했다.

　"주님, 너무 춥습니다. 이 집에는 꼭 들어가 따뜻한 차 한 잔을 마실 수 있게 해주십시오."

　벨을 눌렀다. 간단한 소개를 들은 50대 부인은 얼른 들어오라고 했다. 할렐루야! 따뜻한 집에서 따뜻한 차가 나왔다. 기도 응답이다! 이 부인은 제법 먼 곳에 있는 교회에 다니고 있었다. 대학에 다니는 아들과 딸은 음악을 전공하고 있었다. 주변의 악기 선생들도 소개해 주었다. 다니는 교회에서 열심히 봉사하되 같은 동네에 있는 우리 교회를 위해 기도해 달라고 부탁했다.

둘로스에서 내려 런던에 돌아온 후 2010년 3월 이스트버리 교회에 나
갔다. 한 부인이 내게 찾아와 인사했다. 잘 알아보지 못하자 자기가 아드로
스 거리 6번지에 사는데 내가 몇 년 전 자기 집에 찾아왔었다고 했다. 그러
고 보니 두 아들 얘기도 생각이 났다. 13번지 집에서 몸을 녹이고 12번지
에서 1번지까지 계속 돌다가 이 집에 들렀던 것이니 얼마나 하나님께 감
사한가! 그때 춥다고 중도에 전도를 포기하고 13번지에 들르지 않았더라
면, 후에 6번지에 사는 이 부인도 못 만났을지 모를 일이다.

50년 만에 다시 참석하는 예배

이스트버리 교회의 구성원은 크게 세 그룹으로 나뉜다. 다른 교회에서
이동해 온 성도, 전혀 신앙 배경이 없다가 예수님을 믿은 사람들, 교회를
10~50년간 떠났다가 축호전도에서 강권을 받고 다시 출석하는 사람들
이다. 브랜다 톰슨을 만난 것은 2003년 10월 4일 토요일이었다. 다음 날
주일은 교회 창립 6주년이어서 특별히 런던신학대학의 데릭 티드볼 학장
을 강사로 초청했다. 예배 후에는 교회에서 모든 성도가 함께 점심식사를
하기로 했다. 설교는 안 하지만 여러 준비로 분주했다. 축호전도를 빠질
수도 없고, 막상 가기에도 시간적으로 쉽지 않았다. 망설이던 참에 런던
신학대학에서 박사공부를 하며 교회에 출석하던 박형대 목사가 목사관

으로 찾아왔다. 모든 것을 접고, 기도하고 박 목사와 전도를 나갔다.

지난 주에 이어 세인트 메리즈 거리를 찾아갔다. 벨을 눌렀는데 브랜다가 나왔다. 지금까지 남편을 두 번쯤 만났지만 부인을 보기는 처음이었다. 교회에서 예수님에 대해 말씀드리기 위해 나왔다는 말을 들은 브랜다가 말했다.

"저는 17살 때까지 하루에 세 번씩 예배에 참석했던 사람입니다."

"아, 그렇습니까? 그럼 지금은 어느 교회에 다니세요?"

"고등학교를 졸업한 후에 교회에는 완전히 발길을 끊었지요. 아마 지난 50년 동안 두 번 정도 교회에 나갔을 거예요."

"아니, 그렇게 열심히 예배드리던 분이 어떻게 교회를 완전히 등질 수 있습니까?"

"미션 스쿨이었어요. 강제로 끌려 예배에 참석했지요. 졸업 후에는 거기서 완전 해방된 기분이었어요."

순간 말문이 막히고 말았다. 겨우 마음을 가다듬고 말했다.

"너무도 아쉽군요. 기독교의 진수를 아셨다면 절대로 교회를 떠나지 않았을 텐데요. 우리 교회에 한번 나와 보시지 않겠습니까? 따뜻한 교회입니다. 예수님을 믿고 변화된 삶을 사는 사람들이 있는데 그분들을 만나시면 교회와 예수님에 대한 생각이 달라지실 겁니다."

그는 관심이 없었다.

"내일이 우리 교회 창립 기념일입니다. 훌륭한 신학교 학장님이 강사로 오시고, 예배 후에는 성대한 점심식사도 있습니다. 예배에 오시기가 불편하시면 식사에라도 꼭 초청하고 싶습니다."

“목사님 교회 이야기는 듣고 있습니다. 동네 사람들이 좋게 이야기합니다. [목사님 교회에 나가는] 제니트와 바바라도 친구들이지요.”

“그렇다면 꼭 나오십시요. 내일 아침 10시입니다.”

“글쎄, 한 번 생각은 해보겠습니다.”

그날 전도가 다 끝나고 집에 돌아온 후 창립 기념예배 초청장을 박 목사가 직접 브랜다 집에 다시 가서 우편함에 넣고 왔다. 그날 저녁에 전화가 왔다.

“목사님, 내일 예배에 참석하겠습니다.”

다음 날 10시가 못되어 브랜다가 교회에 나타났다. 가장 놀란 사람들은 그를 아는 우리 교인들이었다.

“브랜다, 어찌 된 일이야? 교회에 다 나오고.”

“목사님이 어제 집에 오셔서 개인적으로 초청해 주셨어.”

한 성도가 나중에 나에게 말했다.

“목사님, 저는 브랜다와 몇십 년을 이웃으로 살면서 한 번도 예수님을 믿고 교회에 나가자는 말을 못했는데 목사님은 하루 만에 하셨네요.”

“하나님께서 하신 일입니다. 예수님께서 나가서 초청하여 내 집을 채우라고 하시지 않았습니까? 주님은 영적으로 살아 있는 우리가 나가서 모시고 오기를 기대하십니다.”

그날부터 지금까지 브랜다는 예배에 빠지는 법이 없다. 예수님께서 그를 다시 찾아 주셨다. 얼마 전 남편을 사별하고도 예수님을 붙잡고 밝게 살아가는 브랜다를 보며 주님께 영광을 드린다.

박형대 목사에게도 감사한다. 어느 날 전도를 같이 나가면서 그가 말했다.

"목사님, 하나님께서 목회할 기회를 주시면 저도 매주 전도를 나가겠습
니다."

되새겨 볼 핵심 원리

1.

성령님이 전도자를 이끄신다

주님은 전도하러 나가는 자와 늘 함께하시겠다고 약속하셨다(마 28:20). 성령님이 임하셔야 주님의 증인 일을 잘할 수 있다(행 1:8). 성령께서 베드로를, 빌립을, 바울을 복음을 들을 사람에게로 인도하셨다. 듣는 사람의 마음도 예비하셨다. 부흥사 무디의 말대로 "성령님보다 나은 전도자는 없다." 하지만 입을 열어 복음을 전하는 사람은 전도자들이다. 성령님이 그들을 통하여 말씀하시는 것이다. 전도는 성령님과 전도자의 동역으로 이루어진다. 그래서 구령을 위한 기도가 절대적으로 필요하다.

2.

한 영혼이 천하보다 소중하다

예수님은 한 영혼을 귀하게 여기셨다. 한번은 큰 무리를 떠나 군대 귀신 들린 한 영혼을 찾아가셨다. 아무도 그를 거들떠보지도 않았다. 예수님은 그 영혼이 소중했기에 바다를 가로지르는 먼 걸음을 마다하지 않으셨다. 고침을 받은 후 이 사람은 열 개의 도시가 모여 있던 데가볼리 지역에 복음을 전하는 전도자로 변신했다. 그를 통해 수많은 다른 영혼이 주님의 사랑을 경험하게 되었다. 이는 한 영혼의 가능성을 웅변해 준다. 전도하려면 한 영혼에게 많은 정성과 사랑을 쏟아부어야 한다. 기도하고 수고해야 할 일도 많다. 그러나 열매를 맺게 되면 그보다 더 값진 보상이 없다.

3.

예의를 갖추어 복음을 제시하라

기독교 복음은 배타적이라는 인상을 줄 수 있다. 그러기에 더욱 예의 바르게 복음을 제시할 필요가 있다. 복음 자체가 믿는 모든 자에게 구원을 주시는 하나님의 능력이다(롬 1:16). 그러기에 복음의 내용을 정확하게 전해야 한다. 나아가 사랑의 마음을 눈빛으로 전달할 때 피전도자는 마음을 열게 된다. 불신자에게 은혜 가운데 소금으로 맛을 냄과 같이 지혜롭고 친절하게 말해야 한다(골 4:5-6).

4.

전도대를 구성하여 정기적으로 활동하라

전도는 지속성이 생명인데 혼자서는 지속하기가 쉽지 않다. 사도 바울은 늘 전도대와 함께 복음을 전했다. 바나바, 마가, 실라, 디모데, 누가, 에바브로디도 등 전도대원들이 그와 동행했다. 예수님도 제자들과 함께 사역하셨다. 열두 제자를, 또 70명을 둘씩 짝지어 전도대를 파송하기도 하셨다(마 10:1-33; 눅 10:1-20). 전도대와 함께 활동하면 전도 인력이 늘어날 뿐만 아니라 다른 사람들에게 비전과 전도 방법을 전수해 주는 훈련 효과도 있다. 교회마다, 캠퍼스마다, 직장마다 전도대를 만들어 운용하자.

5.

전도 활동을 기록으로 남기라

장기 계획을 가지고 전도하려면 기록을 남기는 것이 중요하다. 이런 기록은 기도하는 데 도움이 된다. 오랜 시간이 지난 후 다시 방문할 때 자료가 된다. 다른 사람이 다시 방문할 때에도 중요한 정보가 된다. 관심자 명부를 만들면 편지를 쓰거나 특별 초청을 할 때 편리하다. 기록은 불편하지만 겸손의 표현이다. 흐릿한 잉크가 선명한 기억력보다 낫다.

Chapter.5

성장을 위해 달음질 치다

내가 축호전도를 할 때, 어떻게 시작하는지 궁금해하는 사람들이 많다. 토요일 오후 2시가 되면 몇 성도들과 함께 기도하고 파일을 들고 그 주에 전도할 거리로 흩어져 나간다. 어떤 때는 주일설교를 다 준비하지 못했어도 일단 전도를 나가고 돌아와 설교를 마무리짓곤 했다. 전도 우선권을 소홀히 하지 않으려는 결심 때문이었다. 그런 노력 없이는 전도가 쉽게 뒷자리로 밀리고, 그러다 보면 불신자 전도는 아예 못하고 신자 목회만 하게 되기 때문이다.

집을 찾아가서는 벨을 누른다. 사람이 나오면 인사도 하기 전에 이 말부터 한다.

"오늘은 제가 우리 지역에 혹 도움이나 기도가 필요한 사람들이 있는가 둘러보러 다니는 날입니다. 선생님은 좋아 보이는데 가족들도 다 평안하십니까?"

그러면 거의 다 잘 있다고 한다.

"혹시 이웃집이나 이 동네에 기도나 도움이 필요한 사람이 있는지 아십니까?"

보통 모른다고 대답한다. 그제서야 악수를 청하며, "이스트버리 교회의 다니엘 목사입니다. 초등학교에서 일요일 10시에 예배가 있다는 말씀은 들으셨습니까?" 하고 묻는다.

보통은 들었다고 대답한다. 그리곤 왜 이렇게 방문하며 다니느냐고 되묻는다.

"아시는 대로 이스트버리 교회는 이 지역의 유일한 교회입니다. 또 제가 알기로 저는 우리 동네에서 유일한 현직 목사입니다. 그러니 주민들이 기독교를 믿는지 안 믿든지, 우리 교회에 나오든지 안 나오든지 저와 우리 교회는 지역 주민들을 위해 기도하고 도울 수 있는 일이 있으면 도와야 한다고 생각합니다. 집에만 있으면 동네 형편을 잘 알 수 없기 때문에 이렇게 찾아 다니는 것입니다."

한번은 이렇게 말했더니 큰 집에 사는 무슬림이 우람한 손을 내밀며, "당신, 멋진 사람이군요!"라며 반가워해 주었다.

대화가 좀 무르익으면 이렇게 말하기도 한다.

○ 2003년 어느 주일예배 후 성도들이 한자리에 모였다.

"최근 실시된 설문조사에 의하면 영국에서 교회를 떠난 사람의 40%가 다시 교회로 돌아가고 싶어 한답니다. 그런데 그동안 교회에 어떤 변화가 있었는지 두렵고, 또 용기가 없어 못 돌아간다고 말했답니다. 혹시 우리 동네에도 그런 분들이 있을 것 같아 모시러 나왔습니다. 선생님은 어떠세요? 목사가 직접 모시러 왔으니 염려 말고 오십시오. 저희 교회는 따뜻한 교회입니다. 제 설교에 만족하실지는 모르겠습니다만, 따뜻한 환영을 받으시리라는 것만큼은 절대 보장합니다."

복음을 전하러 가고, 그럴 기회를 포착하려고 하지만 억지로 밀어붙이지는 않는다. 대화를 하다 보면 어디까지 파고 들어갈 수 있을지 감이 온다. 집 안으로 들어가 기도를 해주거나 복음을 제시할 때도 있지만 대부분은 문 밖에서 즐거운 대화를 나누다가 좋은 인상을 남기고 기쁘게 헤어진다. 다음에 길에서나 슈퍼마켓에서도 만날 수 있기 때문이다. 자리잡고 사는 동네 사람들이니 억지로 서두르지 않고 주님의 때를 기다린다. 짧은 시간이지만 그리스도인의 좋은 모습을 보여 주려고 애쓴다. 간단한 전도지와 교회 안내서를 준다. 나중에 그들을 위해 기도한다.

토요일은 도움이 필요한 사람을 찾아 나서는 날이다. 실비아 고든 할머니는 혼자 살고 있었다. 눈이 잘 보이지 않고 몸도 제법 굽었다. 담배는 손에서 떨어지지 않았고, 정신도 혼미할 때가 많았다. 자동차를 운전할 수도 없고, 제대로 걸을 수도 없었다. 아들은 멀리 살고 있다고 했다. 이분을 사니와 말라 부부가 축호전도하는 중에 만났다. 가끔 시장을 봐 드리기도 했다. 성도들이 방문하면 언제든 환영이었다. 열심히 돕고 기도했지만 이 할머니는 한 번도 교회에 나오지 않다가 돌아가셨다. 그렇지만 섭섭하지 않다. 할 일을 다했을 뿐이다. 하루는 그 아들이 교회가 하는 일을 BBC 방송에 알려야겠다고 했다니 그 아들이라도 그리스도인의 착한 행실을 보고 하늘에 계신 아버지께 영광 돌리기를 바랄 뿐이다.

백혈병을 고쳐 주신 하나님

개척 초기에 아내와 같이 운동을 하러 나갔는데 교회가 모이는 학교 부근에서 고장난 자동차를 미는 인도 아주머니 둘을 보았다. 얼른 달려들어 자동차를 밀어 주며 문제를 해결해 주었다. 그러고는 학교를 가리키며 저기서 일요일 10시에 예배를 드리는데 와 보라고 초청을 했다. 이들은 시크교도였지만 엄마 핑키가 아홉 살 된 소남을 데리고 교회로 왔다. 얼마나 반가웠는지 모른다. 그러면서 남편과 아들까지 함께 교회에 출석하는 것이었다. 동서와 형님까지 인도해 왔다.

서로 사이가 가까워지자 핑키는 어려움을 얘기했다. 소남이 백혈구와 적혈구의 균형이 맞지 않는 백혈병으로 고생하고 있는데 피가 나면 멈추지 않는다고 했다. 큰 혹덩이가 있다고도 했다. 핑키는 큰 종합병원의 간부 사무원이어서 의사들이 백방으로 애써 주지만 효험이 없다고 했다.

나는 예수님의 치유 능력을 설명하며 주님께 기도하자고 했다. 교인들이 금식하며 함께 기도했다. 그러던 어느 주일, 축도하기 직전에 소남에게 앞으로 나오라고 했다. 소남이의 병이 낫도록 기도하자고 제안하고 나는 조용히 그러나 진지하게 기도했다. 몇 주가 지난 어느 날 숨 넘어가는 핑키의 목소리가 전화선을 타고 내 귀를 때렸다. 이제 막 받은 검사 결과에 의하면 소남이가 완전히 정상이 되었다는 것이었다. 혹도 없어졌다고 했다. 전문의 과장도 이해할 수 없는 일이라고 말했다고 덧붙였다. 그러면서 내게 성경구절을 외워 주는 것이 아닌가!

"너는 내게 부르짖으라 내가 네게 응답하겠고 네가 알지 못하는 크고 은밀한 일을 네게 보이리라'(렘 33:3) 하지 않았습니까? '너희를 향한 나의 생각은 내가 아나니 평안이요 재앙이 아니니라 너희에게 미래와 희망을 주는 것이니라 너희가 내게 부르짖으며 내게 와서 기도하면 내가 너희들의 기도를 들을 것이요'(렘 29:11-12)라고 하지 않았습니까?"

너무도 기뻐 어떻게 그 말씀을 외우냐고 물었다. 내가 적어 준 두 구절을 2층으로 올라가는 집 계단에 붙여 놓고 오르내릴 때마다 읽다 보니 저절로 외워졌다고 말했다. 할렐루야! 주께서 이 엄마의 간절한 믿음을 보셨고, 그의 간절한 기도를 들으셨도다!

하늘에 닿을 듯 흥분된 목소리로 말하던 그가 목소리를 죽여 한마디 속삭였다.

"목사님, 아직 티제이(남편)에게는 말 안 했어요. 목사님께 제일 먼저 알려드리는 거예요."

어디 나에게 감사하는 것이랴? 예수님께 감사하니 남편에게보다 먼저 목사에게 알리는 것이지!

핑키는 병원에서 큰 파티를 먼저 하고 얼마 후에는 교회에서도 파티를 열었다. 핑키와 티제이는 소남이 기도를 받고 예수님의 능력으로 고침을 받았다고 가는 곳마다 간증했다. 회계사인 티제이는 여섯 아들 중 막내였다. 같은 지역에 모여 사는 엄격한 시크 집안에서는 소남이가 나은 것은 좋지만 막내가 예수에 빠진 것을 심히 못마땅해 했다고 한다. 말은 하지 않았지만 심한 압력을 받는 것 같았다. 대여섯 달 후부터는 온 가족이 더이상 교회에 나오지 않았다. 다섯째 동서도 발길을 끊었다. 그 집에 갈 때마다 환영을 받긴 했지만 신앙 안에서는 왠지 예전 같지 않았다. 우리는 그 가정을 위해 계속 기도했다.

둘로스에서 돌아온 후 전화를 했다. 하늘에 닿는 핑키의 목소리가 들려왔다. 너무도 반가워했다. 10년이 지났는데 어떻게 전화번호를 알고 있느냐며 감격해 했다. 소남은 스무 살이 되어 대학 1학년이고, 아들 카란은 열다섯 살인데 키가 무척 크다고 했다. 티제이는 계속 회계사 일로 바쁘단다.

"소남이는 건강해요? 그 사이에 재발 같은 어려움은 없었어요?"

"전혀 없었습니다. 아주 건강해요. 목사님의 도움을 평생 잊지 못할 거예요. 사실 그때는 정말 어려운 시기였는데 목사님과 교회에서 큰 사랑을 베풀어 주셨습니다."

"참 다행입니다. 하나님이 고치신 것은 완벽합니다."

"맞습니다. 목사님, 언제 속히 저희 집에 오세요."

"제가 한국 갔다 오면 3월 초에 가겠습니다. 꼭 소남이를 만나고 싶은데 소남이 집에 오는 때에 가지요."

"지금 바로 소남한테 전화하겠습니다. 하지만 돌아오신 후에 먼저 오시고 소남이 오면 또 오세요."

앞으로 계속 기도를 더 해야겠다. 다시 만났을 때 예수님께 성큼 더 가까이 가게 해주시기를 기도한다.

❧

"목사님, 시의원 출마하세요"

이렇게 주님께서 영혼을 붙여 주신 이야기기를 다 쓰려면 아직도 많다. 세속화된 사람들, 부유한 사람들, 기독교를 등지고 떠나갔던 영국 사람들, 다른 종교의 신에게 빌던 사람들이 예수님의 사랑과 능력에 녹아드는 것을 보았다. 유럽 선교는 가능하다. 그 성공 여부는 얼마나 전도하느냐에 달려 있다 해도 과언이 아니다. 때를 얻든지 못 얻든지 예수님에 대한 얘기를 해야 한다. 항상 힘써 전도하라고 바울은 디모데에게 권면했다(딤후 4:2). 교회 전도의 성공 여부는 담임목사가 얼마나 전도에 대한 열정이 있는지와 직결된다.

하루는 아침에 막내딸 은지를 초등학교에 데려다 주러 가는데 동네에 구급차가 서 있었다. 돌아오면서 보니 같은 집 앞에 구급차가 한 대 더 늘어 두 대가 서 있었다. 주님께서 무슨 일인지 알아보라는 부담을 주셨다. 상황은 할아버지가 위급해 구급차를 불렀는데 구급원들이 도착해 보니 할머니가 더 위급해 보여 구급차를 한 대 더 불렀고, 할머니부터 신고 병원으로 갔다는 것이었다.

"저는 이 동네의 교회를 섬기는 목사입니다. 출발하시기 전에 할아버지와 잠시 얘기를 나누게 해주십시오."

구급차 요원에게 부탁했더니 다행히 허락해 주었다. 구급차로 올라갔다.

"이스트버리 교회 다니엘 목사입니다. 빨리 회복되시길 바랍니다. 지금 잠깐 기도해 드려도 되겠습니까?"

할아버지는 감사하다는 말만 계속하면서 기도는 괜찮다고 했다. 기독교에 관심이 없는 듯했다. 그리고 자동차는 사이렌을 울리며 서둘러 출발했다.

집에 돌아왔지만 마음이 편하지 않았다. 카드를 썼다. "이 고비를 넘기고 두 분 다 건강하시길 기도하겠습니다. 식사 준비나 시장 보는 것 등을 도울 사람이 필요하면 꼭 연락해 주십시오" 하는 내용이었다. 전화번호도 남겼다. 그 집에다 카드를 넣고 나니 마음이 좀 놓였다. 저녁에 전화가 왔다. 두 분이 다 집으로 돌아와 회복 중이라고 했다. 자식들이 가까운 데 살기 때문에 교회에서는 신경을 쓰지 않아도 된다며 고마워했다. 몇 달 후에 그 도로에 있는 집들이 전도 대상이라 잠시 들렀다. 반가워했지만 들어오라고도 하지 않고 대화도 덤덤하게 하여 내심 실망스럽기도 했다.

하지만 거의 2년이 지나서야 반가운 소식을 듣게 되었다. 그 노부부가 교회에 나오겠다고 우리 성도인 켄 래드에게 말했다는 것이다.

그 사연은 이렇다. 6년 반을 목회하는 동안 우리는 지역을 다섯 번 돌며 전도했다. 둘로스로 가려고 이임하기 전에 하나님께서 한 가지 생각을 주셨다. 전도하며 만났던 사람들에게 이임 소식을 알려야겠다는 것이었다. 기록을 조사해 보니 좋은 대화를 나누었으나 아직 교회에 나오지 않는 가정이 103집이나 되었다. 그들에게 편지를 썼다. 약속도 없이 방문했을 때 맞아 주고 대화해 준 데 대한 감사와 앞으로도 필요하면 교회로 연락하라는 내용, 또 우리는 둘로스에 가기 위해 교회를 떠나게 되었는데 이임 예배에 오실 수 있으면 영광이겠다는 내용이었다. 103집에 이 편지를 돌리면서 다섯 집만 와도 감사하겠고, 열 집에서 오면 대단한 결과라 생각했다.

물론 이 노부부에게도 초청장을 전했다. 이임 소식을 듣고 전에 구급차에 실려 갔을 때 일이 감사하여 예배에 오기로 했다는 것이다. 켄의 친구이기도 한 그들은 그제서야 켄에게 내가 그들에게 마음 쓴 것을 이야기했다고 한다. 더 흥분한 사람은 켄이었다. 자기 친구를 전도해 줘서 고맙다고 했다. 한 동네에서 수십 년간 같이 살면서도 교회 가자는 말 한마디 하지 못하는 교인들이었다. 월급과 종교 얘기는 친구지간에도 금기사항이라는 영국 문화 때문이기도 하다. 그런데 목사가 가서 자기 친구를 교회로 나오게 하니 너무도 좋아했다. 전도를 하면서 교회가 성장하고 한 생명이 구원 얻는 기쁨 외에도 생각하지 못한 유익이 생기는 것을 경험했다. 바로 교인들에게 전도의 소중함을 실천으로 가르치는 결과를 가져왔다.

R.T. 켄달 목사의 말이 생각난다. 켄달 목사는 마틴 로이드 존스 목사의 후임으로 런던의 웨스트민스터 채플에서 20년 이상 목회한 지도자다. 그가 1983년 영국 목회자 수련회에서 전한 말씀을 1985년에 테이프로 들었다. 그때 들은 이 말이 지금도 머리에서 떠나지 않는다.

"제가 우리 성도들에게 가장 강력한 메시지를 전하는 때는 주일 대예배 시간이 아닙니다. 오히려 열두어 명의 성도와 같이 교회 부근에서 전도하는 토요일 오후 시간에 더욱 강렬한 메시지를 전하고 있습니다. 먼저 저와 함께 전도하는 사람들에게 영혼 구령의 중요함을 몸으로 설교합니다. 토요일 전도하다 생긴 일들은 자연히 주일설교에 예화로 언급하게 됩니다. 성도들은 정기적으로 전도하는 목사를 존경하게 됩니다. 존경하니 설교를 잘 듣습니다. 잘 들으니 삶의 변화가 일어납니다. 제 설교가 역사하는 힘을 갖게 되는 것은 바로 토요일의 전도가 있기 때문입니다."

담임목사로서 바쁜 일이 많을 텐데 매주 토요일에 직접 전도를 나간다는 것이 신선한 충격으로 다가왔다. 안수받기 9년 전에 이 말씀을 들었는데 나도 목회를 하게 된다면 매주 정기적으로 전도를 해야겠다고 진지하게 생각했었다. 사도행전 6장을 보면 목회자가 해야 할 가장 중요한 세 가지는 성경연구와 기도와 전도다. 그러나 이 세 가지를 우선적으로 실천하는 것은 쉽지 않다. 단호한 결심과 자기훈련이 있어야 한다. 이것이 곧 자신이 살고 교회가 사는 길이다.

2004년 1월 25일, 이임 예배 날이 되었다. 모여드는 손님들 때문에 초등학생들이 앉는 낮은 의자까지 서둘러 교실에서 꺼내 와야 했다. 보통 때보다 손님이 많을 줄은 예상하고 준비했지만 교인들은 그들 모르게 초청한 사람들이 있었던 것을 몰랐다. 나도 얼마나 올지 몰랐으니 미리 준비시킬 수도 없었다. 그런데 이 특별 초청을 받고 온 사람이 50여 명이나 되었다! 그래서 이임사를 이렇게 시작했다.

"제가 교회를 떠난다고 하니까 확인차 이렇게 많은 동네 분들이 오셨습니다. 지금까지는 제가 있어서 안 나오신 것 같습니다. 앞으로는 제가 없을 것이니 마음 놓고 교회에 나오시기 바랍니다."

폭소가 터졌다. 얼마나 감사한가! 동네 사람들이 전에 하던 말이 빈 말이 아니었을까?

"목사님, 교회에서 설교 그만하라 하면 시의원에 출마하세요."

"축호전도는 영국적이지 않아요!"

우리 교회는 축호전도로 성장했다고 해도 과언이 아니다. 그러나 교인들이 처음부터 축호전도를 반긴 건 아니었다. 목회 초기에 있었던 한 리더십 모임에서 한 사람이 정식으로 건의를 했다.

"목사님, 축호전도는 안 하시는 게 좋을 것 같습니다. 이런 축호전도는 이웃에게 우리가 여호와증인이거나 목사님이 한국 사람이니 통일교가 아닌지 오해받을 수도 있습니다. 품위 있는 이 지역에서 축호전도는 교회 이미지에 좋지 않을 것 같습니다."

참으로 어이가 없었다. 더 기가 막혔던 것은 다른 리더들이 그 사람의 말을 막지 않고 가만히 둔다는 것이었다. 그때 하나님께서 지혜를 주셨다.

"그렇습니까? 그러면 축호전도를 그만두겠습니다. 하지만 교회는 어떤 모양으로든지 전도를 해야 하니, 대신 어떤 전도 활동을 하면 좋을지 알려 주시기 바랍니다. 대안을 제시할 때까지는 축호전도를 계속하겠습니다."

며칠 후 리더십 팀의 한 사람을 데리고 축호전도를 나갔다. 하나님께서 첫 집에서부터 좋은 대화와 전도가 되도록 인도해 주셨다. 스무 살 정도 돼 보이는 여성이 자기가 어려움을 겪고 있었는데 이렇게 찾아와서 얘기도 들어주고 조언도 해주어서 고맙다고 거듭 인사했다. 기도를 해주고 그 집을 떠났다. 다른 때보다도 더 좋은 반응이 몇 집에서 나왔다. 하나님께서 리더십 팀에게 축호전도를 계속해야 한다고 말씀해 주시는 것이 분명했다. 그 후에 아무런 제안도 오지 않았다.

축호전도는 교회를 이임할 때까지 계속됐다. 내가 이임할 때 교회에서는 후임 목회자에게 기대하는 분야를 열 가지로 종합했다. 놀라운 것은 서너 번째가 '축호전도를 할 수 있는 자'였다. 내심 기뻤다. 하지만 '전도에 열정이 있는 자'로 고치자고 제안했다.

축호전도를 받고 교회에 출석하여 지금은 헌신된 일꾼들이 된 도런트 부부의 간증이다.

"목사님이 성직자 넥타이를 매고 성경을 손에 들고 이 지역의 집들을 하나씩 방문하다가 우리 집 문을 두드렸습니다. 그때 처음 목사님을 만났습니다. 그날은 특별한 날이었습니다. 당시 저희 부부는 함께 예배드리기 알맞은 교회가 필요한 때였습니다. 남편 앤드류에게는 하나님의 치유와 사랑의 손길이 절실했습니다. 남편은 5년간 백혈병 치료를 받아왔고, 드디어 삶이 얼마 남지 않았다는 선고를 받았습니다. 〈예수〉라는 영화 비디오를 들고 오신 목사님을 집안으로 모신 것은 앤드류로서는 대단한 행보였습니다. 얘기를 나누면서 목사님이 예수님의 부드럽고 진실한 제자인 것을 느낄 수 있었습니다. 우리가 교회에 출석한 후부터 목사님은 더욱 저희를 보살피고 기도해 주었습니다."

조앤 도런트는 축호전도에서 만난 다음 주일부터 교회에 출석했다. 교회에 다니지 않던 남편까지 데리고 왔다. 꾸준히 나오면서 신앙을 갖게 된 앤드류는 2003년 4월 25일 어머니의 장례식 집례를 부탁했다. 그 다음부터는 정말 열심이었다. 더욱 감사하게도 백혈병에서 완전히 고침을 받았다. 지금은 교회에 일찍 나와 예배 준비를 하고, 예배 후에는 다시 정리하고 제일 늦게 집에 돌아가는 열심 성도가 되었다.

조앤 도런트는 전도받고 곧바로 출석했지만, 펭 림의 경우는 2년 후에 교회에 나왔다.

"웨스트버리 로드에 살 때였는데, 목사님이 피터 아드킨스와 함께 저희 집에 축호전도를 왔습니다. 아내가 문에 서서 얘기하면서 언젠가 한 번 교회에 나가겠다고 대답했습니다. 2년이 지난 후 교회에서 인터내셔널 페스티벌을 할 때 참석했습니다. 그 다음 날 주일부터 계속 출석하고 있습니다."

그는 회계사로 좋은 직장도 얻고 영국 여인과 결혼했다. 열다섯 살에 말레이시아에서 영국으로 유학 올 때 아버지로부터 서양에 가서 절대로 예수를 믿으면 안 된다는 주의를 받았다고 했다. 하지만 교회에 나온 지 얼마 후 잼 코스를 통해 예수님을 영접하고 세례받고 예쁘게 자랐다. 가장 감사하고 놀라운 것은 우리가 2004년 둘로스 선교선으로 간 후에 우리 둘째, 세째를 1년 동안 집에 데리고 살면서 돌보아 주었다는 사실이다. 나중에는 큰 딸을 2년 동안 데리고 있었다. 뿐만 아니라 펭은 지금 이스트버리 교회 리더십 팀의 일원으로 성장했으니 얼마나 감격스러운지 모른다.

전도대를 구성하여 정규적이고 지속적인 전도 활동을 해야 한다. 주님의 은혜로 몇 나라에서 '기독정병훈련'이라는 실습을 겸한 전도훈련을 인도했다. 1981년 대만에서 시작하여 1992년까지 진행했다. 1982년에는 스리랑카 두 곳에서 인도했다. 인도에서는 정식으로 훈련하지는 않았지만 인도 형제들과 함께 전도 활동을 했다. 이 훈련으로 교회가 크게 성장한 곳은 스리랑카의 서머나 교회와 인도의 아리로바 교회다. 스리랑카 남부의 서머나 교회는 1982년부터 2006년까지 16개 교회를 개척했고, 중부의 서머나 교회는 12개 교회를 개척하고 큰 교회들로 성장했다. 둘로스 전도부장 당시 인도의 아리로바 빈민촌에 개척한 임마누엘 교회는 1988년부터 2006년까지 32개의 교회를 개척했다.

크게 성장한 이 교회들은 모두 전도대를 구성하여 매주 정기적으로 전도했다는 공통점이 있다. 더 눈길을 끌만한 공통점은 담임목사가 전도대와 함께 열심히 전도에 참여하며 모범을 보였다는 것이다. 교회마다 형편이 다르니 일률적으로 말하기는 어렵지만, 전도만큼은 부교역자나 다른 사람에게 일임하지 말고 담임목사가 직접 참여하는 것이 좋다고 생각한다. 직접 참여하기가 어려우면 전도 활동을 전적으로 지원해야 한다.

훈련받은 수많은 전도 유휴 인력

1992년 옥한흠 목사의 소개로 서울에서 큰 교회를 담임하는 목사 부부가 런던 우리 집에서 열흘 정도 묵은 적이 있다. 교제를 하는 중에 우리에게 전도의 열정이 있는 줄 알게 된 그 목사가 조언을 구했다.

"최 선교사님, 우리 교회에 ○○전도훈련을 받은 집사가 200명이나 됩니다. 그런데 잘 관찰해 보니 이들의 전도를 받고 교회에 나오거나 예수님을 믿게 된 사람들은 거의 없습니다. 이제 돌아가면 다음 기(期) 훈련을 또 실시해야 하는데 훈련을 시켜보았자 결과가 같을 것 같아서 고민입니다. 어떻게 했으면 좋겠습니까?"

"목사님, 그 200명에게 편지를 쓰셔서 일주일에 3시간 만 전도할 전도대를 구성하신다고 하면 20명은 참여할 것 같습니까?"

"20명은 되지요!"

"그러면 되었습니다. 그 20명을 모아 전도대를 만들어 보십시오. 20명이 모이면 언제, 교회 부근 어디서, 어떤 형태의 전도를 하는 것이 좋을지 의논을 하라고 해보세요. 전도책임자를 임명해 주시되, 참으로 열정이 있는 사람이 책임자가 되어야지 목사나 전도사나 장로라는 직책 때문에 책임자로 세우시면 안 됩니다. 목사님께서 매주 참여하시면 제일 좋습니다. 이렇게 해보시겠습니까?”

감사하게도 목사 부부는 이 평신도 선교사의 말에 귀를 기울였다.

“첫째, 새벽기도마다 전도대의 전도사역을 위해 기도해 주세요.

둘째, 금요기도모임 때마다 전도대에게 간증하고 기도제목을 낼 시간을 주세요.

셋째, 주일예배 때 대표기도하는 장로님들에게 15초라도 전도대의 활동을 위한 기도를 드리라고 부탁해 주세요.”

“세 가지 다 어렵지 않습니다.”

“목사님, 이렇게 되면 20명 전도대가 2천 명 성도의 관심과 기도를 받게 됩니다. 목사님이 전도를 중요하게 생각하신다는 것을 교인들이 알게 됩니다. 주님께서 전도대의 활동과 교회의 기도를 기쁘게 보셔서 풍성한 전도의 열매를 주시리라 생각합니다.”

그 후 특별히 어떻게 했다는 연락은 없었다. 하지만 부탁하지도 않았는데 그 후 여러 해 동안 선교비를 지원해 주었다. 나의 부족한 조언이 효험을 보고 있음을 직감했다. 전도훈련은 중요하다. 지속적인 전도 활동은 더욱 중요하다. 그런데 훈련은 받았지만 활동하지 않는 전도 유휴 인력이 얼마나 많을까?

전도훈련의 4M

1988년 필리핀의 세부를 방문했을 때의 이야기다. 둘로스가 방문하는 기간에 마침 필리핀 전국 전도사역자 수양회가 열리고 있었다. 전도부장이었던 나는 두 시간 동안 전도특강을 맡았다. 2백여 명의 전임 전도사역자들에게 전도의 중요성을 역설했는데 반응이 거의 없었다. 다 알고 있다는 표정이었다. 첫 시간이 거의 끝나 갈 무렵 전도훈련의 세 가지 M을 언급했다. 전도훈련에는 반드시 M(Motivation, 동기유발), M(Message, 복음 내용), M(Methods, 전도 방법)이 필수적으로 들어가는데 그것만 가지고는 안 된다고 말했다. 반드시 네 번째 M(Mobilization, 전도 동원)이 있어야 받은 전도훈련이 지속될 수 있다고 강조했다.

대부분의 전도훈련은 이렇다.

첫째, 전도에 대한 불타는 마음(Motivation)을 불러 일으킨다.

이미 동기유발이 되어 훈련을 받으러 왔겠지만, 다시 한 번 복음 전도의 중요성과 복음을 전하지 않으면 안 되겠다는 뜨거운 열정을 갖게 한다.

둘째, 전해야 할 복음의 내용(Message)을 가르친다.

예수님의 하나님 되심과 고난과 부활을 설명하여 일목요연하게 복음의 핵심을 짚어 주어야 한다. 필요한 성경구절들도 암송하게 해야 한다.

셋째, 복음의 내용을 어떻게 효과적으로 전할지 그 방법(Methods)을 훈련시킨다.

전도 형태에 따라 어떻게 접근하며, 대화를 시작하여 어떻게 영적인 분위기로 이끌어 가야 하는지 가르친다. 어떻게 복음을 설명하며, 결신으로 이끌고, 결신 기도로 마무리 짓게 할지 가르친다. 각종 질문과 논쟁도 어떻게 다루어야 할지 훈련시킨다.

이런 전도훈련이 끝나면 세미나 장을 떠난다. 불타는 전도의 사명을 갖고 산을 내려 간다. 배운 방법을 활용할 생각에 마음이 부풀어 있다. 그리고 복음을 전하기 시작한다. 감사한 일이다. 문제는 이것이 보통 세 달을 넘기지 못한다는 데 있다. 이런 저런 이유에서 전도를 계속하지 못한다. 전도를 해야 한다는 당위성을 누구보다 잘 알고 있기에 나중에는 죄의식마저 느낀다. 그러기에 네 번째 M(Mobilization)이 필요하다. 나는 경험상 이것이 있어야 된다고 확신하고, 이 M을 만들었고 실천해 왔다. 세 가지 M을 훈련시켜 오던 필리핀의 전도사역자들이 네 번째 M에 관심을 갖는 데는 이유가 있었다. 훈련은 많이 시키는데 전도가 지속되지 못하는 것에 고민이 있었기 때문이다. 반드시 전도 인력을 동원(Mobilization)해야 한다. 즉, 전도훈련받은 사람들을 전도대로 묶어 전도하게 해야 한다. 따라서 전도훈련을 주관할 때에는 각자가 알아서 참석하게 하지 말고, 교회별로 5명 이상 함께 참여하게 해야 한다. 그래야 교회로 돌아와 팀을 만들 수 있다. 교회에 돌아온 후에는 참석하지 못한 사람들에게 배운 것을 가르쳐서 전도대를 만들게 해야 한다. 앞에서 말한 대로 개인은 전도를 지속하기 어렵지만 전도대는 지속할 수 있다.

"한 사람이면 패하겠거니와 두 사람이면 맞설 수 있나니 세 겹 줄은 쉽게 끊어지지 아니하느니라"(전 4:12).

되새겨 볼 핵심 원리

1.

먼저 찾아가 전도하라

우리는 모두 복음을 전하라고 보냄 받은 자들이다. 보냄을 받았기에 나가야 한다. 복음을 전하러 나가는 자들의 발이 아름답다(사 52:7; 롬 10:15). 찾아 나가는 대상은 아직 예수님을 믿지 않는 영혼이다. 예수님은 잃어버린 자를 찾아 구원하러 오셨다(눅 19:10). 모든 도시와 마을로 두루 찾아다니시며 목자 없는 양과 같이 기진한 백성을 만나셨다(마 9:35-36). 바울도 끊임없이 잃어버린 영혼들을 찾아 나섰다. 아프리카로 못 가도 괜찮다. 이웃에서도 불신 영혼을 얼마든지 만날 수 있다. 믿는 자가 먼저 기회를 만들어 시도하는 것이 찾아가는 전도의 원리다.

2.

전도하면 기적이 일어난다

교회는 언제나 자신을 선교적 존재로 보아야 한다(레슬리 뉴비긴). 복음을 나누는 전도는 성령님이 특별히 함께하시는 사역이다. 성령님은 전도자를 피전도자에게 인도하실 뿐만 아니라 전도할 때 말씀을 주시며 전도의 과정을 인도해 주신다. 위기 상황이 닥친다 해도 어떻게 대답할지 염려하지 말라고 하셨다. 마땅히 할 말을 성령님께서 필요한 그때에 가르쳐 주시겠다고 약속하셨다(눅 12:12). 필요하면 치유의 기적도 베풀어 주신다. 죽은 영혼이 살아나고 죄인이 하나님의 자녀가 되는 것은 작은 기적이 아니다.

3.

훈련과 실습으로 전도 기술을 계발하라

복음을 믿어도 그 내용을 남에게 전해 주는 것은 쉽지 않다. 훈련이 필요하다. 복음의 내용과 그것을 효과적으로 전할 수 있는 방법을 배우면 전도하는 데 더 자신감을 갖게 된다. 개인전도, 문서전도, 축호전도, 노방전도, 대중전도 등 여러 전도 방법을 배울 필요가 있다. 이런 전도훈련을 못 받았다 할지라도 모든 성도는 전도할 수 있다. 자신의 구원 간증으로 진솔하게 전하기 시작하면 된다. 전도훈련을 받아 보지 못한 초대

교회 성도들을 통해 날마다 구원받는 역사가 있었다. 사마리아 여인, 고침 받은 소경, 바울은 간증으로 전도를 시작했다. 전도하고자 하는 마음이 중요하다. 전도는 하면서 배우는 과목이다.

4.

전도를 시작하고 시작한 전도를 멈추지 말라

전도훈련을 받아도 전도하지 않으면 큰 효과가 없다. 지속적인 전도 활동이 중요하다. 전도훈련은 수영을 배우는 것과 같아서 교실에서만 배울 수는 없다. 현장에서 실전을 경험하는 것이 필수적이다. 전도 활동이 지속될 수 있도록 목표를 설정하고 훈련시켜야 한다. 50명을 훈련시킨다면 50교회에서 50명을 모집하지 말고 10교회에서 5명씩 모집하여 훈련시켜 교회 전도대가 조직될 수 있게 하는 것이 전략적이다. 전도야말로 시작이 반이다. 시작하고 지속하라.

5.

지도자의 전도 활동 참여가 결정적이다

사도들은 오직 기도하는 일과 말씀 사역에 전념하기 위해 구제와 행정을 전담할 집사들을 세웠다(행 6:1-6). 말씀 사역으로 제자의 수가 심히 많아진 것을 보면 말씀 사역은 신자들을 가르치는 것뿐 아니라 불신자 전도에도 힘썼음을 알 수 있다. 바울은 디모데에게 때를 얻든지 못 얻든지 말씀 전파에 항상 힘쓰라고 권면했다. 전도자의 직무를 다하라고 재차 강조했다(딤후 4:2, 5). 담임목사와 장로들이 전도지향적 교회로 세우려고 전략과 여건을 조성하고 전도해야 한다.

> "누구든지 이를 행하며 가르치는 자는 천국에서 크다 일컬음을 받으리라" (마 5:19).

가르치는 자의 행함은 이렇게 중요하다.

Chapter.6

지역사회를 섬기는 교회

　매주 축호전도를 하며 느낀 것은 언젠가 주민들을 모아 효과적으로 복음 전할 기회를 마련해야겠다는 것이었다. 교회를 등진 영국인들과 타종교 사람들이 주일예배에 바로 나오는 것은 쉬운 일이 아니었다. 주일예배가 아닌 다른 행사를 통해 먼저 예배드리는 장소를 보여 주고, 성도들과 자연스럽게 만나게 할 기회를 만들어야겠다는 생각을 가지게 되었다. 부담감을 주지 않으면서도 주민 대다수가 관심을 가질 만한 주제를 찾기로 했다.

"지역사회를 위한 지역사회의 교회"가 우리 교회의 모토 중 하나였다. 그것이 교회의 사명 중 하나라고 확신했기 때문이다. 14년이 지난 지금도 이 가치가 유지되고 있다. 지역사회에서 인정받지 못하면 성장할 수 없고, 성장할 이유가 없다. 존재할 이유도 없다. 복음으로 주민들을 섬기려면 먼저 주민들과 가까워져야 했다. 더욱 적극적으로 주민들에게 다가가야 할 필요가 있었다. 내가 매주 토요일 가가호호 방문한 것은 전도를 위한 것이었지만, 지역의 형편과 도움이 필요한 사람을 찾아내는 효과도 있었다. 이런 일을 놓고 교인들과 기도하며 의논했다. 그리고 지역사회를 섬길 중요한 행사를 매년 하나씩 주최하기로 했다.

이스트버리 역사의 밤

첫 번째로 '이스트버리의 역사'를 설명하는 강연회를 마련했다. 전도하러 다니다 보니 이 지역으로 이사 온 사람들이 제법 많았다. 인도, 아랍, 유대인들이 많았다. 이들은 교회에 나오지 않는다. 하지만 열심히 일하여 나름대로 성공한 사람들이 모여 사는 이스트버리로 이사를 왔으니 이 지역이 개발되고 발전해 온 역사를 알고 싶어 할 것 같았다.

먼저 이스트버리 주민회에 이 제안을 했다. 주민회 간부들은 너무 좋은 생각이라며 적극 홍보하겠다고 했다. 강사 초대를 포함한 모든 준비는 교회가 맡기로 했다. 키스 클레멘트를 행사책임자로 위촉했다. 그는 BBC2 텔레비전 방송국의 부사장을 역임한 인물이다. 이번 프로그램이 그가 해

본 일 중에 제일 작은 것이겠지만, 그는 주님의 일이라고 열심을 냈다. 이 지역 출신으로 사학자인 아이린 볼트 여사는 강사 초청을 기꺼이 수락해 주었다.

1857년 당시 이스트버리 지역의 지도를 바탕 그림으로 삼아 행사 초청 팸플릿을 만들어 모든 집에 배포했다. 안내장에는 이 지역 역사를 알려 줄 수 있는 지도나 사진, 자료를 전시할 것이라고 알리면서 혹 자료를 보관하고 있으면 함께 보도록 가져와 전시해 달라는 광고도 덧붙였다. 주민회에서도 소식지에 '이스트버리의 역사 설명회'를 광고했다. 예약 없이 무료입장이기에 얼마나 모일지는 예측할 수 없었다.

2000년 11월 2일 목요일 저녁이 되었다. 아이들을 재우고 올 수 있도록 8시 15분에 시작했는데 7시 반부터 사람들이 모이기 시작했다. 100여 개의 의자를 준비했던 성도들은 분주해지기 시작했다. 교실에서 초등학생들이 앉는 의자까지 동원해야 했다. 화재 보험 때문에 법적으로 이 강당에는 140명 이상 들어갈 수 없다는 것을 나중에 알았으니 다행이었다. 230명의 어른이 입추의 여지없이 강당에 모여들었다. 우리 교인들은 다 자리를 양보하고 창문을 통해 귀동냥으로 들었지만 모두 기뻐 뛰며 흥분했다. 이렇게 많은 주민들이 모일 줄은 예상치 못한 일이었다.

키스 클레멘트는 시작을 알리면서 주민들의 적극적인 참여에 감사를 표했다. 강사를 소개하기 전에 세 가지만 간단히 언급했다. 첫째, 이 프로그램은 이스트버리 교회가 준비한 것이다. 둘째, 교회는 매주 일요일 10시에 바로 이 강당에서 예배를 드리고 있다. 셋째, 저기 계시는 분이 우리 담임목사님이다. 나는 그 자리에서 일어나 목례만 하고 앉았다. 곧바로 강사는 지역의 역사를 소개했다. 원래 이 넓은 지역이 큰 농장 지대였고, 집은 농가 한 채만 있었다는 등의 얘기가 전해지자 주민들은 신기해 했다. 적어도 20여 개는 되는 이 지역의 도로 이름이 붙여진 배경도 설명했다. 강의가 끝나고는 이 지역에 제일 오래 산 4명의 주민을 모시고 질의응답 시간도 가졌다.

강의가 진행되는 동안 성도들은 밖에서 주차안내와 보안을 담당했고, 음료수와 컵을 더 사려고 슈퍼로 달려가거나 집에 가서 차와 커피를 끓일 더 큰 주전자와 잔을 가져 오느라 분주했다. 다들 기뻐 벌어진 입을 다물 줄 몰랐다.

강의가 끝나고 차와 음료를 마시며 환담을 나눴다. 전시해 놓은 사진과 지도를 보며 즐거워했다. 한 할아버지는 다른 사람이 가져온 이스트버리 초등학교 졸업생 사진 중에서 자기를 발견하고는 기뻐서 어쩔 줄 몰라했다. 이스트버리의 역사를 다룬 주제도 좋았지만, 주민들이 한데 모여 서로 편하게 교제할 수 있는 자리를 마련해 준 것에 대해 감사하는 인사가 끊이지 않았다. 주민들이 이렇게 많이 한자리에 모여 본 적이 없었다며 고마워했다.

성도들은 모두 명찰을 달아 교회의 이름으로 주민들을 환영하고 감사를 전했다. 밤 11시가 되어서야 주민들이 다 가고 우리는 다음 날 등교할 어린이들을 위해 모든 것을 원위치로 돌려 놓고 정리를 끝냈다. 성도들은 둘러서서 손을 잡고 가슴 벅찬 감사기도를 드리고 하루를 마무리했다.

다음 날 아침 초등학교 교장을 만나러 갔다. 입당 인원이 초과된 것을 사과하기 위함이었다.

"걱정하지 마세요. 그렇다고 141번째부터 돌려보내겠습니까? 누가 문제 삼으면 제가 책임질 테니 목사님은 염려 마세요."

교장의 이 말은 그 후 매년 큰 행사를 준비하는 우리에게 더 없이 좋은 선물이었다.

국제 페스티벌

2001년 주민 행사는 국제 페스티벌(International Festival)을 여는 것이었다. 지난해의 '이스트버리의 역사'와 달리 이번 행사의 핵심은 복음의 메시지를 직접 전하려는 것이었다. 축호전도를 하면서 예수님을 더 알고 믿는 데 관심을 가진 주민들을 만났다. 그렇다고 그들이 다 교회에 곧바로 나오는 것은 아니다. 예배에 출석하기 힘들어 하는 그들에게 주일예배가 아닌 다른 기회를 만들어 우리 성도들을 만나고 복음을 들을 기회를 마련하자는 취지였다. 이것을 은근히 밀어붙였다.

그런데 상당수 교인들이 반대했다. 나는 교회 안에 영국은 물론 여러 나라 사람들이 있으니 각 나라 음식을 만들어 주민들에게 다양한 음식을 대접하고 음악 프로그램을 곁들이면 될 것이라고 설명했다. 교인들은 이 부자 동네에서 누가 먹을 것에 관심이 있어 오겠냐며 반대했다. 음식 파티를 한다고 초청해 놓고 복음을 전하면 속였다고 할 것이다. 그러니 초청장에다 복음을 전한다고 명기해야 하는데, 그것을 본다면 결국 오지 않을 것이라고 했다. 몇 명이 올지도 모르고 어떻게 음식을 준비하느냐, 주민들 입맛에 맞는 음식을 만들 수 있겠느냐는 것이었다. 난감했지만 물러설 수 없었다. 복음을 전하려는 소원을 주님께서 기뻐 받으시고 도와주시리라는 생각이 들었기 때문이다.

"주민들이 몇 명이나 올 것 같습니까?"

"아마 10명도 안 될 겁니다."

한 성도가 대답했다.

"그럼 우리 성도 30명은 온다고 보고, 합쳐서 40명은 모일 테니 불신자 10명을 보고라도 프로그램을 마련해 봅시다."

리더십 팀에서도 적극적으로 나서지 못했다. 누구도 행사 준비 책임을 맡으려 하지 않았다. 할 수 없이 내가 직접 맡기로 했다. 교인들도 끝까지 반대는 못하고 지켜보기만 했다. 천연색 초청장을 만들어 주민들의 각 가정에 배포했지만 오는 사람이 없을까봐 교인들은 마음을 졸였다.

아내에게 100명 분 음식을 준비하라고 했다. 항상 음식 봉사를 열심히 하는 쇼나 쿠퍼도 아내와 함께 음식을 준비하겠다고 했다. 몇 주가 지난 후 150명 분을 부탁했다. 행사 사흘 전에는 200명 분을 준비해 달라고 부탁했다. 그렇게 많은 사람들이 올 것만 같았다.

2001년 6월 9일 저녁 6시가 되었다. 어린 아이들을 동반한 주민들이 모여들기 시작했다. 먼저 식사부터 하는 순서였다. 음식은 중국과 한국 음식 네 가지가 놓인 동양 테이블, 인도 커리와 케냐의 우갈리 등 다섯 가지 요리가 놓인 인도·아프리카 테이블, 영국, 폴란드 요리 일곱 가지가 놓인 북유럽 테이블, 이태리, 스페인 요리 여섯 가지가 놓인 남유럽 테이블, 이렇게 크게 네 섹션으로 나누었다.

◎ "지역사회를 위한 지역사회의 교회"를 표방하고 지역사회를 섬기기 위해 마련한 각종 행사의 초청장들.

주민들은 여러 나라 음식을 먹고 싶은 대로 담아 갔다. 웃음과 환성과 유머로 분위기가 살아나기 시작했다. 자리에 앉아 먹지 않고 대부분 서서 먹었기에 인원 파악이 쉽지 않았다. 나중에 프로그램을 위해 앉고 보니 220명이나 모였다! 눈치 빠른 성도들은 음식이 모자랄까봐 먹을 생각도 안 했다. 그저 즐거운 비명만 지르며 분주할 뿐이었다. 그래도 나중에는 교인들도 다 음식을 먹을 수 있었다. 현대판 오병이어의 기적이 일어난 것 같았다.

식사가 끝나고 강당이 정리되자 교회 어린이 오케스트라가 연주를 했다. 피아노, 바이올린, 첼로, 플루트 등 10여 명으로 구성된 오케스트라는 수준급이었다. 영국 민요 독창에 이어 루마니아 부부의 이중 찬양이 이어졌다. 케냐 가족은 아기까지 나와 아프리카 춤을 선보이니 주민들의 볼거리가 풍성했다. 최고의 하일라이트는 고운 한복을 입은 17명의 본머스한인교회 청년들의 무언극과 찬양이었다. '국제적' 분위기를 띄우기 위해본머스의 김도윤 목사에게 취지를 설명했더니 특별 지원을 해준 것이다.

분위기가 완전히 고조되었을 때에 리처드 샵 선교사가 시청각 도구를들고 나와 약 10분에 걸쳐 복음을 전했다. 리처드 선교사는 함께 둘로스선교선에서 사역했던 친구다. 복음을 확실하고 쉽게 전하는 데 탁월한 은사를 받은 사람이다. 교인들이 모두 놀랐던 것은 설교 시간에 일어나 나가는 사람이 아무도 없었다는 것이다. 모두 명쾌한 복음 메시지를 경청했다. 초청장에 "예수님이 21세기 문화에도 적절한지 와서 확인해 보라"고적었으므로 전도 설교를 문제삼는 사람은 아무도 없었다.

결과는 대성공이었다. 첫째는 불신 주민들을 모아 놓고 공개적으로 복음을 선포할 수 있었다는 것이다. 주님께서 크게 기뻐하시리라는 확신으로 흥분했다. 둘째는 다시 한 번 우리 교회가 지역사회에 관심을 갖고 주민들에게 유익한 프로그램을 선사하는 교회임을 알린 것이다. 셋째는 가시적으로 이 행사 후에 교회에 나오기 시작한 가정들이 몇 된다. 특히 우리가 2004년 둘로스 선교선으로 갈 때 우리 아이들을 집에 데리고 살겠다고 자원한 펭과 시안 림 부부가 이 행사를 계기로 교회에 처음 발을 들여 놓았다. 그 펭이 2010년 5월 15일에 열린 국제 페스티벌에서는 행사준비 책임자로 섬겼으니 얼마나 놀랍고 감사한가!

나는 주님께 감사를 드렸다. 주님을 위해 일할 때에는 '이 일을 할 수 있을까'를 먼저 묻지 말고, '이 일이 주님께서 기뻐하실 일인가'를 먼저 물어야 한다. 주님이 기뻐하시는 일인데 인적, 재정적 자원이 부족해 할 수 없을 것 같다면 그때가 바로 기도하며 힘을 모아야 할 때라고 강조했다. 영국 사람들은 의외로 소극적일 때가 많다. 회의를 하다 보면 일순간에 안될 이유, 대여섯 가지를 대는 것을 보면 신기하기까지 하다. 이번 행사의 결과는 성도들의 기대와 염려를 크게 초월한 것이었다. 그로 인해 교인들은 믿음으로 움직이는 것이 과연 무엇인지 피부로 배우게 되었다. 그래서 그 후로는 큰 행사를 치루는 데 어려움이 줄어들었다.

여왕 즉위 50주년 기념잔치

2002년 행사 주제를 정하는 것은 어렵지 않았다. 6월 첫 주말에 엘리자베스 여왕 즉위 50주년 기념행사(Golden Jubilee)가 전국적으로 열리기 때문이었다. 교회에서는 이스트버리 지역의 기념잔치를 주관하기로 자청했다. 여왕은 1952년 2월 6일 부왕 조지 6세의 서거로 아프리카 방문 중에 여왕이 되었다. 그리하여 2002년 일 년 내내 영연방 국가들과 영국에서 즉위 50주년 기념행사가 열렸다. 영국 정부에서는 6월 1~4일을 공식 기념행사 기간으로 정했다.

교회는 6월 2일 주일예배를 시작으로 지역사회를 위한 기념행사를 개최했다. 여왕의 대형 사진을 걸고 강당 전체를 영국 국기와 왕실을 상징하는 보라색 풍선으로 장식했다. 예배에는 140명이 참석했다. 예배가 끝나고 곧바로 잉글랜드와 스웨덴의 월드컵 축구경기를 생중계로 관람했

◑ 엘리스자베스 여왕 즉위 50주년을 기념하는 주민 행사에서 기념 케이크를 자르기 전에 "해피 쥬빌리 투 유"를 부르는 지역사회 대표, 이스트버리 초등학교 대표, 이스트버리 교회 담임목사.

다. 이때는 사람 수가 200명으로 늘어났다. 대형 스크린 아래 주민들과 교인들이 함께 어우러져 소리지르며 관전했다. 전반 24분에 영국이 선제 골을 넣고 후반 39분에 스웨덴이 동점골을 넣어 경기는 무승부로 끝났다. 모두 아쉬워했다. 하지만 주민과 교회가 어울리는 데는 더없이 좋은 기회였다. 축구경기를 보지 않는 사람들과 어린이들을 위해서는 각종 게임이 운동장에서 벌어졌다.

1시부터는 강당에서 부페 식사를 제공했다. 축구 등 운동과 게임으로 친숙해진 주민들은 우리 성도들과 스스럼 없이 대화를 나누었다. 여왕 행사에 걸맞게 장식된 식탁에 둘러앉아 맛있는 음식을 나누었다. 식사기도에 앞서 주민회 대표와 초등학교 대표, 그리고 교회를 대표하여 내가 앞에 나가 "해피 쥬빌리 투 유"를 외치고 케이크를 잘랐다. 식사가 끝나고 이 지역 어린이 오케스트라가 영국 민요, 영국 국가와 찬송가를 연주하며 주민들을 즐겁게 했다. 주민들도 어우러져 함께 합창을 하기도 했다. 영국의 어떤 동네보다 교회가 준비한 기념잔치가 전국에서 최고였을 것이라며 주민들은 흥거워했다. 다시 한 번 교회가 지역사회에 다가가 섬길 수 있어 감사했다. 교회 어린이들이 주축이 된 오케스트라에서 처음 합주했던 인도 아이 형제가 엄마와 함께 그 다음 주부터 교회에 출석하기 시작했다.

기차 대강도사건

1960년대에 영국을 발칵 뒤집어 놓았던 '기차 절도 사건'(Great Train Robbery)이 있었다. 에드윈 포터가 1903년에 만든 서부영화 〈대열차 강도〉를 방불케 하는 실제 강도사건이 1963년 8월 8일에 발생했다. 글래스고에서 런던으로 향하던 우편 특급열차에서 절도액이 2백 6십만 파운드에 달하고 13명의 범인에게 각각 20~30년 형이 언도된 영국 역사상 가장 큰 범죄 사건이었다.

당시 오클리라는 작은 마을이 영국은 물론 국제 뉴스의 초점이 되었다. 열차 강도들이 숨긴 엄청난 돈자루들이 바로 이 마을의 한 농장 창고에서 발견되었기 때문이었다. 그런데 이 마을이 우리 지역에서 불과 30km 떨어져 있다. 더구나 2003년은 대열차 강도 40주년이 되는 해여서 영국 내에서도 관심이 고조되었다. 우리 교회는 사건 당시 처음으로 절도물이 숨겨진 현장에 도착하여 조사를 펼쳤던 존 울리 순경을 초청하여 당시의 이야기를 듣는 행사를 주민들을 위해 마련했다.

2003년 4월 30일 저녁에 참석한 주민들의 반응 또한 대단했다. 60대가 된 울리 순경은 당시의 일과 절도물을 찾게 된 상황, 그 후의 조사와 재판까지 자세히 설명했다. 완전 범죄란 있을 수 없다는 것과 범죄 신고 정신을 강조했다. 당시의 사진들과 신문 기사도 많이 구하여 진열했다. 교회에서는 늘 하던 대로 풍성한 다과를 준비하고 주민들을 환영하고 즐거운 교제를 나누었다. 주민들은 교회가 재미있고 유익한 주제를 정하여 지역에 봉사하고, 이웃과 아무 상관없이 사는 많은 사람들에게 함께 사귈 수 있는 기회를 제공해 준 것을 고마워했다.

계속되는 연중 행사

교회가 매년 주민을 위한 연중행사를 마련하는 전통은 내가 사임한 2004년 이후에도 계속되었다. 이스트버리에는 북대서양조약기구(NATO, 나토) 영국 군사본부가 있다. 미국으로 말하면 펜타곤 같은 곳이다. 하지만 탱크 하나, 기관총 한 자루 보이지 않는다. 시설의 대부분이 지하에 들어가 있어 군사시설 같아 보이지도 않는다. 3천 명이 일한다는데 30명도 보이지 않는다. 캐나다나 미국에서 온 고급 장교들이 우리 교회에 더러 출석하긴 했지만 그 기지에 대해서는 물어볼 수 없었다. 이렇듯 주민들은 한 동네에 있으나 베일에 감추어진 단체를 늘 궁금해 했다.

하나님께서 교회에 은혜와 지혜를 주셨다. 교회에 출석하는 몇 명의 나토 장교를 통하여 사령관에게 나토 본부에 대한 설명을 주민들에게 해주면 어떻겠느냐고 건의를 했다. 놀랍게도 사령관은 좋다고 했다. 주민들이 얼마나 많은 반응을 보였던지 이번에는 400여 명이 와서 도저히 좁은 강당에 다 모일 수가 없었다고 한다. 사령관과 장교들이 정복을 입고 보안에 저촉되지 않는 선에서 나토 본부에 대해 말해 주니 주민들이 얼마나 감동했을지 짐작이 간다. 사령관은 오히려 우리 교회에 감사했다. 어느 사회나 소통이 중요한데 나토 본부도 같은 지역에 있으면서 주민의 이해와 지원을 받으며 지내는 것이 유익하다고 생각했기 때문이리라.

나토 본부를 '노스우드 본부'(Northwood Headquaters)라고 부른다. 노스우드 지역에는 8개의 교회가 있고, 유명한 런던신학대학이 있다. 그 노스우드 지역 안에서도 나토 본부는 이스트버리에 있다. 이제 고백컨데, 교회를 개척하면서 늘 이런 기도를 했다.

"주님, 이 이스트버리 지역에 영국의 군사 본부가 있는 것처럼 이스트버리 교회는 영국의 영적 본부가 되게 하여 주옵소서."

요즈음도 이 기도를 할 때가 많다.

예수님의 향기를 맡게 해줄 좋은 기회를 찾으려고 기도하면서 행사를 마련하기만 하면, 언제나 성령님께서 역사해 주시는 것을 볼 수 있었다. 이런 행사가 있을 때마다 고급 안내장을 집집마다 돌렸다. 이것은 행사에 초청하는 것뿐 아니라 교회의 존재를 알리는 데도 도움이 되었다. 특히 지역과 이웃을 위하여 부단히 애쓰는 교회라는 인상을 주민들에게 심어 주는 데 큰 효과를 발휘했다. 물론 복음의 접촉점 마련이 언제나 가장 큰 기도제목이었다.

우리 교회는 매년 적어도 네 가지 행사는 정기적으로 진행한다. 그러니 지역사회를 위해 매년 적어도 다섯 번의 큰 행사를 마련해 구실만 생기면 이웃을 만나려고 노력했다.

• 부활절 성경학교

이 부활절 성경학교(The Easter Holiday Club) 프로그램이 시작된 건 1994년으로 거슬러 올라간다. 이스트버리 초등학교에서 피아노 봉사를 하던 도린 버클리가 부활절 방학 기간 동안 며칠이나마 아이들에게 성경을 가르쳐 주고, 아이들을 돌보면서 맞벌이 엄마들을 도와주고자 시작한 것이다. 화요일에서 금요일까지, 이 성경학교에는 6~11세의 어린이 80명 정도가 참석한다. 대부분 교회에 출석하지 않는 아이들이다. 교사와 보조교사, 지원 팀까지 약 20명 이상 동원되는데 매년 계속되어 2010년에는 열일곱 번째로 성경학교를 운영했다.

주제를 정해 강당을 꾸미고, 선생님들과 함께 재미있는 음악, 게임, 인형극, 공작, 성경 이야기, 소그룹 성경공부, 성경 암송, 간식, 짧은 비디오 보기를 즐기다 보면 어느새 두 시간이 아쉽게 지나가고 만다. 아이들은 예수님에 대해 집중적으로 배우게 되고 주일에는 이 아이들이 가족과 함께 예배에 참석해 주중에 배운 것을 발표한다. 부모들에게 교회를 보여 주고 개인적 접촉을 가질 더없이 좋은 기회다.

• 빛의 파티

영국도 10월 31일에 할로윈(Halloween)이라는 절기가 있다. 집집마다 호박으로 귀신 모양을 만들어 문 밖에 장식하고, 밤이 되면 아이들은 검은 귀신 옷을 차려 입고 동냥을 다닌다. 귀신 얘기를 듣고 귀신 영화를 보기도 한다.

이런 할로윈의 대안으로 2000년부터 이스트버리 교회는 이날 저녁이 되면 매년 '빛의 파티'(The Light Party)를 갖는다. 보통 70여 명의 아이들이 모이는데 검은 옷을 입고 귀신 놀이를 하는 대신 밝은 옷을 입고 우리 교회가 예배드리는 초등학교 강당에 모인다. '별을 따라서', '무지개 파티' 등 매년 주제를 바꾸고, 아이들은 주제에 맞는 옷차림을 하고 파티에 온

◉ 귀신놀이를 하는 할로윈의 대안으로 마련한 '빛의 파티'를 즐기는 어린이들

다. 물론 강당은 미리 주제에 맞게 발랄하고 멋지게 장식을 한다. 아이들이 음악과 게임, 간식과 댄스를 마음껏 즐기고 나면 끝 부분에 빛이신 예수님의 이야기를 들려준다. 주님이 어두움을 이기셨고, 귀신을 이기셨고, 죽음을 이기셨다고 가르친다. 갈 때는 작은 선물도 준다. 아이들은 즐거운 시간을 보내고, 지켜보는 부모들도 행복해 한다. 이 지역의 여덟 개 교회 중 이스트버리 교회만 이 행사를 갖기에 다른 교회들의 호응도 좋았다.

• 크리스팅글 예배

이스트버리 교회는 또한 매년 12월 첫 주에 크리스팅글 예배(Christingle Service)를 드린다. 크리스팅글은 오렌지에 작은 초를 꽂고, 네 개의 이쑤시개에 말린 과일과 젤리 사탕을 꿰어 오렌지에 사방으로 꽂고, 오렌지를 붉은 테이프로 둘러 싸 만든다. 크리스팅글의 각 부분은 기독 신앙의 의미가 담겨 있다. 오렌지는 하나님이 만드신 세상을 상징한다. 흰 초는 예수님이 세상의 빛임을 상징한다. 이쑤시개에 꽂힌 젤리나 사탕은 땅의 열매를, 이것이 네 방향으로 꽂힌 것은 복음이 온 지구 사방으로 퍼져 가는 것을 의미한다. 오렌지를 두른 붉은 띠는 예수님의 보혈과 사랑을 나타낸다. 이렇듯 이 크리스팅글에는 예수님의 복음 이야기가 담겨 있다.

크리스팅글이 예수님의 사랑과 빛을 나타내는 상징으로 처음 사용된 것은 1747년 12월 24일 독일의 모라비안 교회에서였다. 그 후 18세기, 19세기에 모라비안들이 활발하게 선교 활동을 할 때마다 이 크리스팅글은 복음을 설명하는 좋은 도구로 쓰임 받았다고 한다. 영국에서는 영국어린이협회가 1968년 이 모라비안의 전통을 성공회에 소개함으로써 알려지게 되었는데, 이제는 전국에서 6천여 교회가 크리스마스를 전후해 이 예배를 드리며 구제와 전도의 기회로 삼고 있다. 이날 영국에서 모금되는 액수가 매년 약 25억 원에 이른다고 한다.

모든 참석자가 크리스팅글을 하나씩 받고, 한 사람씩 초에다 불을 붙이고, 실내의 불을 모두 끄면 크리스팅글 예배는 절정에 이른다. 그러면 어둠 속에서 촛불이 빛난다. 어두운 세상에 빛으로 오신 예수님을 설명하는 크리스마스 메시지가 피부로 느껴진다. 크리스팅글은 아이들에게 복음을 쉽게 설명할 수 있는 효과적인 시청각 도구다. 또 아이들도 친구들에게 크리스팅글을 설명해 주면서 자연스럽게 예수님에 대해 말하기도 한다.

• 크리스마스 선물 상자

이스트버리 교회는 매년 10월 말이면 크리스마스 선물 상자(Operation Christmas Shoe Box)를 모으기 시작한다. 학용품, 인형, 과자, 장갑, 털모자 같은 상하지 않을 크리스마스 선물이 든 상자들을 모아 11월 중순에 우리 지역의 총 집합소로 보낸다. 그래야 크리스마스 때 세계의 어린이들이 이 선물을 받을 수 있기 때문이다. 크리스마스 때 이 선물 외에 다른 선물을 받지 못할 아이들을 생각하면 얼마나 소중한 것인지 모른다. 세계적으로 이 프로젝트를 주관하는 단체는 빌리 그레이엄 목사의 아들 프랭클린 그레이엄이 책임자로 있는 사마리아인 지갑선교회(Samaritan's Purse)다. 이 선교회의 보고에 의하면 2009년에 820만 상자를 모아 루마니아, 서비아,

코소보, 아제르바이잔, 러시아 등 75개국 어린이들에게 선물했다고 한다. 20년을 지속해 온 귀한 선교사역이다.

이스트버리 교회는 1999년 처음으로 이 프로젝트에 합류했다. 나는 교인들과 함께 상가의 구두점과 가게에 들러 이유를 설명하고 빈 상자를 얻었다. 이스트버리 초등학교와 지역주민들에게도 이 선한 구제사업에 동참해 줄 것을 호소했다. 첫해에 236상자나 모였다. 곧 우리 지역의 다른 교회들도 동참하기 시작했다.

"우리 집 앞, 눈 치운 사람을 찾습니다"

지역사회를 섬기던 그 시절, 우리 부부 외에는 아무도 모르는 이야기 하나를 털어놓는다.

2000년 12월 27일, 여느 때와 같이 새벽기도에 가기 위해 일찍 일어났다. 집 문을 열어 보니 새벽기도도 갈 수 없을 정도로 밤새 눈이 무척 많이 쌓여 있었다. 밖에 서서 수북히 쌓인 눈을 보고 있는데 눈 치울 힘이 없는 노인들 생각이 났다. 순간 눈을 치워드려야겠다는 생각이 들었다. 새벽 다섯 시, 동네는 고요하기만 했다. 삽이 있으면 좋으련만 겨우 구할 수 있었던 것은 T자형 빗자루였다. 다행히 아직 눈이 얼어붙기 전이라 치우기는 그리 어렵지 않았다.

아홉 집의 눈을 치웠다. 교인 집 다섯, 교회 나오지 않는 네 집이었다. 도로 밖까지 될 수 있는 대로 넓게 치웠다. 다행히 한 집에서만 봤을 뿐

그 외에는 아무도 보지 않았다. 여덟 번째로 치우던 집인데 아들을 위클리프 선교사로 보내고 혼자 사는 교인 집이다. 눈을 치우는데 갑자기 대문이 열리는 것이 아닌가! 마주보며 서로 당황했다. 절대로 아무에게도 말하지 않겠다는 조건으로 따라 주는 오렌지 주스를 마셨다.

그 뒤 몇 집에서 전화가 왔다. 실비아 고든 할머니 아들이 전화했다. 새해를 맞아 오랜만에 어머니를 뵈러 왔는데 온 동네의 눈은 그대로 다 있는데 어머니 집 앞만 치워져 있는 것을 보고 의아했다고 말했다. 누가 눈을 치웠는지 알 길이 없었지만 목사님이 치웠을 것 같아 확인과 감사차 전화했다고 했다.

신디아 할머니는 얼마 전 골반 수술을 하여 의사가 맨 땅도 밟지 말라 하여 크리스마스에도 밖에 못 나갔다고 했다. 창밖의 눈을 보고 걱정하고 있는데 옆집 사람이 동네 눈은 그냥 다 있는데 어떻게 할머니 집만 눈이 치워졌느냐고 물어서야 문을 열어 보고 놀라지 않을 수 없었다고 했다.

암 말기 수술을 받은 찰스 하토그 집에서는 전속 정원사가 눈을 치운 것으로 쉽게 생각했다가 나중에 내가 치웠을 것 같다며 연락을 했다. 나중에 교회에 출석하고 예수님을 영접한 찰스 하토그는 일 년 뒤에 눈 치운 얘기를 하면서 감동을 받았다고 전해 주었다.

키스 올섭 할아버지는 조심스럽게 그러나 단도직입적으로 눈을 치웠느냐고 물었다. 나는 적당히 얼버무렸다. 안 했다고는 할 수 없었지만, 했다고 내 입으로 확인해 주지도 않았다. 이렇게 작은 일이 여러 사람을 행복하게 할 수 있다는 데 놀랐다. 내가 치웠을 것이라고 생각해 주는 주민들이 고마웠다. 만일 다른 사람이 눈을 치웠는데 동네 사람들이 내가 한 줄 알고 전화했다면 얼마나 부끄러웠을까 생각하니 새벽에 눈 치울 생각을 주신 주님께 감사할 수밖에 없었다. 이웃을 위한 작은 선행을 하나님은 기뻐하신다. 선행으로 표현되지 않는 종교적 경험은 남에게 영향을 끼칠 수 없다. 그래서 예수님께서도 선행을 강조하셨다.

"너희 빛이 사람 앞에 비치게 하여 그들로 너희 착한 행실을 보고 하늘에 계신 너희 아버지께 영광을 돌리게 하라"(마 5:16).

되새겨 볼 핵심 원리

1.

교회는 지역사회를 섬겨야 한다

교회와 지역사회는 하나라는 공동체 의식을 가져야 한다. 교회가 살아야 지역사회가 살고, 지역사회가 발전해야 교회도 발전한다. 교회는 지역사회와 동떨어진 섬이 아니라 지역사회를 아우르는 구심점이 되어야 한다. 교회는 지역사회를 진정으로 섬기려는 자세를 가져야 한다. 실질적 필요를 알아내어 채워 주면서 도움을 주어야 한다. 지역에서 유익을 취하기보다 무엇을 줄 수 있는지 고민해야 한다. 지역사회에 대한 봉사와 참여로 불신자들에게도 칭송받을 수 있어야 한다. 교회는 신자는 물론 불신자에게도 기댈 수 있는 언덕이 되어야 한다.

2.

지역사회를 위한 프로그램을 계발하라

교회가 지역사회에 관심을 갖고 지역사회에 유익한 행사를 마련하고 전도의 기회로 삼는 것이 필요하다. 전도를 지속적으로 해야 하는 것 같이 지역사회를 위한 행사와 섬김 사역도 다양하게 여러 해를 꾸준히 하는 것이 중요하다. 그럴 때 지역사회로부터 신뢰를 얻을 수 있다. 개교회주의를 배제하고 다른 교회와도 사이좋게 지역을 위해 동역해야 한다. 교회에 대한 지역사회의 인식은 교회가 지역을 위해 봉사하는 것과 비례한다.

3.

전도를 의도하여 지역사회에 봉사하라

지역사회 봉사는 봉사 자체로도 의미가 있다. 하지만 교회는 사회 봉사단체만은 아니다. 지역에 대한 봉사는 예수님의 복음으로 지역사회에 다가가기 위한 노력이다. 지나치게 전도하려는 인식을 주어서도 안 되지만 복음전도를 지나치게 배제하는 섬김도 삼가야 한다. 설교가 어려우면 간증을 통하여서라도 무리하지 않는 선에서 예수님을 소개할 수 있어야 한다. 어떤 때는 과감하게 복음을 전할 수 있어야 한다. 소극적으로 전도할 수밖에 없는 상황이라 할지라도 교회는 전도의 열매를 위해 기도하며 준비해야 한다.

4.
사랑의 복음을 보여 주라

말하는 전도만으로는 안 된다. 보여 주는 전도를 해야 한다. 예수님을 따르는 제자의 변화된 삶을 보여 주어야 한다. 전도를 의도하여 불신자에게 선행을 베풀어야 한다. 독일의 위대한 초대교회사가인 아돌프 하르낙은 초대교회의 성장 비결을 두 가지로 지적했다. 첫째, 이교도들과 적극적으로 논쟁하며 기독교 진리를 변증한 것과, 삶에서 경건과 사랑의 모습을 보여 준 것이었다. 21세기에도 이 두 가지 원리가 실천되어야 교회가 성장할 것이다.

5.
성도들의 자발적 참여가 필수적이다

어떤 행사든지 준비와 운영에는 많은 노력이 필요하다. 인적, 재정적 자원이 필요하다. 지역사회를 섬기려면 성도들의 참여가 필수적이다. 성도들이 즐겁게 봉사하려면 자발적이어야 한다. 지역사회를 섬기려는 교회의 비전을 공유하고 이것이 장기적으로 복음과 사랑의 씨를 뿌리는 것임을 인식해야 한다. 성도들이 기쁜 마음으로 참여하여야 행사에 은혜가 넘치고 전도 효과도 증가한다.

WELTMEER
NORDSEE
OST SEE
NORWEGEN
SCHOTTLAND
IRLAND
Dublin
ENGLAND
London
DÄNEMARK
DEUTSCHLAND
Wien
FRANKREICH
Paris
SCHWEIZ
ITALIEN
Rom
Corsica
Sardinien
ADRIATISCHES MEER
PORTUGAL
Lissabon
SPANIEN
Madrid
MITTELLÄNDISCHES MEER
MAROCCO
ALGERIEN
AFRICA
EUROPA

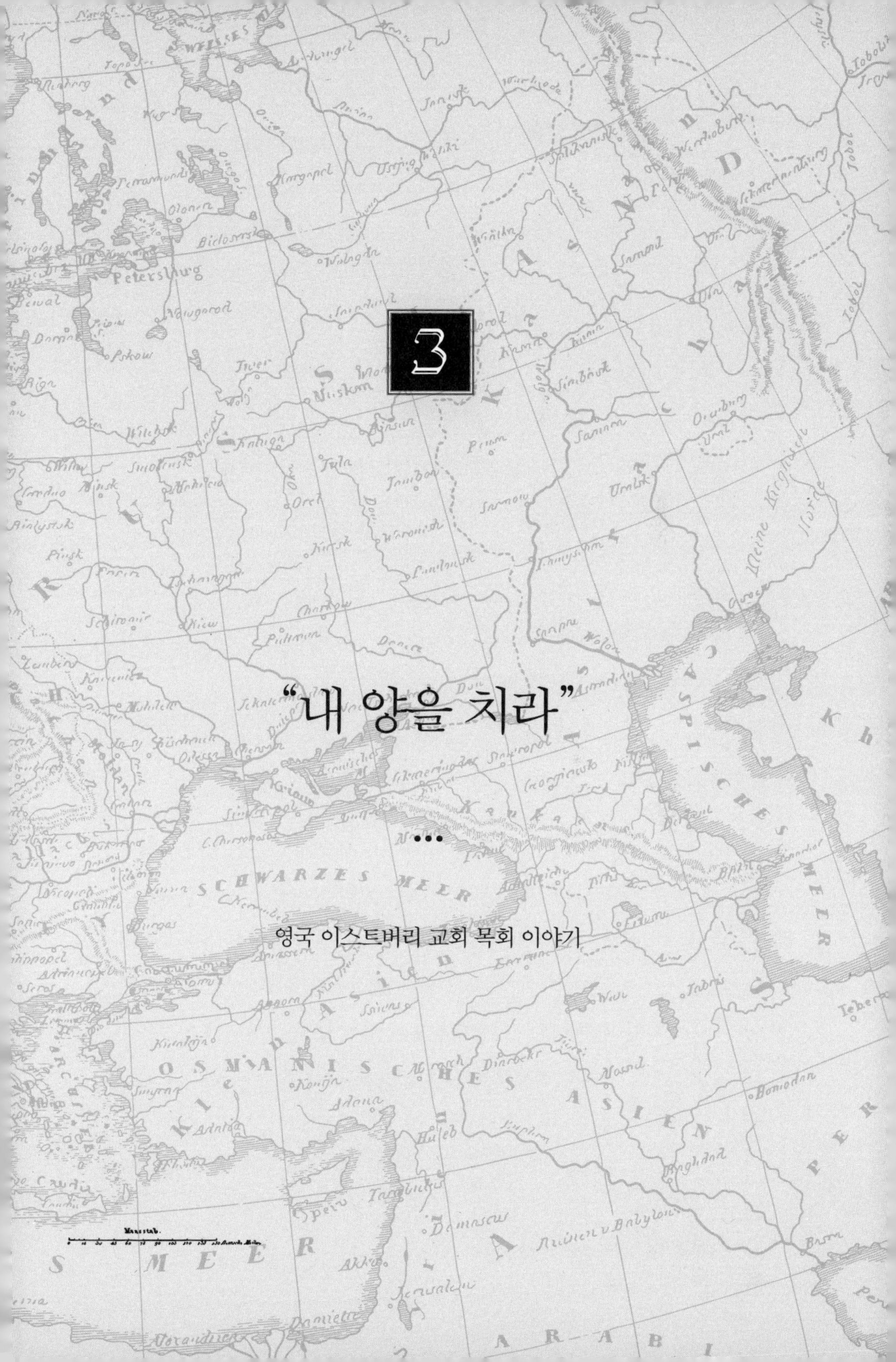

3

"내 양을 치라"

....

영국 이스트버리 교회 목회 이야기

Chapter.7

목회 다이어리

　나를 아는 많은 분들은 한국인 목사가 어떻게 영국인들을 상대로 목회했을까, 설교는 어떻게 했으며 부유층 영국 교인들이 한국 목사를 얕보지는 않았을까, 행정 사무 처리는 어떻게 했을까, 영국인들 신앙상담은 어떻게 해주었을까, 그들이 최 목사의 말을 들었을까 등 많은 것을 궁금해했다. 사실 나는 내가 어떤 길을 가게 될지 알지 못하고 목회의 첫걸음을 내디뎠다. 오직 주님의 은혜로 하루 하루를 지냈다. 도전과 축복의 날들이 연결되어 6년 반을 지나게 되었다.

먼저 설교 얘기를 하련다. 담임을 맡았으니 주일설교를 맡는 것은 당연한 임무이자 특권이었다. 하지만 영국의 관습상 매주 설교하지는 않았다. 이 글을 쓰면서 존 스토트 목사가 목회했던 런던의 올소울즈 교회 웹사이트에서 2010년 9~12월의 설교 일정을 보니 크리스마스와 송구영신 예배를 포함하여 17주에 36번의 예배가 계획되어 있었다. 그중에서 휴 팔머 담임목사는 주일오전예배 여섯 번과 저녁예배 세 번만 설교하는 것으로 나와 있었다. 부목사들과 레이 리더(Lay Reader)라고 부르는 평신도도 자주 설교를 맡았다. 이런 영국 관습에 비추어 우리도 가끔 외부강사를 초청했고 성도들 가운데서 할 수 있는 사람들에게 설교를 부탁했다.

영국 성도들은 거의 모든 설교를 도맡아 하는 한국 담임목사들을 이해하지 못할 것이다. 충분히 기도하고 준비할 시간이 없다고 생각하기도 하고, 또 부목사들이나 다른 평신도들도 다양성과 훈련을 위해서라도 강단에 세워야 한다는 의견이 강하다. 이상하게 들릴지 모르지만, 영국 교회를 목회하려면 매주 설교하지 않을 각오를 해야 한다. 매주 설교하겠다고 주장하면 오히려 문제가 생길 수 있다. 영어로 설교를 준비해야 하는 나로서는 이런 영국 교회의 관습이 오히려 도움이 되기도 했다. 매주 설교하지 않았기 때문에 설교할 때마다 들리는 메시지를 전달하기 위해 준비와 기도에 매달려야 했다. 물론 쉽지 않았다.

주일설교는 20분만

내가 영국 목사가 아니었기에 불편한 점이 없었느냐고 묻자 키스 올섭이 내 영어를 지적했다.

"여기에 적는 것은 정직하게 적으려는 것이지 비판하려는 것은 절대로 아닙니다. 저는 항상 목사님의 영어가 완벽함을 존경하지 않을 수 없었습니다. 영어로 박사 논문을 쓰신 것은 자랑해도 좋을 만큼 큰 성취를 이룬 것입니다. 하지만 어떤 때는 영어가 좀 문제가 되기도 했습니다. 특히 열정적으로 설교할 때는 말이 빨라져서 잘 알아들을 수 없을 때가 있었습니다(사실 이것은 진작 말씀드려야 했던 건데 그러지 못했습니다. 열정에 찬물을 끼얹는 것은 정말 못할 일이었기 때문입니다!)."

목회 초기에 고급 영어를 구사하는 성도들에게 어떻게 설교하며 가르쳐야 할지 걱정이 되기도 했다. 어느 날 고린도전서 12장 29~30절을 읽다가 힘을 얻었다.

"다 사도이겠느냐 다 선지자이겠느냐 다 교사이겠느냐 다 능력을 행하는 자이겠느냐 다 병 고치는 은사를 가진 자이겠느냐 다 방언을 말하는 자이겠느냐 다 통역하는 자이겠느냐."

그때 하나님의 큰 음성이 들리는 것 같았다.

"다 영어를 잘하는 자이겠느냐?"

다 방언을 말하는 자가 아닌 것 같이 다 영어를 잘할 수 없는 것이 당연하다는 말씀이다. 성도들이 다 영어를 잘하니 누군가는 못해야 마땅하다는 논리로까지 생각해 보았다. 주님께서 위로해 주셨다.

가끔 어떻게 하면 영어를 잘할 수 있느냐는 질문을 받는다. 눈이 파래져야 잘할 수 있다고 농담으로 대답하곤 한다. 나는 빌리 그레이엄 목사의 전도집회 설교 통역을 두 번 하기도 했지만 눈이 파래지지 않아 그런지 아직까지 영어가 쉽게 느껴지지 않는다.

하지만 설교는 영어에 달려 있지 않다. 의사소통을 해야 하니 영어가 중요한 것은 사실이지만 그보다 더 중요한 것은 내용이다. 예수님을 높이는 내용, 성경 본문에 대한 깊은 해석, 실천적인 내용이 중요하다. 내용에 못지 않게 중요한 것이 있다면 신념에 찬 열정이다. 설교자의 심장이다. 혹 설교자의 영어가 부족하여 잘 못 알아 들어도 교인들은 열정과 신념에 넘치는 설교자를 보고 '우리 목사님은 복음과 주님을 참으로 사랑하는구나' 하며 은혜를 받는다. 내용과 열정뿐 아니라 목사의 삶도 중요하다. 교인들이 주일설교를 잘 듣고 받아들여 변화를 받으려면 목사를 신뢰하고 존경해야 한다. 목사의 삶을 거의 다 들여다볼 수 있는 작은 교회라면 더욱 평상시에 목사의 삶을 보고 감동을 받을 때 성도는 목회자를 존경하게 된다.

나는 한국 목회자들이 영국과 다른 나라에서 설교하며 목회할 수 있다고 믿는다. 박사 공부를 하다 보면 한국 학생들은 통과하는데 영국 학생들이 실패하는 경우가 있다. 공부에서는 언어보다 관점이 더 중요하기 때문이다. 목회도 마찬가지다.

　주로 설교문을 상세히 작성하여 설교했다. 그러나 강단에 서서 읽지는 않았다. 설교문을 작성하면 예배에 나오지 못한 사람들에게 보내 주기도 하고, 전도용으로 가져 가게 할 수도 있었다. 그러나 사실 이렇게 설교문을 다 쓰게 된 것은 시간을 정확히 맞추기 위해서였다. 리더십 팀은 노인들을 생각하여 설교를 20분만 해달라고 요청했다. 주일설교를 20분만 하는 것에 대해 나는 처음부터 부정적이었다. 주중에 예배로 자주 모이는 것도 아닌데 짧은 설교를 듣는다면 성도들이 잘 성장할 수 없다고 생각했기 때문이다. 45분은 못하더라도 적어도 30분은 해야 할 것 같았다.

　그러나 실상은 그렇지 않았다. 20분 설교하면 은혜를 받았다는 인사를 받는다. 23분까지는 봐 준다. 25분이 넘으면 아무리 설교를 잘 했어도 반응이 거의 없다. 30분 설교하면 모두 침묵한다. 초창기에 중요한 주제를 잘 설명하다 보니 35분을 넘게 설교한 적이 있었다. 아니나 다를까 한 연로한 성도가 정식으로 항의해 왔다. 참으로 난감했다. 설교를 길게 해 미안하다고 사과까지 했다. 설교 내용이 복음적이 아니라면 모를까, 설교를 길게 했다고 사과까지 해야 하다니 좀 억울하기도 했다. 이 문화를 깨기가 얼마나 어려운지 뼈져리게 느꼈다. 하지만 성령의 감동이 넘쳐나는 설교였다면 성도들이 그렇게 하지 않았을 것이라 생각하며 나에게 책임을 돌리곤 했다.

　목회 기간 동안 내가 제안하고 준비해 온 것은 거의 관철되었다. 그러나 설교 시간만큼은 결국 내가 졌다. 25분으로 절충을 보지도 못했다. 더 많이 주려다가 다 뒤집어 엎어지는 것보다 짧게 설교하여 교인들의 마음을 불안하지 않게 하는 것이 낫다는 결론에 도달한 것이다. 영국 평균 설교 시간은 7분이라고 한다. 그래도 우리 교회는 20분을 설교할 수 있으니 오히려 감사해야 하지 않을까?

교회 행정 체계를 견고히

서구 교회를 목회하자면 설교 못지않게 중요한 것이 원활한 교회 행정이다. 10명도 안 되는 인원으로 시작한 우리는 모든 기초를 처음부터 새로 놓아야 했다. 나는 계획성 있게 일하려고 노력했다. 서구 사람들에게는 소통(communication)이 필수적이다. 물론 다 얘기해 줄 수는 없지만 될 수 있는 대로 많이 얘기하고 의견을 묻고 토의에 참여시키는 것이 좋다. 특히 영국 사람들은 토의를 좋아한다. 목사라고 혼자 밀어붙였다가는 어려움에 봉착할 것이 뻔하다. 즉흥적인 논의가 없을 수 없으나 자주 즉흥적으로 일하면 성도들은 힘들어 한다.

교회가 작을 때는 가족 같은 분위기라서 좋다. 그 대신 서로 무슨 일이 일어나고 있는지 다 알고 싶어 한다. 거의 모든 것을 서류로 작성해야 하는데 영어로 하자니 쉬운 일이 아니었다. 그냥 말로 하고 넘어갈 수 있는 것도 될 수 있는 대로 기록으로 말하려고 했다. 지금 그 자료들이 다 보물 같기만 하다.

두 번째는 서류 정리다. 대여섯 개의 파일에다 체계적으로 정리하려 애썼다. 두 세트로 만들어 하나는 교회 보관용, 다른 하나는 개인 보관용으로 했다. 주보만이 아니라 다른 파일들도 두 개씩 준비했다. 교회를 사임하면서 교회에 많은 자료를 인계했다. 그러나 다른 한 세트의 파일은 내가 개인적으로 이스트버리의 역사로 간직하고 있다. 이 책을 쓰면서 구체적인 자료를 많이 제시할 수 있는 것은 이처럼 교회 서류를 보관해 왔기 때문이다.

주보나 리더십 팀 회의록 서류뿐 아니라 교회 행사 때 만든 초청 팸플릿과 심지어 메뉴판까지 모아 두었다. 수정 보완해 온 주소록도 보물이다. 주소록을 수정할 때마다 나는 감격하고 감사했다. 1997년 9월 27일 창립 직전의 교인 주소록은 큰 글자로 행간을 넉넉히 하여 타이핑을 해도 반 페이지도 안 찼다. 그런데 넉 달이 지난 1998년 2월 2일에 새로 만든 주소록은 두 페이지에 달했다. 2000년 12월에 만든 다섯 번째 주소록은 작은 글씨로 작성했는데도 세 페이지에 가득 찼다. 또 각종 성경공부 교재 및 전도 기록을 모아 둔 것은 말할 것도 없다.

영국은 원래 박물관의 나라요, 영국 사람들은 보관의 명수들이다. 한 한국 목사가 우리나라에 첫 선교사로 왔던 로버트 토마스 선교사의 일생을 연구하는 박사학위 논문을 쓰면서 대영박물관을 찾아가 혹시 토마스 선교사에 대한 기록이 있으면 보고 싶다고 했다. 얼마 후 직원은 먼지가 소복히 쌓인 박스 하나를 내주었다. 거기에는 토마스 선교사의 출생신고서를 위시하여 그의 편지, 보고서 등 진기한 자료들이 들어 있었다. 그는 교과서의 기록이 바뀔 만큼 의미 있는 자료를 찾았다고 좋아했다. 나는 역사성을 존중하고 자료를 체계적으로 관리하는 국민성이 영국의 저력이

라고 믿는다. 영국이나 유럽에서 목회하려는 한국 사역자들은 이런 분야
에 미리 신경을 쓰면 좋을 것이다.

목회 계획을 공유하라

영국 교회는 한국 교회만큼 신년 초에 새해를 맞는 각오가 다소 덜한
듯 하다. 대개 신년 첫 주일은 크리스마스 휴가의 연장으로 보내는 경우
가 많다. 크리스마스 때 바빴던 목사들은 휴가를 떠나고, 아직 겨울방학
을 보내고 있는 아이들 때문에 신년 첫 주일에는 출석이 저조한 경우가
많다. 하지만 한국의 전통을 이어받아서인지 나는 신년 첫 주일이 무척
중요했다. 일 년의 사역 계획을 성도들에게 알리고 개인의 삶과 신앙생활
에서 심기일전의 각오로 주님께 헌신하자고 성도들을 독려했다.

그러려면 설교 한 편으로는 충분하지 않았다. 그래서 미리 준비한 '구
호'를 제시했다. 철저히 뿌리를 내리고자 한 가지 핵심 방향을 2년씩 유
지했다. 1997~1999년의 표어는 "교회의 기초를 든든히 놓자"(Laying a
Foundation for a Church)로 했다. 요절 성구는 골로새서 3장 10~11절이었다.
주님의 은혜로 이 기간에 교회의 기초가 놓아졌다. 나가는 전도가 일상이
되었다. 지역사회를 섬기는 것도 마찬가지였다. 한 달에 한 번 모이는 공
동식사도 완전히 정착되었다. 첫 2년간 교회가 성장해서 교회 운영에 필
요한 일꾼들이 채워졌다.

무엇보다 '이스트버리 교회의 네 기둥'(The Four Pillars of Eastbury Church)원

리가 교회 안에 자리를 잡았다. 재정 정책을 확정하여 임마누엘 교회와 협약을 맺은 것도 이 시기였다. 더 중요한 기초는 이스트버리 교회의 정관을 만든 것이다. 리더십 팀에서 기본 골격을 정한 후 헌법 전문 변호사인 존 펠이 초안을 작성했다.

리더십 팀이 다시 검토하고 수정한 후 회원 교인 전체에게 나눠 주고 의견을 받았다. 그 결과 상당히 많은 수정을 거친 후 1999년 10월 17일, 공동의회에서 통과시켰다. 될 수 있는 대로 교인들을 참여시키는 과정이 중요하다. 영국 사람들은 당당하게 자기 의견을 개진한다. 의견 수렴 과정을 거친 뒤 최종적으로 결정된 사항에 대해서는 대개 수용하는 분위기다.

2000~2001년의 표어는 "성도를 온전케 하여 교회를 견고히 하자" (Building up the Church by Equipping God's People)였다. 2000년부터는 기존 사역을 지속하면서도 많은 사역들을 보태어 더욱 활동적인 교회가 되었다. 성도 가정에서 저녁예배를 드리기 시작했다. 구역도 편성하여 주중에 모였다. 성도들은 훨씬 자주 만나게 되었다. '이스트버리 역사의 밤', '빛의 파티', '선교 주일', '정기 기도 모임' 같은 활동들은 모두 2000년에 새롭게 시작한 것들이다.

이 해에 목사관을 구입했다. 개척한 지 얼마 되지 않았는데도 다들 마음을 모아 짧은 기간 내에 현금으로 사택을 마련한 것은 놀라운 일이었다. 더 특이한 것은 우리 교회를 '이스트버리 교회 트러스트(Trust)'로 자선 단체 등록을 마친 것이다. 그래서 이제 헌금은 교회로 하지 말고 트러스트로 하라고 권장했다. 세금을 내는 사람이 낸 헌금은 나라에서 28%를 더 보태서 지정한 자선단체(교회)로 넣어 주기 때문이었다.

2001년에는 네 가지 세부 목표를 정했다.

1) 연합, 영성, 성숙으로 교회를 견고히 하자.

2) 돌봄과 봉사로 성도를 서로 돌아보자.

3) 축복과 소유를 나눔으로 지역사회를 섬기자.

4) 복음을 전하고 사랑을 나눔으로 하나님의 나라를 확장하자.

성도들에게 예배를 비롯한 교회 전반에 대한 설문조사를 했다. 성도들의 의견을 존중하고 모두의 마음을 교회로 모으기 위한 것이었다. 그 결과의 하나로 매월 마지막 주일은 어린이들이 끝까지 함께 예배에 참석하는 '전 가족 예배'(Family Service)를 드리기 시작했다. 예배, 기도, 전도, 선교, 지역 봉사, 목회 돌봄, 구역 활성, 청소년 사역, 재정 안정 등에 대한 세부 사항을 마련했다. 이 자료는 문서로 전 교인들에게 나누어 주고 기도와 동참을 호소했다.

될 수 있는 대로 연중 목회 계획뿐만 아니라 연중 설교 주제도 미리 정하려고 노력했다. 하루 아침에 이 주제들이 정해지는 것은 아니고, 먼저 내가 기도한 뒤 초안을 잡았다. 그리고는 그것을 서류로 만들어 리더십 팀과 의논함으로써 좋은 생각들을 보태게 하고 이 주제를 공유하게 했다. 나는 미리 생각하되 서두르지 않았다. 천천히 하더라도 할 때마다 홈런을 치는 것이 중요하다. 홈런은 혼자 칠 수 없다. 유능한 성도들의 아이디어가 모아질 때 더 멀리 쳐 낼 수 있었다.

다양한 사람을 아우르는 예배

이스트버리 교회는 교파 배경이나 연령층이 다양한 사람들이 모인 교회였기에 처음에는 찬송을 고르는 것까지도 신경을 써야 했다. 복음성가를 더 좋아하는 성도가 있는가 하면 오래된 찬송가를 주문하는 이들도 있었다. 주기도문도 각각 전통적 기도문과 현대적 기도문을 선호하는 쪽으로 달랐다. 설교 주제나 내용도 기대하는 바가 달랐다. 작은 개척교회였지만 다양성은 풍성했다. 자기 성향에 안 맞는 찬송이나 기도나 설교가 있으면 힘들어하는 분위기였다.

사람들은 공식적인 기회가 주어지지 않으면 뒤에서 말하기 쉽다. 그래서 설문조사를 통해 각자의 의견을 제시해 달라고 부탁했다.

"아시는 대로 예배는 한 시간에 한 가지로 밖에 드릴 수 없습니다. 그런데 이번 설문조사가 보여 주듯 우리가 원하는 것은 다양합니다. 그러니 조율을 해야 합니다. 예배에서 중요한 두 가지는 엄숙과 기쁨입니다. 경건함과 발랄함입니다. 하나님을 향한 두려움과 생동감 넘치는 예배가 조화를 이루어야 합니다. 쉬운 일은 아니지만 서로 마음을 열고 남을 먼저 생각합시다."

"오늘 내 마음에 들지 않는 찬송을 불렀다든지, 기도나 설교 중에 그런 것이 들어 있었더라도 그것으로 은혜 받은 다른 사람이 있을 수 있다는 것을 생각해 주시기 바랍니다. 그러면 마음에 불편함이 없어져 더 아름다운 예배를 드릴 수 있게 될 것입니다. 여러분은 예배 때마다 은혜를 경험하게 될 것입니다."

"여러분의 의견을 종합하여 이렇게 예배드리기로 리더십 팀과 의견을 모았습니다. 매월 첫 주는 주일학교 아이들이 예배가 끝날 때까지 함께 참석하는 패밀리 서비스(가족 예배)를 드리려고 합니다. 아이들이 있으니까 찬송도 좀 현대적이고 경쾌한 것으로 정하려고 합니다. 기도도 짧게 하고 설교도 아이들이 이해할 수 있도록 쉽게 할 것입니다. 좀 시끄러울 수도 있습니다. 이것이 불편하신 분들은 마음에 여유를 가지고 세 번째 주일을 기다리십시오. 그때는 전통적 예배 형식에 따라 엄숙하고 경건한 성찬 예배를 드릴 것입니다."

"두 번째, 네 번째 주일은 이스트버리의 독특한 예배를 드리려고 합니다. 엄숙과 발랄함이 조화된 예배입니다. 배경이 다양한 사람들이 모인 우리 교회에서 모든 사람을 만족시킬 한 가지 예배 스타일을 만들어 내는 것은 불가능합니다. 예배의 형태가 좋은 예배를 만드는 것이 아닙니다. 좋은 예배자가 좋은 예배를 만듭니다. 우리가 인내와 관용과 겸손과 남을 나보다 낫게 여기고 남의 필요를 먼저 생각할 때 우리는 좋은 예배자가 될 것입니다. 예배는 하나님을 만나고 경배하는 시간이지 누구의 공연을 관람하거나 내 만족을 채우는 시간이 아니지 않습니까?"

우리 성도들은 훌륭했다. 이 말을 다 들어주었다. 곧 이스트버리 교회에 두루 알맞는 예배 형식이 뿌리를 내렸다.

100번째 리더십 회의

2004년 1월 16일 금요일 저녁 여덟 시, 목사관에서 리더십 회의가 열렸다. 1월 25일 이임하는 나로서는 마지막으로 인도하는 리더십 모임이었다. 6명의 리더십 팀 멤버들이 들어오면서 큰 풍선을 들고 왔다. 거기에는 '100'이라고 크게 쓰여져 있었다. 100세 생신 축하 풍선을 사온 것 같았다. 케이크도 사왔다. 1997년 10월 5일 창립 예배를 드리고 10월 11일 첫 리더십 회의를 한 이래 오늘 우리는 100번째 모임을 갖게 된 것이다. 내 송별 모임이 마침 100번째 모임이어서 의미가 깊었다.

늘 그렇듯이 기도로 회의를 시작했다. 거의 열흘 앞으로 다가온 우리의 이임 예배 준비상황을 점검했다. 4월 17일에 영국 사우스햄턴으로 입항하는 둘로스에 교회 가족들이 다 가기로 결정하고 회비는 10파운드씩 걷기로 했다. 2003년 말까지의 회계보고가 있은 후 다른 안건은 다음 회의에서 더 다루기로 했다. 이제 당분간 담임목사가 공석이 되므로 누군가가 행정책임을 맡아야 한다는 데 동의했다. 내가 로저 쿠퍼를 추천하니 만장일치로 결의되었다. 후임목사 청빙 광고를 세 곳에 냈는데 벌써 23명으로부터 문의가 있었다는 보고도 있었다. 의장으로서 마지막으로 주재한 회의였지만 다룬 안건과 결정 사항이 참 많았다.

이날의 회의록 끝부분에 기록된 이 말이 눈에 띈다.

"다니엘 목사님이 회의를 마무리하면서 자신을 이스트버리 교회 사역

○이임 예배 후 기념 촬영한 이스트버리 교회 리더십 팀 멤버들(2004. 1. 15). 이들은 하나님께서 맺어 주신 우리의 친구요 동역자들이었다.

으로 인도해 주신 것을 감사드렸다. 큰 영광과 특권이었다고 회고했다. 목사님은 전 리더십 팀과 현 리더십 팀에게 적극적인 지원과 신실한 우정에 감사의 뜻을 표했다.”

리더들도 눈물 어린 감사의 말을 해주었다. 지금 다 말하면 이임 예배 때 할 말이 없을 것이니 그만 하겠다고 농담하며 분위기를 바꾸었다. 마지막으로 성찬을 나누면서 의미 있게 마지막 리더십 회의를 장식했다. 우리는 서로를 안고 사랑과 우정을 표현했다. 나는 이 리더십 팀과 교회를 주 예수님께 의탁하는 기도를 드리면서 회의를 마무리했다.

하나님께 감사드린다. 내가 목회를 감당할 수 있었던 것은 이 리더십 팀이 잘 뒷받침해 주었기 때문이다. 여기서 영어로 회의를 진행하며 업무를 실행하는 경험을 쌓았다. 하나님이 원하신다고 생각하는 목회 방향으로 영국 사람들을 설득하고 이끌어 가는 훈련을 받았다. 서류를 영어로 철저히 준비하는 훈련도 받았다. 나중에 둘로스에 가서 일하면서 하나님께서 이스트버리 교회에서 미리 훈련시켜 주신 것을 감사드렸다.

"목사님 말씀을 듣습니까?"

"목사님, 영국 교인들이 목사님 말씀을 듣습니까?"

소문을 듣고 찾아온 한국 선교사가 물었다. 이 질문을 받고 그 순간 떠오른 생각은 '아, 내가 영국 사람들을 목회하고 있구나'였다. 이상하게 들릴지 모르겠으나 그때까지만해도 내가 영국 교회를 목회한다고 깊이 생각 못했다. 그냥 전도하고 목회한다고 생각했을 뿐이었다. 영국 교회를 목회한다는 것이 무슨 특별한 사역이라고 생각할 필요도 없었다.

"아, 네. 우리 성도들이 훌륭해서 저를 잘 받쳐 줍니다. 상식으로만 하면 다 통합니다."

영국 문화가 있고, 한국 문화가 있다. 서로 장단점이 있다. 그러나 양쪽에 다 통하는 상식이라는 것이 있다. 또 크리스천들에게는 성경적 문화가 있다. 이것은 동서양의 크리스천들에게 다 통한다. 마음의 여유와 기본적 신뢰를 가지고 상대를 대하면 문제가 거의 생기지 않고 생긴다 해도 곧 해결될 수 있다고 생각한다.

나는 선교사로서 삶의 절반 이상을 국제 단체나 외국에서 사역했다. 그래서 어쩌면 전형적인 한국 사람이 못되는 것 같기도 하다. 하지만 내게도 토종 한국인의 면모와 사고가 적지 않게 남아 있는 것을 보고 놀라기도 한다. 그리고 내가 외국인인 것이 영국 목회에 도움이 될 때도 많았다.

축호전도가 가장 좋은 예다. 축호전도는 영국적이지 않으며, 그래서 해 봐야 안 될 것이라고들 확신했다. 돈 한 푼 없이 교회를 개척하겠다고 달려드는 것도 그렇다. 영국에서는 무슨 사업이나 사역을 시작하려면 일 년 예산 위에 8%의 자금을 더 마련해야 한다는 것이 상식이다. 우리가 잘 아는 영국 성도의 아들이 변호사를 그만두고 몇 달 전 교회를 개척했다. 놀라운 일이다. 그런데 그 모교회에서 매년 6만 5천 파운드(약 1억 2천만 원)를 지원받는다고 한다. 이런 지원이 없으면 개척을 쉽게 생각하지 못한다. 그 모교회는 열 교회를 개척하면서 첫 3년 동안 다 이렇게 지원했다고 했다.

우리 성도들은 훌륭했다. 혹 자기들의 문화와 경험에 비추어 잘될 것 같지 않다고 생각되어도 '목사님이 문화를 잘 몰라 그렇겠거니' 하고 반대를 안 한 경우도 많았다. 그러나 감사하게도 주님께서는 우리가 영국 문화를 뛰어넘어 시도할 때마다 축복의 길로 인도해 주신 경우가 많았다.

성도들에게 시편 18편 29절 말씀을 자주 인용했다.

"내가 주를 의뢰하고 적군을 향해 달리며 내 하나님을 의지하고 담을 뛰어 넘나이다."

주님을 의지하면 용기가 생긴다. 주님을 의뢰하면 불가능하다고 생각되는 일을 감히 시도해 볼 수 있다. 그것이 위대한 일의 시작이었다는 것을 대개 나중에야 알게 된다.

성도의 집을 찾아가라

심방은 목회의 중요한 일부분이었다. 다행히 열심히 심방하는 한국 교회의 전통 때문에 자연스럽게 성도들을 찾아가 만나고 그들의 얘기를 들어주고, 기도해 줄 수 있었다. 나중에 알고 보니 영국 목사들은 거의 심방하지 않는다고 한다. 영국에도 예전에는 심방을 강조하여 "성도의 집을 찾아가는 목사는 교회를 찾아오는 성도를 만든다"는 말까지 있었다. 요즈음은 우선순위가 바뀌었는지 아니면 열심이 없어졌는지 심방이 많이 줄었다고 한다.

우리 부부는 주중에 성도들과 전화를 많이 하는 편이어서 성도들과 가까워지는 데 도움이 되었다. 사실 주일날 교회에서는 얘기할 시간이 충분하지 않았다. 짧게 인사 정도만 하려 해도 다 만나기가 어려웠다. 또 몇 사람과 깊이 얘기하다 보면 다른 사람들은 인사조차 못 나누게 된다. 전화를 하면서 형편을 듣는 경우가 많았다. 심방이 필요하다고 생각되면 찾아갔다. 전화로 약속을 하고 갈 때도 있지만, 지나가다가 잠시 들르기도 했다. 그들이 들어오라고 하면 들어가 교제하고 기도하고, 바쁘거나 형편이 안 되면 다음에 만나자고 했다. 지나가다가 들르는 것이 약속잡고 만나는 것보다 효과적일 때가 많았다. 목사가 스스럼없이 대해 준다고 생각하기 때문이었다.

초창기에는 노인들의 비율이 높았다. 젊었을 때 대단한 일을 한 사람들로서 지금도 큰 집에 살고 있다. 이제 자식들은 성장하여 나갔고 정년퇴직을 했으니 시간이 많았다. 주변에 자동차로 5분 이내의 거리에 골프장이 다섯 개나 있지만 골프 치는 교인은 거의 없었다. 정원도 대부분 정원사들이 가꾸니 소일거리가 없는 사람들이 많았다.

이들을 찾아가면 얼마나 반가워하는지 모른다. 얘기할 사람을 만났으니 자식 자랑, 손주 자랑이 끝없다. 아픈 얘기도 많이 나눈다. 물질적으로는 어려움 없이 살고 있지만 가진 자나 없는 자나 마음에 공허와 삶의 어려움이 있는 것은 마찬가지였다. 얘기를 들어주자면 30분으로는 안 된다. 적어도 한 시간은 잡고 가야 한다. 서로를 알아가기도 하고 신앙으로 일어설 수 있도록 조언하고 기도해 주는 것은 목사의 임무이자 특권이었다.

하나님께서 외로운 노인들을 섬기는 은혜를 주셨다. 잘 들어주고 긍휼의 마음이 풍부한 아내의 역할이 컸다. 연로한 분들을 우대하고 심방을 강조하는 한국의 아름다운 전통이 영국에서 목회하는 데 도움이 되었다. 교회를 떠난 후 멀리 떨어진 양로원으로 옮겼던 모이라 리지웨이 할머니를 몇 번 방문했던 일도 생각난다. 마조리 블룸필드, 실비아 고든, 제임스 발렌타인, 플로렌스 퍼크, 찰스 하토그…. 이분들은 다 돌아가셨다. 그들과 보낸 시간들을 생각하면 지금도 감사와 그리움이 교차된다.

교회 공동식사 시간

이스트버리 교회가 신앙공동체로 정착하는 데 밥상 공동체 사역이 큰 역할을 했다. 개척 첫 주에 온 교인이 함께 식사한 것을 시작으로 매월 마지막 주일예배 후에 '펠로우십 밀'(Fellowship Meal)이라고 부르는 점심을 함께 먹었다. 한국에서는 예배 후 교회에서 간단한 식사를 함께하는 것이 매주 있는 문화지만 영국은 그렇지 않다. 한 달에 한 번 함께 식사하도록 준비하는 것도 쉬운 일이 아니다. 우리는 한 접시씩 준비해 와서 함께 놓고 같이 나누어 먹는 방식(Bring & Share)으로 준비했는데, 식탁은 항상 풍성했다.

먼저 2주 전에 다음 번 공동식사에 올 사람은 서명하라고 신청서를 붙여 놓았다. 준비해 올 음식도 적으라고 했다. 보통 적어 내는 사람은 5~6명에 불과했다. 그러나 상관이 없었다. 어차피 아내가 모든 교인에게 전화를 걸어 공동식사에 오라고 강권할 것이기 때문이었다. 전화하면서 가족 안부도 묻고 자연스럽게 목회적 관심을 나타내고 기도제목도 받았다. 한 달에 한 번씩 전 교인에게 전화할 수 있는 좋은 기회가 됐다. 그것도 자연스럽게 식사 초대를 하는 것이니 교인들은 늘 고마워했다.

이런 목회적 이유에서 이 공동식사의 준비 책임은 항상 아내가 맡았다. 이렇게 해서 식사를 함께하는 사람은 보통 50~80명이 되었다. 아내는 공동식사에 온다는 가정에 재차 전화하여 이번에는 전식, 주식, 후식, 과일, 샐러드, 음료 중에서 어떤 것을 준비하겠느냐고 물었다. 참석 예상 인원을 고려하여 몇 명 분을 준비해 주면 고맙겠다는 말을 곁들였다. 보통 아내가 제안해 주는 대로 하겠다고 했다. 교회 식탁은 항상 풍성하게 넘쳤다. 한 번은 다른 교회 성도가 예배 참석 후 함께 식사를 하게 되었는데, 자기 교회에서는 150명이 먹을 음식 분량이라며 놀랐다. 남은 음식은 다 깨끗하므로 주로 신학생들에게 싸 주었다.

큰 행사가 있을 때에만 예배 후 강당에서 뷔페식으로 하고, 보통 때는 돌아가면서 성도들 집에서 음식을 나누었다. 이때도 모이는 집에 부담이 없도록 다 한 접시씩 준비해 왔다. 큰 집을 가진 교인들이 많아 30~50여 명이 모여도 문제가 없었다. 영국에서 집은 성(城)이라는 말이 있다. 그만큼 남의 집에 들어가기 어렵다는 말이다. 하지만 교인들은 집 개방에 부담이 없었다. 가정에 모여 점심을 나누며 스스럼없이 갖는 교제는 아름다웠다. 전도의 기회로도 큰 역할을 했다. 교회로 초청하기 어려운 사람들을 가정으로 초대하여 교제하는 모습도 보여 주고 부담 없이 신앙에 대한 얘기도 나누었다.

목회적인 효과가 제일 컸다. 매달 모든 교인에게 한두 번은 자연스럽게 개인적인 전화를 할 기회가 생겼기 때문이다. 영국에서 제일 중요한 식사는 주일 점심이다. 연로한 성도들에게 한 달에 한 번씩 유쾌하게 주일 점심을 먹을 수 있게 하는 것은 의미 있는 사역이었다. 부유하기는해도 혼자 외롭게 사는 성도들은 은근히 마지막 주일의 공동식사를 기다렸다. 밥상 공동체 사역으로 성도들이 서로 가까워졌다. 교회를 따뜻한 가족 공동체로 엮어 가는 데 좋은 역할을 했다. 우리 집에서도 성도와 식사할 때가 종종 있었지만, 가장 정식으로 하는 식사 초대는 매년 1월 1일의 점심식사였다. 이날 만큼은 특별히 잘 장식된 식탁에 둘러앉아 정식 코스를 우아하게 즐겼다. 초대되는 분들은 주로 혼자 되신 노인들이었는데, 하나님께서 이런 사역을 할 수 있도록 12명이 앉을 수 있는 큰 식탁을 선물로 주셨다. 우리 집에는 전 세계에서 많은 손님들이 찾아왔다. 손 대접하는 것을 사역으로 생각하는 아내에게 고마울 뿐이다.

되새겨 볼 핵심 원리

1.
설교는 들려져야 한다

설교는 언어를 통하여 전달되지만 언어보다 중요한 것은 내용이다. 예수님을 높이고 사랑하는 내용, 깊은 본문 해석, 실천적 내용이 중요하다. 좋은 내용을 위해 철저히 준비해야 한다. 설교가 청중의 심령에 들려지려면 하나님을 향한 사랑, 말씀에 대한 열정, 설교한 대로 사는 삶의 모습이 있어야 한다. 성도들로부터 신뢰와 존경을 받으라. 존경하지 않는 자의 설교는 귀에 들어오지 않는다. 설교에는 설교자의 경건한 삶이 흘러넘쳐야 한다. 능력 있는 설교는 설교자의 웅변에서 나오는 것이 아니라 그의 기도와 경건에서 나온다.

2.
섬김과 비전의 리더십을 계발하라

"너희 중에는 그렇지 않을지니"(not so with you). 한글이나 영어나 다 네 단어로 되어 있는 예수님의 이 말씀은 가장 혁신적인 가르침 중의 하나다. 세상 집권자들은 임의로 아랫 사람을 주관하고 권세를 부리지만 예수님의 제자들은 그렇지 않아야 한다고 강조하셨다. 오히려 섬겨야 하고 종이 되어야 한다고 하셨다. 종이 되어야 진정한 으뜸이 된다고 하셨다. 섬기는 방법 중 하나는 의견을 듣고 좋은 것은 반영하는 것이다. 지도자가 자신의 의견을 내놓고 어떻게 하면 더 다듬을 수 있겠느냐고 묻는 것이다. 남이 고쳐 주는 것은 내가 앞으로 실수한 것을 미리 막아 주는 것으로 알고 감사하자. 비전은 담대히 하나님을 의뢰하는 자들에게서만 나올 수 있다. 담대하게 행동하는 자와 그를 따르는 사람들을 통해 하나님의 비전은 성취된다.

3.
목회 계획을 발표하고 공유하라

목회 계획을 연초에 발표하려면 6개월 전에는 준비를 시작해야 한다. 목회자의 생각을 문서로 정리하여 리더들과 나누며 그들의 의견을 수렴하고 반영하려면 시간이 많이 필요하다. 결정에 참여한 사람들은 비전을 공유하게 되고, 성공적 실행을 위해 그들의 시간과 자원을 제공한다. 목회자 혼자 결정하여 일방적으로 발표하는 일은 삼가야 한다. 미리 깊이 생각하지 않은 지도자는 우왕좌왕할 수 있다. 지도자를 따라야 하는 사람들은 방향을 알고 싶어 한다. 성취될 목표를 미리 보고 싶어 한다. 그래야 함께 꿈을 꾸고 더욱 적극적으로 지도자를 지원해 줄 수 있기 때문이다. 맹종을 요구하는 지도력은 지양해야 한다. 지금은 소통과 의견 존중의 지도력이 필요한 시대다.

4.
목회적 스킨십을 계발하라

　성도들과 전화로 형편과 기도제목을 물으며 교제하는 것은 작은 교회에서 누릴 수 있는 축복이다. 교회가 크다 해도 성도들에게 골고루 전화하는 시스템을 갖는 것이 좋다. 평상시 잘 만날 수 없는 교인들에게 전화하면 성도들은 참으로 반가워할 것이다. 공동식사를 준비하면서도 목회적인 전화를 할 수 있다. 공동식사 시간에 소외되기 쉬운 성도들과 함께 앉는 것도 좋다. 교회가 작을 때 심방은 필수적이다. 어려운 형편에 처한 성도를 돌아보면 다른 성도들도 자신들이 어려울 때에 도움받을 수 있다는 마음으로 위로받고 안심한다.

5.
문화를 존중하되 문화에 잠식되지 말라

　영국 문화를 존중했지만 무조건 따르지는 않았다. 헌금, 주일성수, 심방, 공동식사 등에서 더 성경적인 문화를 만들기 위해 애썼다. 여기에 한국인으로서 나의 독특성이 도움이 되었다. 누구든 자기 문화를 폄하하면 좋아하지 않는다. 문화는 우열(優劣)의 문제가 아니라 차이의 문제로 보아야 한다. 그러나 무조건 수용하여 잠식되면 안 된다. 특히 서구문화라고 다 좋은 것도 아니다. 양심과 상식을 기본으로 하면서 성품에 대한 예수님의 가르침을 붙잡는다면 국제적인 감각과 안목을 가진 크리스천 지도자로 성장할 수 있을 것이다.

Chapter.8

"우리 교회는 따뜻했습니다"

1984년 유학하러 런던에 온 이후 지금까지 열다섯 번이나 이사를 했다. 그 사이에 선교지에 나가 6년을 있었으니 영국에 있었던 기간만 따진다면 16개월에 한 번씩 이사를 한 셈이다. 이제는 월세 집을 구하고, 이삿짐을 싸고 다시 풀고 얼마 안 있다가 다시 옮기는 일이 너무도 힘들게 느껴진다. 그래도 집세가 싼 집들, 좋은 주인들을 만나 주님이 보살펴 주시는 은혜를 누린 큰 복이 감사하다. 우리가 이사 다닌 사정을 잘 아는 어떤 사역자가 여러 해 전에 그 이야기를 책으로 쓰라고 강권했다. 하나님께서 어떻게 살 집을 기적같이 제공해 주셨는지 적어 주님께 영광을 돌리라고 졸랐다. 그 책은 아직 쓰지 못했다. 어쩌면 영영 쓰지 않을지도 모른다.

금방 생긴 교회가 목사관을 사기까지

하지만 이스트버리 교회가 목사관을 준비한 이야기는 간단히 기록하고 싶다. 교회를 개척할 당시 우리는 작은 연립주택에서 살았다. 주인이 홍콩 사람이었는데 집을 산 지 사흘 만에 집을 세내 주었다. 마치 우리를 위해 집을 산 것 같았다. 놀라운 것은 이사를 나가야 하는 바로 전날 이 집을 찾았다는 것이다. 서너 달을 마음 졸이며 찾고 기도하다가 마지막 순간에 응답받은 기적의 이야기다.

처음 만난 날 얘기하다가 이 주인이 우리가 잘 아는 홍콩 자매와 절친한 친구인 것을 알게 되었다. 그 자매는 로고스에서 같이 사역했던 선교사였다. 너무도 놀란 그는 계약서를 쓰는 대신 먼저 기도를 하자고 했다. 형편을 듣고 집세를 거의 절반으로 낮추어 주었다.

이렇듯 늘 감사한 마음으로 살았지만 목회를 하다 보니 집이 좁은 것이 문제가 되었다. 교회에서는 자주 손님들이 방문하는데 아래 층에 분리된 방이 없으니 불편했다. 결국 목사관을 구입하자는 얘기까지 나왔다. 하지만 금방 생긴 교회가 목사관을 구입하는 일은 쉽지 않았다. 자선단체들과 함께 절반씩 투자하여 집을 사는 것도 타진해 보았지만 무산되고 말았다. 융자도 검토했지만 되지 않았다.

기도하던 교인들은 하나님께서 단독으로 집을 사기 원하시는 것 같다고 생각을 모았다. 하지만 당시 교회 형편으로는 힘든 일이었다. 모아진 돈은 한 푼도 없었다. 그런데 어느 날 한 성도가 10만 파운드(약 2억 원)를 일시불로 헌금했다. 높은 세율의 세금을 내는 영국에서 이것은 엄청난 액수의 헌금이다. 주님께서는 자연스럽게 여러 가정이 최선을 다하여 목사관 구입을 위해 헌금을 하도록 이끌어 주셨다. 이 기간에 교회에서 헌금을 강조하지 않았지만 거의 모든 교인이 크고 작은 액수로 기꺼이 참여했다.

교인들은 열심히 집을 찾았다. 이스트버리 지역은 너무 비싸 엄두를 못 냈고, 조금 떨어진 지역에서 적당한 집을 찾았다. 드디어 2000년 11월 24일, 약 5억 원에 해당하는 집값을 치르고 열쇠를 받았다. 감사하고 자랑스럽게도 1파운드도 빚을 내지 않고 자체 헌금으로 일 년이 안 되어 집을 샀다! 그 다음 날 11월 25일 토요일부터 온 교인이 집을 청소하고 수리했다. 카페트와 내부 페인트 칠을 완전히 새로 했다.

수리하는 데 꼬박 일주일이 걸렸다. 일하러 온 사람은 총 52명. 어떤 성도는 며칠씩 거들었고 힘이 없는 노인들은 이웃 신학교 학생들에게 시간당 돈을 주고 대신 일하게 하기도 했다. 성도들이 자기 정원사들을 보내 정원도 다듬었다. 일주일 동안 노래와 농담을 주고 받으며 즐거이 일하는 모습이 천국 같았다.

드디어 12월 6일, 목사관으로 이사했다. 지난번 집보다 두 배가 컸다. 윗층에 침실이 네 개나 되었다. 아래층 방 두 개는 복도로 나뉘어져 있어서 손님이 와도 서로 방해할 일이 없었다. 집세도 안 내니 경제적으로도 도움이 되었다.

무엇보다 목회하는 동안 이사를 하지 않아도 되기에 감사했다. 더 나아가 이 목사관이 하나님에 대한 헌신과 교회에 대한 기대와 우리 가정에 대한 성도들의 사랑의 표현이었기에 더욱 감사했다. 목회 초기에 느낀 것은 영국 사람들은 헌금을 잘 하지 않는다는 것이었다. 보통 교회 건물이 다 준비되어 있고, 목회자 사례도 궁극적으로 교단에서 책임져 주니 그런 것 같았다. 우리 교인들도 처음에는 헌금을 잘 안 했는데, 엄청난 헌금을 모아 자체적으로 목사관을 마련했으니 서로 놀라며 주님께 감사를 드렸다.

교회를 사임하고도 둘로스에 갈 때까지 6개월을 목사관에서 더 살았다. 그때는 매달 교회가 책정한 집세를 냈다. 더 이상 담임목사가 아니기 때문에 당연한 것이었다. 그랬더니 교회에서는 집값 지원금이라며 같은 액수를 매달 헌금해 주었다. 2007년 1~3월까지 둘로스에서 허락한 안식월을 갖게 되었을 때에도 교회에서는 집값을 전액 지원해 주었다. 주님은 이 땅에 계실 때 머리 둘 곳도 없으셨는데 이렇게 자상히 보살펴 주시니 황송할 뿐이었다. 충성해야겠다는 생각이 절로 들었다.

쉴 줄 모르는 한국 목사들

영국은 휴가 문화가 정착된 나라다. 열심히 일하려면 열심히 쉬는 것이 절대적으로 필요하다고 믿는다. 쉬지 않고 일만 한다면 사실상 효과가 적다고 믿는다. 월요일에 학교나 직장에서 제일 많이 나누는 인사 중 하나가 주말에 어디 갔다 왔느냐는 거다. 얼마 전까지만 해도 영국에서는 실업자도 정부에서 휴가비를 보조 받아 스페인으로 여름 휴가를 가는 게 예사였다. 일 년 계획 중에 휴가 일정을 미리 정해 놓는 일이 다반사다. 가족 휴가를 간다고 하면 만사가 이해되는 분위기다.

그러다 보니 주일성수에 문제가 많았다. 주 5일 근무제이기 때문에 일주일 휴가를 갈 경우 금요일 오후나 토요일에 휴가를 떠나 다음 주 일요일 저녁에 돌아온다. 일주일 남짓한 휴가를 가면서 주일을 두 번이나 빠지게 되는 것이다. 열심 있는 성도들도 비슷했다. 영국 목사들도 일 년에 6주 휴가가 배정된다. 한 번은 키스 올섭이 연말에 아들 집에 다녀온 후 어이가 없다는 듯이 말했다. 아들이 다니는 교회 예배에 참석했는데, 사회자가 "오늘은 성가대 찬양이 없습니다. 지휘자가 휴가를 갔기 때문입니다"라고 했다는 것이다. 더 놀란 것은 또 사회자가 "오늘은 설교가 없습니다. 목사님이 휴가를 가셨기 때문입니다"라고 하더라는 것이었다.

한 영국 교회로부터 2011년 1월 2일 주일설교 초청을 받았다. 새해 첫 주일인 만큼 새해의 비전을 제시하여 성도들의 마음을 묶고 기도로 일 년을 의탁하자면 그 주일설교는 당연히 그 교회 담임목사가 해야 할 것 같았다. 알아 보니 담임목사는 크리스마스 후에 1월 첫 주까지 휴가를 가기로 되어 있다는 것이었다. 새로운 설교 주제 시리즈도 1월 9일 주일부터 시작된다는 것이다. 목사의 휴가 일정에 맞추어 새해 첫 주부터 시작하면 좋을 새 주제를 둘째 주일부터 시작한다는 말이다. 그 설명을 듣고는 그 주일에 설교하는 것에 평안이 없어져 사양했다. 이 목회자들이 잘못되었다는 얘기가 아니라 한국 문화와 얼마나 다른가를 말하려는 것이다.

　주일성수 의식이 강한 한국 기독교 문화에 젖은 우리는 주일에 빠지지 못했다. 아이들 방학 동안 어디에 잠깐 갔다 오려 해도 주일예배를 빠져야 하기 때문에 휴가를 집에서 보내는 경우가 많았다. 비용도 비용이지만 사실은 쉬는 것을 잘 몰랐기 때문이라는 생각도 든다. 계획성이 부족해서이기도 하다. 이런 것들이 합쳐져 당연히 가질 수 있는 휴가도 찾아 누리지 못했다. 일주일에 하루를 쉬게 되어 있는 휴일(day-off)도 쉬면 이상한 것 같아 교회 일을 뒤적이기도 했다.

　주말에 어디 한 번 가지 않는 우리 집이 자연히 교인들 눈에 띨 수밖에 없었다. 1998년 여름이 되자 교회에서는 콘월에 집 한 채를 예약해 놓고 휴가를 떠나라고 했다. 금요일에 갔다가 화요일에 돌아오는 11일간의 휴가였다. 성도들의 사랑이 너무도 감사했다. 설교자와 예배 준비는 다해 놓았지만 왠지 두 주일을 빠진다는 것이 부담되었다. 그래서 주일을 한 번만 빠지기 위해 8월 22일 토요일에 떠났다가 29일 토요일에 돌아왔다. 우리 가족이 교회에 나타나자 교인들은 깜짝 놀랐다. 나는 될 수 있는 대로 주일에는 본 교회에서 예배드리는 것이 좋다고 했다. 그 후 교회의 휴가 문화가 조금 바뀌었다. 어떤 때는 주일예배를 마치고 떠나서 다음 토요일에 돌아와 주일예배를 한 번도 빠지지 않는 사람들도 생겼다. 이런 것이 다 교회를 사랑하는 마음과 연결되어 생기는 것이니 감사할 뿐이었다.

　어느 여름에는 일도 많고 한국서 손님도 많이 와서 사실상 휴가를 갖지 못했다. 한 영국 교인이 "그건 목사님 실수예요"라고 사정없이 말했다. 그렇다. 영국 그리스도인들과 한국 그리스도인들의 휴가 문화를 반반으로 섞으면 좋겠다는 생각이 들었다. 우리는 좀 쉴 줄 알아야 하고, 저들은 주일성수에 좀 열심을 내야 할 것 같다. 우리는 남이 휴가 가는 것을 보고 정죄하면 안 되겠고, 저들은 휴가까지 반납하면서 열심히 일하는 사람들을 귀히 볼 줄 알아야겠다.

열한 번의 장례

목회하면서 제일 난처하고 어려웠던 것은 초상이 났을 때였다. 한국 같으면 얼른 상가로 달려가 유족을 위로하고 예배도 인도하고 할 수 있는 대로 유족과 많은 시간을 보냈을 것이다. 하지만 영국은 너무도 다르다. 상(喪)을 당하면 가족들만 모이고 다른 사람들의 발길이 오히려 뜸해진다. 그래서 상을 당한 성도의 가정을 방문해야 하나 말아야 하나부터 고민이었다. 상을 당하고 목사에게 즉시 알리지 않는 경우도 있었다. 참으로 이상하게 느껴졌다.

번번히 난감해 하다가 한 번은 한 성도에게 물었더니 자기들은 조문 카드를 상을 당한 집 우편함에 넣어 두는 것으로 조의를 표한다고 했다. 나는 목사이니 카드만 넣지 말고 문을 두드렸다가 들어오라고 하면 들어가고 카드만 받거든 조의를 표하고 돌아오라고 일러 주었다.

이스트버리 교회를 섬기는 동안 열한 분의 성도가 돌아가셨다. 의식 중에서도 가장 엄숙한 것이 장례의식인데 영국인 장례를 집례하며 배우고 느낀 것이 많았다. 영국 교회는 교구에 속한 주민이 결혼이나 장례에 목사가 집례해 주기를 원하면 거절할 수가 없다. 그래서 우리 교인이 아닌 주민의 장례를 인도한 적도 있다. 영국은 보통 사고를 당한 후 1~2주 후에 장례를 치른다. 그 사이에 시신은 장의사에 가 있고 가족들은 장례 준비를 한다. 가족은 집례할 목사를 정하고 그를 만나 예배순서를 짜고 찬송과 설교본문을 정한다. 사실 목사가 할 일은 별로 없다. 장례는 철저히 가족 중심이어서 가족들이 하자는 대로 하는 것이 제일 무난하기 때문이다. 돌아가신 분이 장례 예배 순서를 다 만들어 놓는 경우도 있다.

이스트버리에서 제일 먼저 장례를 집례한 것은 2000년 4월 18일, 결혼도 않고 혼자 살던 제임스 발렌타인 할아버지가 돌아가셨던 때였다. 전에는 양로원에서 사시다가 마지막 때에는 왓포드 병원에 계셨다. 병원에 있는 동안 제멋대로 자란 수염이 보기 좋지 않아 깨끗하게 면도를 해드렸다. 그리고 그날 저녁 그는 주님의 품에 안겼다.

영국 사람 장례를 처음 집례한 것은 그보다 십 년을 더 거슬러 올라간다. 그때 우리 가족은 한인 교회에 출석했는데, 데이비드 라우트라는 영국 형제 1명을 위해 매주 동시통역을 하며 봉사했다. 그는 부친이 별세하자 집례를 해달라고 했다. 그때까지만 해도 영국 사람의 장례에는 참석조차 해본 적이 없었다. 단지 영화에 나오는 짧은 장면을 본 것이 고작이었다. 목사 안수도 받기 전이었기에 사양했지만 소용이 없었다. 할 수 없이 도서관에 가서 책을 여러 권 보고 장례 예식을 종합하여 순서지를 만들며 준비했다. 공동묘지의 조그만 예배당에서 예배를 드리는데 조문객이 가득했다. 한국 사람은 나를 응원하고 기도하기 위해 온 집사들 서

넛뿐이었다.

관을 앞에 두고 조문객과 마주한 나는 너무 긴장한 나머지 쓰러질 것 같았다. 얼마나 주님께 매달렸는지 모른다. 심호흡을 하고 순서지에 있는 대로 먼저 요한복음 11장 25~26절 말씀을 천천히 힘있게 읽었다.

> "나는 부활이요 생명이니 나를 믿는 자는 죽어도 살겠고 무릇 살아서 나를 믿는 자는 영원히 죽지 아니하리니!"

이 말씀을 읽을 때 신비하게도 하늘에서 큰 힘이 임하는 것을 느꼈다. 그 순간에 주님께서는 확신과 평강으로 나를 채우셨고 침착하게 다 진행할 수 있었다. 시신을 묻는 하관 예배를 간단히 드리고 추도하면서 "흙에서 흙으로, 먼지에서 먼지로" 하며 내려진 관에 흙을 뿌리며 장례를 마무리 했다. 영화에서 본 것이 도움이 되었다. 집사들은 잘했다고 격려했지만 나는 며칠을 누워지내야 했다.

목사의 자존심을 내려놓고

우리 교회가 재정적으로 자립해 가는 과정에서 로저 쿠퍼의 역할이 컸다. 그는 교회 행정의 경험이 많았다. 그 부인 쇼나도 교회의 보배다. 회계를 맡은 로저는 교회 일로 차를 쓸 때마다 거리를 계산해 적고, 또 전화를 할 때에도 교회 일과 개인적인 일을 구분하여 교회 것은 반드시 교회에

다 신청해 달라고 부탁했다. 그 전까지는 이런 모든 경비를 우리 생활비에서 지출했다. 나는 당시 그렇게 기록해 달라는 것을 못마땅하게 생각했다. 월급에다 추가해 주든지, 얼마를 책정해 주면 될 텐데 목사가 그것을 어떻게 일일이 기록하느냐는 생각에서였다.

로저는 경비 지출은 세금부과 항목이 아니기 때문에 세금 없이 지출할 수 있지만 경비를 책정하여 월급에 가산하면 23%의 세금을 추가로 내야 한다면서 제발 부탁하는 대로 하자고 설득했다. 나는 요지부동이었다. 차라리 내가 계속 부담하겠다고 생각했다. 일 년이 넘도록 적어내지 않아 결국 아무 지원도 받지 못했다.

나중에 생각하니 이것은 쓸데없는 자존심이었다. 월급은 제대로 주지 않으면서 째째하게 목사에게 그런 것을 적으라고 하느냐는 못된 마음이 더 크게 자리잡고 있었던 것을 발견했다. 로저의 진심을 이해하지 못했다. 기록하지 않는 이유도 정직하게 설명해 주지 않으면서 속으로는 불평하고 있었던 것이다. 겸손해져야겠다는 생각이 들었다.

마음을 고쳐먹고 컴퓨터로 간단한 양식을 만들었다. 날짜, 출발 계기판 숫자, 도착 계기판 숫자, 사용 마일리지, 공무 내용을 적는 노트였다. 교회 일로 자동차를 사용할 때에는 차에 타면 먼저 하는 일이 계기판의 숫자를 적는 일이었다. 심방, 회의 참석, 교회 일로 남을 도울 때 등 공무 내용을 기록했다. 처음에는 무척 불편했다. 보통 기록하는 것을 잊고 그냥 내릴 때가 많았다. 교회에서는 기름값, 자동차 감가상각비까지 계산하여 마일 당 30펜스(약 600원)를 계산해 주었다. 그런데 막상 적고 보니 교회 일로 차를 운전하는 거리가 상당했다. 거의 3년 동안 이 모든 경비를 우리 생활비에서 감당했던 것이다.

전화비도 마찬가지였다. 영국에서는 전화요금 고지서와 함께 전화 내역 명세서가 나온다. 한 달 동안 사용한 수백 통의 전화 내역을 보며 공무인지 개인 전화였는지 가리는 일이 보통 힘든 것이 아니었다. 한 번 해본 후에 로저에게 이것은 시간낭비라고 지적했다. 로저는 얼른 한 발 물러섰다. 기본요금은 교회에서 전액 부담하고 사용료의 75%는 교회에서, 25%는 우리 가정이 사용한 것으로 하자고 해 동의했다.

매달 말이면 전화비, 차량비, 도서비, 기타 항목이 적힌 한 장의 경비청구서를 회계에게 준다. 로저는 한 번도 액수에 대해 질문하는 법 없이 그대로 수표로 지급해 주었다. 공적인 경비를 먼저 지출한 일이 있으면 영수증을 첨부하여 되돌려 받는다. 사실상 간편하고 서로 편리한 방법이었다. 교회에서는 공무와 사역 중에 발생한 실비를 지급하니 마음이 편하고, 나도 실비를 받으니 불편한 마음을 가질 이유가 없었다. 개인이 사용한 것은 우리가 내니 자유롭고 떳떳하기까지 했다. 담임목사라는 고자세를 버리고 공(公)과 사(私)를 분명히 하니 서로 편해졌다. 자존심을 버리고 겸손을 연습하면서부터 자유로워질 수 있었다.

사실 나는 교회에서 헌금의 내역과 금전 출납에 대해 전혀 관여하지 않았다. 지출 결정은 관여하지만 지출 집행은 다른 사람들이 했다. 수표 책에 서명하는 세 사람에도 들지 않았다. 누가 헌금을 얼마나 했는지도 정보를 받지 않았다. 목사관 헌금도 10만 파운드를 드린 한 사람만 알 뿐 나머지는 누가 얼마를 했는지 모른다. 재정관리는 능력 있고 신실한 평신도들에게 일임하는 것이 제일 좋다는 생각이 들었다. 교회에는 회계사만 6명이

나 있었다.

누가 얼마나 헌금을 했는지 모르니 좋은 면도 없지 않았다. 헌금 액수로 성도를 보지 않게 되었다. 아무래도 인간인지라 많이 헌금한 사람을 귀히 보고, 적게 낸 사람에게 불만을 품을 수도 있다. 잘못하면 내색까지 하게 될 수도 있다. 그런데 내용을 모르니 모두 다 많이 헌금한 사람들로 대해 주면 된다고 생각했다. 그리고 돈 문제로 인한 오해나 구설수로부터 보호받을 수 있었다.

한번은 목사관을 위해 10만 파운드 헌금한 성도를 방문했다. 해리 포터 책을 인쇄하는 영국 굴지의 인쇄소 사장으로 퇴직한 사람이었다. 많은 국내외 사역자들을 지원하느라 20년 된 벤츠를 바꾸지 않고 타고 다녔다. 이번에도 차를 바꾸려고 하다가 목사관 헌금을 먼저 하기로 생각을 바꾸었다고 털어놓았다. 불가피하게 헌금한 액수가 알려졌는데 많이 헌금했다고 해서 자기에게 신경을 쓰거나 자기 말을 더 들어줘야 한다고 생각하지 말아 달라고 부탁했다. 성숙한 마음 씀씀이가 감사했다.

겸손할 때 하나님과 가장 친밀한 교제를 할 수 있는 것과 같이 겸손해야 성도들과도 가까워질 수 있다. 영국에서는 목사라고 목에 힘을 주었다가는 큰코다친다. 더구나 동양 목사가 서양 사람들을 직책으로 누르려 한다면 역효과가 날 게 뻔하다. 문화 자체가 누구를 부를 때 '목사님'이나 '박사님'이나 '교수님'이라고 직책이나 자격을 부르지 않는다. 가까운 사이일수록 '다니엘', '스티븐' 같이 성(姓)도 붙이지 않은 첫 이름을 부른다. 영어로 목사를 지칭하는 말 중에 'minister'라는 단어가 있다. 이 단어에는 '섬기는 자'라는 뜻도 있다. 목사는 섬기는 사람이라는 단어가 있을 정도로 문화적으로 그렇게 인식되어 있다. 그렇다고 끌려만 가서도 안 된다. 섬김의 인격과 우정으로 권위를 얻어야 한다.

"우리 교회는 따뜻했습니다"

이 책에 쓰인 이야기들이 일방적으로 들릴 수도 있을 것 같아 이스트버리 교회 일곱 가정(개인)에게 교회개척과 목회에 대한 의견을 물어보았다. 생각나는 대로 자유롭게 써 달라고 하면서도 대강 안내를 하면 도움이 될까 하여 몇 가지 질문을 던졌다.

- "제가 목회할 때 우리 교회와 사역에 대해 귀하게 생각하던 것은 무엇이었습니까?"
- "제가 개척, 목회하는 동안에 가졌던 의견과 관찰한 것 또는 기억나는 에피소드가 있습니까?"

빈말할 줄 모르고 정직을 생명으로 삼는 영국인의 특성에 비추어 볼 때 긍정적으로 회신해 준 이들의 말에는 어느 정도 진실이 담겨 있다고 하겠다.

"교회의 따뜻함이 제일 귀했습니다. 이 따뜻함은 목사님과 사모님이 교회에 붓는 따뜻함에서 나온 것이었습니다. 모든 성도가 귀한 대접을 받는다고 느꼈고 고마워했습니다. 목사님 가정은 크리스천의 사랑을 행동으로 모범을 보였고 항상 복음으로 이웃에게 다가가 섬겨야 한다고 강조했습니다. 그래서 교회를 찾는 사람들을 환영하는 분위기가 늘 교회에 넘쳤습니다"(키스 올섭).

"개척 초기에 목사님이 유럽 사람이 아닌 것이 오히려 도움이 되었습니다. 기존 성도들은 영국인이 대부분이지만 여러 나라에서 온 이주민들이 이 지역에 많이 살고 있었기 때문입니다. 목사님은 부끄러워하거나 두려워하지 않고, 매주 정기적으로 축호전도를 했습니다. 전도하기 수줍어하는 영국 사람들에게 큰 도전이 되었습니다. 이런 축호전도를 통해 예수님을 믿게 된 사람들, 교회에 출석한 사람들, 아이들을 교회로 보낸 사람들이 많았습니다".

"목사님의 지도력 아래 교회는 성장했습니다. 교회는 믿음과 성경지식으로 든든히 세워졌습니다. 우리들은 삶으로 목회하시는 모든 모습을 지켜보았습니다. 목사님은 어려운 일을 당한 사람들과 아픈 사람들을 찾아 집으로, 병원으로 가시곤 했습니다. 상(喪)을 당한 가족과 자녀 교육 때문에 염려하는 부모들을 찾아가 위로해 주었습니다. 지혜가 필요한 부부들을 도와주었습니다. 목사님은 또 공동식사 전통을 만들었는데 이것은 전도에도 효과적이었습니다. 공동식사를 준비해 보았기에 성도들은 지역사회를 위한 행사에 음식을 준비하는 것도 힘들어하지 않았습니다"(팀 버클리, 도린 버클리 부부).

"목사님의 진지하고, 잘 보살피고, 겸손한 매너는 저희 부부를 매료시 켰습니다. 우리는 목사님의 놀라운 신학과 누구를 만나든지 세계 어디에 서든지 하나님의 말씀을 나누려고 하는 강한 열정을 좋아했습니다. 교회 에서는 목사님이 하는 역할이 잘 묻어 났습니다. '우리 목사님'이 이끌어 오신 사역으로 인해 하나님께 감사를 드립니다."

"전도지 뿌리고 땅밟기 기도하는 것도 다 좋지만, 집집마다 문을 두드 려 사람을 만나는 것에는 비할 수 없습니다. 이것은 우리 교회개척과 성 장에 결정적 역할을 했습니다. 그 결과 많은 주민들이 목사님을 알고 존 경했습니다. 우리 지역을 정기적으로 돌면서 종교에 관계없이 사람을 만 나는 종교 지도자는 목사님밖에 없다고 다른 종교를 믿는 주민들도 말했 습니다. 이스트버리 주민회의 한 무슬림 간부가 목사님께 개인적인 문제 로 기도를 부탁하기도 했습니다. 그들도 목사님을 존경했습니다. 집으로 찾아와 사랑의 도움을 주신 것을 그들이 기억하고 있었습니다. 목사님은 이스트버리에 제대로 된 교회(a real church)를 심으셨습니다"(앤드류 도런트, 조 앤 도런트 부부).

"친근하고 따뜻한 모습은 항상 이스트버리 교회의 가장 큰 특징이었습 니다. 저희 가족은 항상 환영을 받았습니다. 특별히 감사한 것은 저희 세 아이에 대한 관심이었습니다. 지난 여러 해를 돌아볼 때 교회가 저희 아 이들이 자라는 데 엄청난 공헌을 했다고 느낍니다".

"목사님이 전형적인 영국 목사가 아니어서 차별화되었다고 봅니다. 우 리 교회에서는 여러 배경을 가진 사람들이 환영받습니다. 목사님은 목회

○ 매월 마지막 주일에 갖는 공동식사는 풍성한 교제와 전도의 장(場)이었다.

자로서 고국을 떠나 나그네 생활을 하는 성도들에게 특별히 많은 배려를 했습니다. 이런 것은 고국을 떠나 보지 않은 사람은 흉내낼 수 없는 것이지요"(페이스 글린, 키란 글린 부부).

"우리 교회의 강점은 친근감과 다민족적인 분위기라고 생각합니다. 하나님께서 [기독교 배경이 전혀 없던] 저희 가족을 이스트버리 교회로 인도해 주셨습니다. 말레이시아에서 온 저로서는 교회에 다른 동양인들이 있어서 그리스도인으로 동화되는 데 도움이 되었습니다. 목사님이 파트타임 대우를 받으면서도 이스트버리 교회 목회를 할 의향이 없었다면 이 교회는 시작되지 못했을 것입니다. 또한 목사님 가족 전체가 교회에 헌신적으로 참여하였기에 오늘날의 이스트버리 교회가 있게 되었다고 봅니다"(펭 림, 시안 림 부부).

"우리 교회의 장점은 가족 같은 분위기였습니다. 서로 무슨 얘기든 할 수 있었고, 봉사도 친밀하게 같이 했습니다. 저는 이 교회 가족의 일원이 된 것을 느꼈습니다. 다른 문화권에서 온 사람들도 따뜻한 환영을 받고 교회 내에서 편하게 의견 개진도 할 수 있었습니다. 영국 성도들도 다른 배경을 가진 성도들과 주 안에서 교제하는 것을 배울 수 있었구요".

"목사님과 사모님은 정말로 열심히 일했습니다. 아시아에서 온 목사가 노스우드와 이스트버리 같은 부자촌에 교회를 세우는 것은 쉽지 않습니다. 그런데도 목사님은 정말 잘했습니다"(티나 왕).

성도들의 공통적인 평가는 우리 교회가 따뜻한 교회였다는 것이었다. 이것은 성도들이 함께 만들어 낸 교회 분위기였다. 그래서 축호전도할 때 우리 교회에 나오면 실망하지 않을 것이라고 자신 있게 얘기할 수 있었다. 찾아오는 방문자들이 교회에 와서 환영받지 못한다면 나가서 초청해도 소용없을 것이다. 이런 면에서 성도들은 모두 함께 전도한 사람들이다.

이스트버리 교회의 브리스길라와 아굴라

우리 교회에 성실한 일꾼 부부가 있다. 우리가 이스트버리 교회의 브리스길라와 아굴라 부부라 부르는 로저와 쇼나 쿠퍼 부부다. 이들은 제 발로 우리 교회를 찾아왔다. 교회의 따뜻함 때문에 순간에 녹고 말았다고 고백했다.

"전에 살던 해로우 지역을 떠난 지 6년이 되도록 그 먼 교회를 계속 다녔습니다. 하지만 1999년 초부터 가까운 교회를 찾기 시작했지만 이스트버리 교회에 대해서는 들어 본 적이 없었습니다. 이 지역의 여러 교회를 방문해 보았는데 마음에 드는 교회를 찾지 못했습니다. 그 당시 우리 집에 머물고 있던 샨티가 이스트버리 교회에 나가보라고 제안을 했습니다. 8월에 처음 출석했는데 학교 강당은 수리 중이고 마침 휴가철이라 사람도 별로 없어 유치원에서 예배를 드리고 있었습니다. 들어서자마자 너무도 따뜻한 환영을 받았습니다. 예배가 시작되고 5분이 지나자 우리 부부는 서로를 보면서 눈짓으로 '예스'를 했습니다."

부주교가 교회에 처음 왔을 때 설교 전에 이렇게 인사를 했다.

"저는 이스트버리 교회를 아직 잘 모릅니다. 하지만 제 친구 로저와 쇼나가 이 교회를 선택한 것을 보면 좋은 교회임에 틀림없다고 생각합니다."

아내에게 물어 보았다.

"당신은 우리 교회가 어떤 교회였다고 생각해?"

아내는 주저 없이 대답했다.

"서로를 돌보는 교회였지요."

그러면서 줄줄이 그런 실례를 나열해 주었다. 모이라 리지웨이는 혼자 살면서 거동이 불편했다. 심방을 가서 그 정원을 보고 도와야겠다는 생각이 들었다. 허락을 받은 후 교회에 광고했더니 5~6명이 각자 도구를 들고 왔다. 큰 나무가지도 자르고 넓은 뒤 정원을 다 치우는 데 거의 하루가 걸렸다. 팀 버클리는 칠순을 훨씬 넘긴 나이에도 홍콩 자매 티나 왕 집에 가서 정기적으로 정원을 손질해 주었다. 성도를 심방하는 기회에 정원 일을 해주는 것은 자기 건강에도 좋다고 하면서 굳이 계속했다. 자기 집에서는 늘 정원사를 쓰면서 말이다.

누가 아프면 식사 준비 부대가 결성된다. 주로 아내나 쇼나가 조정 책임을 맡았다. 남편이 있어도, 자식들이 있어도 교회는 식사 준비를 해서 날라다 준다. 너무 여러 집이어서 다 기록할 수도 없다. 이 전통은 아직도 지속되고 있어서 얼마 전에는 버클리 댁에다 우리도 몇 번 식사를 날랐다. 영국 사람들은 음식만 갖다 주고 바로 돌아온다. 그것이 영국 문화다. 또 생활이 넉넉한 우리 성도들은 신학생이나 외국에서 온 지체들에게 헌금을 많이 해주었다. 부담스러워하면 집안일을 부탁하고 지원해 주기도 했다.

성도들과 우리는 복음의 동역자로 하나였다. 인종과 나이와 성별을 떠나 친구였다. 담임목사직은 중요한 것이 아니었다. 담임을 할 때나 사임을 했을 때나 둘로스에 갔다가 돌아온 지금도 우리의 관계는 여전하다. 직책으로 맺어진 관계가 아니라 친구였기 때문이다. 주님도 제자들을 그렇게 부르셨다.

> "너희는… 나의 친구라… 너희를 친구라 하였노니"
>
> (요 15:14-15).

주께서 우리 가족에게 이스트버리 교회 안에서 이런 복과 은혜를 누리게 해주셨다.

이스트버리에서 맛본 천국

다른 교회 교인들은 우리 교회를 어떻게 보았을까? 교회의 첫 세례식에 참석했던 리처드 홀이 "이스트버리에서 맛본 천국"이란 제목을 붙여 자기 교회 뉴스레터에 기고한 글을 보내왔다. 그는 여러 교회에서 환영받는 60대 평신도 설교자다.

"지난 주일 [2002년 3월 3일] 이스트버리 교회의 세례식에 참석했다. 하나님의 선하신 은혜로 내가 예상했던 그 어떤 것보다도 귀한 축복을 받았다. 천국을 맛보는 축복이었다. 세례받는 사람은 홍콩 자매 티나 왕과 그의 스무 살 된 자폐증이 심한 아들 타트만, 싱가포르와 영국 출신의 십대 소년 둘, 모두 4명이었다.

4명이 찬송가를 하나씩 골랐는데, 각 사람의 간증이 담긴 것이어서 의미가 컸다. 어떻게 신앙생활을 시작했고, 예수님을 자신의 구주와 주님으로 모셨는지 진솔하게 간증했다. 타트만은 엄마가 대신 간증했다. 담임목사는 마태복음 9장 1~2절 말씀을 상기시키면서, 타트만의 경우는 네 친구가 중풍병 걸린 환자를 예수님께 들고 온 것과 같다고 했다.

간증을 통해 성령께서 세례받는 사람 각자에게 역사하고 계심을 볼 수 있었다. 하나님의 사랑과 용서를 받고, 주님께 대한 믿음과 헌신을 분명히 느낄 수 있었다. 어린이들은 요술에 걸린 듯 세례식을 응시하고 있었다. 많은 성도들이 부끄러운 줄 모르고 눈물을 흘렸다. 침례조 안에 든 물보다 밖의 눈물이 더 많은 것 같았다!

주님께서 성별, 나이, 인종, 장애자, 건강한 사람에 관계없이 다 맞아주시고 구원해 주시는 것을 이 세례식에서 볼 수 있었다. 이스트버리 교회에는 열두어 나라 사람들이 출석하고 있었다. 여러 교파 배경을 가진 사람들이 모인 공동체였다. 천국에 갔을 때도 이런 광경처럼 예수님의 사랑에 흠뻑 잠길 것이라는 확신이 들었다. 하나님께 영광을 올려 드린다"(리처드 홀).

내가 이스트버리에서 베푼 첫 세례였다. 타트만은 특별하다. 스무 살인데도 요일과 시간을 몰랐다. 말도 할 줄 몰랐다. 하지만 신기하게도 주일만큼은 꼭 알고 엄마를 새벽부터 깨우며 교회에 가자고 조른다고 한다. 집에서는 습관적으로 자주 소리를 지르지만 교회에만 들어오면 상당히 조용해진다고 했다. 교회에 오면 싱글벙글 한다. 한 번은 예배 중에 갑자기 앞으로 뛰어나오며 두 손을 들고 환성을 질렀다. 엄마가 당황하여 얼른 아들을 데리고 예배당 밖으로 나가려고 했다. 예상치 못한 해프닝이었지만, 하나님께서는 순간 귀한 생각을 주셨다.

"티나, 타트만을 데리고 나가지 마세요. 애는 지금 그 나름대로의 예배를 드리고 있어요. 하나님을 기뻐하고 즐거워하기에 그 입에서 기쁨의 환성이 나오지 않습니까? 제 설교를 전혀 방해하지 않으니 걱정마세요."

성도들은 박수로 타트만과 티나를 격려했다. 하나님은 타트만과 특별한 방법으로 교제하시는 것이 분명하다. 타트만은 이제 서른이 넘었지만 상태는 별로 나아지지 않았다. 그래도 엄마와 함께 예배에 빠지지 않는다. 성도들은 타트만을 무척이나 사랑한다. 타트만이 아무렇지도 않게 교회생활을 하는 것을 보고, 자폐증 아이를 가진 두 가정이 교회에 나오기도 했다. 전도의 도구가 된 타트만, 얼마나 멋진가!

되새겨 볼 핵심 원리

1.

성실하고 근면한 목회자가 되라

바울은 에베소에서 3년 동안 밤낮 쉬지 않고 각 사람을 훈계했다(행 20:31). "부지런하여 게으르지 말고 열심을 품고 주를 섬기라"(롬 12:11)고 권면했다. "너는 아침에 씨를 뿌리고 저녁에도 손을 놓지 말라"고 하셨다(전 11:6). 휴가를 갖는 것이 나쁠 것은 없으나 열심을 품고 주님을 섬기는 것과 균형을 이루어야 한다. 주님 앞에서 뜨거운 열심으로 말씀을 연구하고 성도와 지역을 섬기는 목회자들이 필요하다.

2.

겸손은 가장 중요한 덕목이다

목회자에게 가장 중요한 덕목은 겸손이다. 목회자는 앞에서 교회를 이끌어 가는 사람이다. 주님은 첫째가 된 사람은 뭇 사람의 끝이 되어 섬기는 자가 되어야 한다고 하셨다(막 9:35). 높은 데 마음을 두지 말고 스스로 낮은 데 처하여야 한다(롬 12:16).

"하나님은 아무것도 없는 데서 세상을 창조하셨다. 우리도 아무것도 아닌 자리로 내려오면 그분이 우리에게서 엄청난 것을 만들어 내실 것이다"(마르틴 루터).

3.

권력의 리더십보다 존경받는 리더십을 추구하라

하나님께서 세우신 리더를 존경해야 한다. 그러나 하나님은 리더에게 그 직책을 수행할 권력이 아니라 권위를 주셨다. 그러나 지도자는 지위를 통해 권위를 세우려고 하면 안 된다. 존경을 받으며 세워야 한다. 진정한 존경은 돈으로 살 수 없다. 삶으로 드러난 모범을 보고 남이 부여해 줄 때 참된 존경이 된다. 라틴어 속담에 "거리가 멀수록 존경이 커진다"는 말이 있다. 성경은 그렇게 말하지 않는다. 바울은 "내가 항상 여러분 가운데서 어떻게 행하였는지를 여러분도 아는 바니"(행 20:18)라고 하면서, "내가 그리스도를 본받는 것같이 너희도 나를 본받는 자가 되라"(고전 11:1)고 하였다.

4.
성도는 사랑해 준 목회자를 사랑한다

목회자는 성도들의 사랑을 받을 때 목회의 보람을 느낀다. 하지만 목회자는 성도의 사랑을 받는 것보다 먼저 성도 사랑하는 것을 더 중요하게 여겨야 한다. 성도는 자기를 사랑해 준 목회자를 사랑하게 되어 있기 때문이다. 바울은 성도를 주관하려 하지 않고 돕는 자가 되려 했다. 성도를 야단쳐야 했을 때에도 그는 눈물로 가르쳤다. 근심시키려고 야단친 것이 아니라 사랑 때문이었다고 고백했다(고후 1:24-2:4). 목회자가 따뜻한 마음으로 성도를 대하면 교회는 따뜻한 교회가 되고 방문자들은 성도의 따뜻함을 느끼게 된다.

5.
주님은 따뜻한 교회를 기뻐하신다

예수님이 부활하신 후 세워진 교회는 따뜻한 공동체였다. 그들은 자주 모였다. 하나님의 말씀을 사모하여 사도들의 가르침에 집중했다. 변화된 그들은 물건을 통용하고 소유를 팔아 각 사람의 필요를 따라 나누어 주었다. 서로 도왔고 섬겼다. 날마다 마음을 같이 했다(행 4:32).

21세기에도 이런 삶의 모습을 어느 정도라도 실천할 수 없을까? 서로 귀히 여기는 교회, 만나면 반갑게 인사하는 교회, 서로 물질을 나누는 교회를 주님은 기뻐하신다. 새신자가 따뜻한 환영과 돌봄을 받을 것이라는 확신이 있으면 더 많은 성도들이 불신자를 교회로 인도해 올 것이다.

Chapter.9

어려웠던 나날들

목회 경험이 거의 없던 우리에게 영국 교회를 개척, 목회하게 하신 주님의 섭리가 놀랍다. 이것은 주님이 우리에게 그냥 맡겨 둘 수 없어 직접 하신 일이라고 생각한다. 그 과정에서 우리를 사용하신 것이 더없이 감사하다. 행복한 목회를 했고 지금까지 성도들과 절친하게 지내고 있다. 그렇다고 어려움이 없었던 것은 아니다. 크게 세 가지 어려움이 있었는데 그 속에는 아픔도 있었다. 하지만 주님은 여러 어려움을 성장과 성숙의 기회로 바꾸어 주셨다. 결국은 다 해피 엔딩 스토리다.

월 사례 100파운드로 시작한 목회

첫째는 경제적 어려움이었다. 처음 개척과 목회의 길로 들어설 때, 우리는 사역이 중요했기에 월급은 얼마이며 일주일에 몇 시간 일하는가는 안중에도 없었다. 교회개척 사역은 전임 이상의 시간과 정성을 쏟아야 하는 것으로 알고 있었고 그것을 당연한 것이라고 생각했다. 전도하고, 심방하고, 말씀을 준비하고, 기도하고, 주보 만들고, 행정 체계를 잡아가야 했다. 모든 일이 우리 부부의 몫이었다. 벅찼지만 사명으로 이 일에 뛰어들었기에 힘든 줄 몰랐다.

한 달이 지난 뒤 도린 버클리로부터 예쁜 카드와 함께 100파운드(당시 약 15만 원)의 현금이 든 봉투를 받았다. 카드에는 교회를 위한 수고에 감사한다는 따뜻한 내용이 적혀 있었다. 얼른 받은 느낌이 이것이 사례인 것 같았다.

그때가 1997년 10월 말이었다. 곧바로 11월에 한국에 금융 위기가 닥쳐 IMF로부터 구제금융 지원을 받는 일이 일어났다. 박사 과정을 마치고 런던신학대학에서 파트타임으로 일하던 그때까지 선교비를 보내주던 교회는 세 곳밖에 없었다. 뿐만 아니라 환율이 갑자기 폭등하여 한화의 가치는 거의 삼 분의 일로 떨어지고 말았다. 경제적으로 도움을 받으려고 목회의 길로 들어선 것은 아니었지만 이렇게 밤낮없이 일하고 100파운드를 받는 건 너무하다는 생각이 들었다. 그러나 교회에다 월급에 대해 무어라 얘기하는 것도 덕이 안 되는 일이라고 생각했다. 그냥 참고 지나갔다.

　11월 말이 되었다. 200파운드 수표가 든 카드를 받았다. 100파운드를 더 올린 이유는 한국의 경제 파동을 고려하여 인상했다는 것을 나중에 알게 되었다. 그러고 보면 교회에서는 내가 한국에서 오는 지원금으로 생활할 것으로 짐작한 것 같다. 그랬기 때문에 사례할 생각을 하지 않은 것 같다. 비록 부자 동네에 살아도 성도들의 생각은 짧았다. 실제로 우리는 날마다 일용할 양식을 위해 기도해야 했다. 마음 한구석에 섭섭한 마음이 드는 건 어쩔 수 없었다. 사례 200파운드로는 안 된다고 말해야 하지 않을까 몇 번이고 고민하며 기도했지만, 그때마다 주님은 참으라는 말씀을 주셨다. 목사로서 교인들에게 가르쳐야 되지 않겠느냐며 주님께 항변에 가까운 기도를 해보아도 평안이 없었다.

　동시에 성도들은 헌금하는 데 매우 인색하다는 것을 알게 되었다. 영국 교회 문화와 관계된 것이었다. 보통 교회 재정은 목회자 사례와 건축 준비가 가장 큰 비중을 차지하는 항목이다. 그런데 교회는 오래 전에 지어 놓았고, 목회자 사례는 궁극적으로 교단이 알아서 하는 것이니 성도들이 큰 책임을 느끼지 않았다.

　그런데 놀랍게도 하나님은 미국에 사는 아내의 가족을 통해 1998년 1월부터 생활비의 상당한 부분을 채워 주셨다. 부탁한 적이 없었기에 신기했다. 더욱 신기한 것은 나중에 사택이 해결되고 사례도 안정권에 들게 되었을 때 보조도 끊어진 것이다. 그만 지원하라고 말하지도 않았는데 말이다. 이스라엘 백성이 먹을 것이 풍부한 가나안 땅에 들어가자 40년 동안 매일 내리던 만나가 더 이상 내리지 않은 것과 같았다.

그렇지만 하나님께서는 성도들이 목회자의 생활을 책임져야 한다는 것을 가르치겠다고 생각하신 것 같다. 그래서 상식에 어긋난 이상한 일이 일어났다. 성공회 교단에 속하기로 결정된 지 몇 달 후에 교구교회인 임마누엘 교회의 재정부장으로부터 우리 교회 구좌에 남아 있던 4천 파운드를 자기 교회 구좌로 옮기라는 편지가 왔다. 리더십 팀은 모두 놀랐다. 개척하는 동안 1파운드도 보조하지 않았고 앞으로 우리 교회의 재정을 어떻게 지원하겠다는 데 대해서는 한 마디 말도 없이 헌금을 큰 교회로 옮기라니 어처구니가 없었다.

나는 리더십 팀을 진정시켰다. 재정부장이 임마누엘 교회와 우리 교회의 관계를 잘 몰라서 벌어진 일 같다고 했다. 그 담임목사에게 해명을 요구하면 곧 해결될 것이니 염려하지 말라고 달랬다. 그런데 문제는 그 담임목사조차도 자기 교회로 재정을 넘겨야 한다고 했다. 리더십 팀은 더 흥분했다. 임마누엘 교회는 백 년이 넘은 교회다. 교회 건물 시설과 교세가 비교도 할 수 없는 규모다. 아무리 빚이 많다고 하지만 우리 헌금을 가져가려는 것은 있을 수 없는 일이었다. 마치 셋집을 살면서 작은 집이라도 마련하려고 애써 모은 동생의 돈을 형이 자기 저택의 커튼을 갈아야겠다며 내놓으라는 것과 같았다.

우리는 임마누엘 교회와의 관계를 명시하는 서류를 만들고 재정 관계도 문서화해 분명히 정리할 필요가 있다고 느꼈다. 나는 '임마누엘 우산 아래서의 이스트버리의 자치'라는 서류 초안을 작성했다. 이 서류는 이스트버리 교회의 자치권을 옹호하며 주장한 심각한 글이다. '나의 갈라디아서'라고 할 만큼 큰 의미를 부여했다. 피터 아드킨스는 재정 협약의 초안을 작성했다. 이 초안들을 리더십 팀 모두가 보완하고 확정했다.

4천 파운드를 넘기라는 발상이 이해가 되지 않았다. 앞으로 계속 이런 간섭이 있을 것 같았다. 고민하며 기도하는 중에 하나님께서 한 가지 아이디어를 주셨다. 임마누엘 교회의 입을 단번에 막을 수 있는 좋은 생각이었다. 동시에 우리 쪽 리더십 팀에게는 큰 아픔을 줄 수 있는 내용이어서 고민하며 지혜를 간구했다.

드디어 모이는 날이 왔다. 임마누엘 교회에서는 담임목사, 수석장로, 재정부장이 참석했다. 우리 교회에서는 리더십 팀 6명이 모두 참석했다. 애써 만든 이 두 서류의 내용을 토의하려 했지만 그들은 그냥 넘어가려 했다. 4천 파운드를 넘기는 것을 기정사실로 하려 했다. 나는 할 수 없이 입을 열어 차분히 얘기했다.

"이스트버리 교회의 은행 잔고에는 4천 파운드가 있습니다. 그것은 어려운 가운데서도 재정을 아껴 썼기 때문입니다. 우리 같은 개척 교회의 경우 제일 큰 지출 항목은 목회자 사례일 것입니다. 저희는 교회의 재정 상태를 적자로 두지 않기 위해 극한의 긴축을 해왔습니다. 저는 사례를 매월 2백 파운드씩 받아 왔습니다. 교회에서 제게 재정 지원하는 것은 그것 외에 아무것도 없었습니다. 저희 가정은 일용할 양식을 위해 기도해야 하는 힘든 삶을 살아왔습니다. 하지만 저희 교회가 초기에 재정적으로 자리를 잡으려면 누군가 희생을 감수해야 된다고 생각했기에 아무에게도 이 2백 파운드가 적다거나 경제적으로 힘들다고 얘기한 적이 없습니다.”

“그동안 이렇게 절약하지 않았다면 4천 파운드 잔고가 아니라 4천 파운드 이상의 적자가 생겼을 것입니다. 그렇다면 임마누엘에서 그것을 갚아 주셨겠습니까? 저희 교회가 성장해서 앞으로 교회 건축을 하겠다고 하면 임마누엘에서 건축비의 상당 부분을 감당해 주시겠습니까? 그것을 기대하는 것은 아닙니다. 자립이 우리의 정신이기 때문입니다. 하지만 임마누엘에서 저희 교회의 재정을 책임져 준다는 약속 없이 힘겹게 모은 4천 파운드를 넘기라고 하는 것은 부당합니다.”

회의장에 적막이 흘렀다. 아무도 입을 열지 않았다. 두 교회의 관계를 정립하는 이스트버리 교회의 정관을 만들고 재정 협약을 검토해 합의하기로 했다. 회의는 별 다른 얘기 없이 끝났다. 당시 영국 정부의 고위관리였던 임마누엘 교회의 재정부장은 한 마디도 입을 열지 못했다. 나중에 “우리가 보관하면 더 많은 이자를 받아 드릴 것 같아 그랬습니다”라며 궁색한 변명을 하고는 서둘러 자리를 떴다. 우리 리더십 팀은 다시 앉았다. 사실 완벽한 승리였는데도 아무도 말을 하지 않았다. 바로 이럴 것 같았기에 이 결정타를 사용해야 할 것인가를 놓고 고민했던 것이다. 리더십 팀은 그동안 적게 사례한 것과 우리가 어떻게 살고 있는지에 대해 신경 쓰지 못한 죄책감에 사로잡혀 있었다. 나는 사과를 했다.

“정말 미안합니다. 그 얘기를 하지 않고는 임마누엘 교회의 입을 막고 잘못된 자세를 고칠 수 없겠다고 생각해서 불가피하게 얘기한 것입니다. 지금은 괜찮습니다. 가족이 지원해 주고 있고, 빚을 지고 있지 않습니다.

임마누엘 교회에서 더 이상 말을 못할 것이니 앞으로 우리 교회를 잘 세워갑시다.”

그래도 아무도 말을 하지 않았다. 기도하고 헤어졌다.

주일예배 후에 피터 아드킨스가 보자고 했다.

“목사님, 리더십 팀이 목사님 없이 어제 모임을 가졌습니다. 목사님께 매달 5백 파운드를 사례하되 목회 첫 달부터 소급해 드리기로 결정했습니다. 그동안 정말 죄송했습니다. 저희가 너무 무심했습니다.”

나는 담담히 사양했다.

“그 돈을 받을 수 없습니다. 만일 받는다면 그것은 내가 회의에서 불평한 것밖에 안 됩니다. 임마누엘 교회의 입을 막기에 그보다 더 좋은 실례(實例)가 없었기 때문에 여러분의 마음을 아프게 할 줄을 알면서도 부득이 그 말을 한 것입니다. 여러분을 부끄럽게 하려고 말한 것이 아닙니다. 어려운 때가 있었던 것은 사실이지만 주님께서 오늘까지 보살펴 주셨습니다. 정말 괜찮습니다.”

교회도 이런 나의 뜻을 존중해 주었다. 소급은 하지 않기로 하되 그달부터 5백 파운드로 사례비를 올려 주었다. 이 일이 있고 난 후, 1998년 5월 21일 피터 아드킨스가 편지를 보내왔다.

“목사님의 희생이 없었으면 교회가 재정적으로 자립하거나 안정을 유지하기 어려웠을 것입니다.”

모든 것이 합력하여 선(善)을 이룬다고 말씀하신 대로 나의 경제적 어려움이나 임마누엘과 겪은 관계의 어려움도 선을 이루는 데 쓰임을 받았다. 하나님께 감사드린다. 월급이 오른 것보다 더 감사한 것은 하나님께서 이 일로 리더십 팀뿐만 아니라 교인들에게 인정을 받게 해주셨다는 점이다.

성도들은 우리를 더 아끼고 사랑해 주었다. 목사관을 마련하자는 얘기가 이때부터 나오기 시작했다. 2000년 1월부터는 목회하기 전부터 세들어 살던 집의 월세 650파운드를 전액 부담해 주었다. 목사관으로 이사를 한 후에는 더 이상 집세를 내지 않아도 됐다. 1백 파운드를 받고도 입을 다물게 해주신 주님께 감사드렸다. 하나님 아버지의 깊으신 뜻을 알지 못하고, 생활을 걱정했던 모습이 죄송했다. 밖으로 표현은 안 했지만 속으로 짧은 기간이나마 성도들을 향하여 불평과 불만의 마음을 품었던 모습이 부끄러웠다.

❦

"언제 힘이 생기느냐?"

두 번째 어려움은 한 성도와의 관계에서 비롯되었다. 영국 교회를 목회하면서 크게 감사하는 일은, 교인들과의 관계가 좋았다는 점이다. 인간관계로 어려움을 겪은 경우가 없었다. 헌신적으로 교회 일을 한다고 성도들이 봐 주어서 그럴 수도 있고, 영국 문화를 모른다고 관용해서 그럴 수도 있다. 경쟁 대상이 아니라는 생각에서 그랬는지도 모르겠다. 그렇지만 한 번은 단단히 홍역을 치렀다.

이 관계 악화는 당사자와 나의 직접적인 문제로 시작되지 않았다. 문제가 생긴 그와 다른 사람과의 좋지 않은 관계 때문에 내가 피해를 본 것이어서 좀 억울했다. 고래 싸움에 새우 등이 터진 것이라고나 할까?

A는 60대 여성이었다. 젊었을 때 사회적 신분이 높은 일을 했다. 나와도 친분이 깊었다. 그녀는 기분이 좋을 때는 천사였다가 어려운 일이 생기면 감정을 통제하지 못하는 게 약점이었다. 그녀가 못마땅하게 생각하는 70대 후반의 부인 B가 있었다.

하루는 A가 B에 대해 비난의 말을 쏟아 놓으며 B를 꾸중해 달라고 요청했다. 나는 A더러 기도하고 마음을 부드럽게 한 다음 B에게 직접 가서 화해하라고 권면했다. 그리고 만일 나도 B에게서 문제를 발견하면 A를 언급하지 않고 내 나름대로 B를 바로잡아 주겠다고 말했다. 조급한 A는 B에게 얘기했느냐고 일주일에 한 번 이상 물어왔다. 나중에는 다그치기까지 했다. 내 대답은 동정적이었지만 한결같았다. 인내심이 바닥난 그는 이제 그 분노를 내게 돌리기 시작했다. 내가 B를 더 신뢰한다고 생각했을 수도 있고, 자기의 미성숙이 드러나 부끄러워 그랬을지도 모르겠다.

두 사람이 모두 리더십 팀 멤버였기에 내 어려움은 더욱 컸다. A는 드러내 놓고 B를 공격하지 않는 대신 나를 공격했다. 목사에 대한 공격은 어디나 마찬가지인 듯했다. 설교를 문제 삼기 시작했다. 남들에게 속닥이고 동조를 얻으려고 애를 썼다. 2001년 정초에 여러 성도가 모인 자리에서 나를 원색적으로 비난했다는 소리가 들려왔다. 참는 수밖에 없었다. 한국 말로 설교해도 흉볼 게 많을 텐데 영어로 하는 설교니 허물이 많을 것은 당연하다고 생각하며 스스로 위로했다. 아내도 가만히 있는 것이 상책이라며 기도해 주었다.

어느 날 A가 목사관으로 찾아왔다. 한참 불평을 늘어놓다가 교회를 떠나겠다고 으름장을 놓았다. 우리는 그런 말에는 꿈쩍도 하지 않았다. 교회에서 자기의 입지가 줄어드는 것을 보고 내뱉는 말이었다. 오히려 말렸다.

"당신이 다른 교회에서 우리 교회로 왔는데 또 다른 데로 가면 영적 집시가 됩니다. 안 됩니다. 나와 성도들은 당신을 품을 수 있으니 참고 있으세요."

집을 나가면서 그가 큰 소리로 외쳤다.

"혼자 나갈 줄 압니까? 헌금할 사람들을 죄다 데리고 나갈 테니 두고 보세요!"

이 사람을 따라 나갈 사람은 없을 것이다. 그래도 그 말을 들은 우리 부부는 너무도 슬펐다. 처음으로 눈물이 흘렀다. 헌금할 사람들을 데리고 가겠다는 것은 나에게 경제적으로 타격을 주겠다는 의미였다. 월급 2백 파운드 받고 초기 사역을 했던 것을 누구보다 잘 아는 리더십 팀 멤버가 이런 식으로 인격을 짓밟는 말을 한다고 생각하니 그동안 참았던 울분이 북받쳤다.

다음 날에도 일이 손에 잡히지 않았다. 아내가 밖에 나간 사이에 한국어 찬송가 책을 꺼내서 1장부터 큰 소리로 불러갔다. 눈물이 쏟아졌다. 바울이 밀레노에서 에베소 교회 장로들을 모아 놓고 그가 에베소에서 사역했던 일들을 회고하며 한 첫 마디가 생각났다.

"모든 겸손과 눈물이며 유대인의 간계로 말미암아 당한 시험을 참고 주를 섬긴 것과"(행 20:19).

바울도 대적하는 자들의 간계를 겪었으며 눈물을 흘렸다. 그랬어도 바울은 참고 꾸준히 주를 섬겼다고 했다.

"내 주는 강한 성이요"를 부르는데 엄청난 힘이 하늘로부터 솟구쳐 올랐다. 여러 번 반복하여 부르며 기도했다. 그때 주님께서 이렇게 말씀하시는 것 같았다.

"네가 잘하는 것이 무엇이냐? 언제 힘이 생기느냐?"

"저는 전도할 때 힘이 솟습니다."

"그럼 다른 일에는 신경쓰지 말고 전도에 전념해라."

주님은 문제를 보고 두려워하거나 낙심하지 말고, 오히려 주님을 바라보고 중요한 일에 매진하라고 격려해 주셨다. 그날로부터 A의 일에는 신경을 쓰지 않기로 했다. 주님께서 내게 위로를 주신 것이다. 전념해야 할 일을 일깨워 주셨다. 전도에 더 열심을 냈다. 예배를 인도할 때에도 아무 일 없는 듯 기쁘고 활기차게 찬양하며 설교했다. 사도 바울도 그랬을 것 같았다. 에베소에서 모든 겸손과 눈물과 인내로 주님을 섬기는 중에도 그는 두란노 서원에서 날마다 강론하며 말씀사역에 전념했다. 1차 선교여행 때에도 가는 도시마다 복음 전파를 반대하는 무리가 많았다. 핍박자들이 죽었다고 생각했을 만큼 돌에 맞기도 했다. 그래도 바울은 굽히지 않고 초지일관 전도를 멈추지 않았다. 어려움 때문에 머뭇거린다면 사탄만 좋아할 것이다.

2001년 3월 2일, 리더십 모임이 A의 집에서 열렸다. 서기였던 그녀에게 지난번 회의록이 잘못 기록되었음을 지적하자 갑자기 벌떡 일어나 고함을 질렀다. 자신이 교인들과 리더십 팀으로부터 점점 고립되어 가는 것을 느끼고는 자제력을 잃은 것이었다. 전혀 예상치 못한 돌발적 행동에 다른 리더십 멤버들은 아무 말도 못하고 얼어붙어 버렸다. 하지만 회의를 계속 진행하도록 주님께서 나를 붙잡아 주셨다.

이틀 후 B가 찾아왔다. A에게 리더십 팀에서 사임하라고 쓴 편지를 들고 왔다. 그 편지를 보내지 말라고 조언했다. 이 모든 과정 중에서도 B는 A가 날뛰는 것이 자기 때문에 시작된 일이라는 것을 아직 눈치채지 못하는 것 같았다. 2001년 3월 7일, A는 사과편지를 보내왔다.

"화를 낸 것은 진심으로 죄송합니다. 그러지 말았어야 했는데 잘못했습니다. 슬프게도 저는 B로부터 상처를 받아 여러 달 힘든 시간을 보냈습니다. (중략) 목사님이 리더십 팀에 계속 있으라고 하시면 생각해 보겠습니다. 다시금 폭발한 데 대해 진심으로 사과드립니다. 다시는 그런 일이 없을 것입니다."

그 편지를 받고 마음이 편하지 않았다. 마음이 공허하고 인정받지 못해 몸부림치는 그가 한편으로 측은하기도 했다.

하지만 교회를 위해 냉정을 찾고 답장을 보냈다.

"사과를 감사히 받아드립니다. 리더십 팀에 계속 있고 안 있고는 제가 결정할 일이 아닙니다. 다른 리더십 팀 멤버들의 조언을 받을 수 있겠지만 궁극적으로 본인이 결정해야 할 것입니다. 어떤 결정을 내리든지 저는 그 결정을 존중할 것입니다."

로저도 리더십 팀 전체의 이름으로 A의 사임을 종용하는 편지를 써 왔다. '목사님이 리더십 팀과 교회의 지도자인 것을 전적으로 인정할 것'이 다섯 가지 조건 중에 첫 번째로 들어 있었다. 이것도 보내지 말자고 했다. 그 대신 리더십 팀은 그에게 리더십 팀이 새로 구성되는 4월의 연례 공동 의회에서 자연스럽게 물러나는 것이 좋겠다고 구두로 의견을 전달했다. A는 그때 사임했다.

침묵의 위엄

A가 한창 열을 낼 때 성도들이 종용했다.

"목사님, 뭐라고 말씀 좀 하세요. A가 하는 일을 막아야 하지 않겠습니까?"

"그냥 있을 겁니다. 성도들이 그의 말을 듣고도 흔들리지 않을 거라고 믿습니다. 흔들린다면 그것도 목사인 제 책임이지요."

한편 이런 생각도 했다.

'한국 사람은 영국 토마스 선교사가 한국에 온 첫날 목을 베어 죽였는데, 한국 선교사가 영국 사람한테 이 정도 당하는 것을 가지고 불평해서 되겠는가!'

한참 후에 한 성도가 와서 얘기했다.

"목사님, 걱정 안 하셔도 되겠습니다. 교인들이 뭐라고 하는지 아십니까? 목사님께는 '침묵의 위엄'(the dignity of silence)이 있다고 합니다."

이 동네에서 수십 년을 함께 살아온 교인들은 A를 잘 알고 있었다. 같이 흥분했다면 나의 치부만 드러날 뿐이었다. 주님은 정면으로 대적하지 않도록 지켜 주셨다. 할 일만 묵묵히 하게 하셨다. 아직 내가 성숙하지 못하여 속이 몹시 상할 때도 있었지만, A를 피해 가도록 해주셨다. 그래서 이 큰 위기는 성장을 위한 또 하나의 징검다리가 되었다. 오히려 교인들로부터 인정과 신뢰를 받는 계기가 되었다.

주님께 감사를 드린다. 이 모든 것이 A와 B 사이의 문제로 발단된 것이라고 내가 해명을 했다면 나는 오해에서 풀려났을지 모르지만 B는 힘들었을 것이다. A는 체면을 잃었을 것이다. 오히려 목사가 대신 뒤집어 쓰고 성도들의 얼굴을 세워 주는 것이 주님께서 더 바라시는 바가 아니었을까 생각했다.

생각나는 에피소드가 있으면 적어 달라는 질문에 팀 버클리가 이 일을 기억한 것은 의미가 깊다.

"리더십 팀 멤버 중 한 사람이 문제를 심하게 일으켰습니다. 목사님이 인내와 지혜로 상황을 차분하게 대응하지 않았다면 리더십 팀과 교회가 엄청난 피해를 볼 뻔했습니다."

이스트버리 교회가 활발하게 사역하며 빠르게 성장할 때 이런 일이 일어났다. 하나님께서 큰 일을 하시려니 사탄의 공격이 심했다고 볼 수 있다. 다른 한편으로는 하나님께서 자고하지 않도록 내게 고통을 주신 것이기도 하다. 고통은 우리를 보호한다. 이런 고통 때문에 더욱 깨어서 기도하고 설교 준비도 더 신경 쓰게 되었으니 감사할 따름이다. 나의 입장에서 보면 고통의 시간이었으나 하나님은 그보다 더 큰 복 주실 계획을 가지고 계셨으니 얼마든지 고통을 허락하실 수 있다(롬 8:18). 내 입장에서 고통을 바라보면 혼동과 원망이 앞선다. 그러나 하나님의 관점에서 출발하면 오묘한 뜻을 발견하고 그분으로부터 힘을 공급받을 수 있다. 그래서 고통 중에도 침묵할 수 있으면 좋다.

A는 내가 사임할 때까지 교회를 떠나지 않았다. 사임 때 보낸 카드에 A는 이렇게 적었다.

"저희는 목사님께서 세우신 네 기둥을 계속 세워나가면서 기도로 연합할 것입니다. 예수 그리스도께서는 우리가 하는 모든 사역에 모퉁이 돌이 되십니다. 이스트버리 교회를 위해 하신 모든 사역에 감사드립니다. 다시 돌아오셔서 속히 저희를 만나 주시길 고대합니다."

2004년 9월에 둘로스 단장으로 부임하기로 되어 있었는데, 둘로스가 4월에 영국 사우스햄튼에 왔다. 교인들은 대형버스 두 대와 자가용을 타고 둘로스를 보러 왔다. 둘로스에서는 특별 대접을 해주었다. 미리 둘로스에 가 있던 나는 버스에서 내리는 한 사람 한 사람을 환영했다. 버스에서 내리던 A는 만면에 미소를 지으며 힘차게 나를 안아 주었다. 진심으로 미안해하는 것을 알 수 있었다. 둘로스 사역 중에도 이따금씩 런던에 들를 때면 반가워했고 사역을 마감하고 돌아온 후에도 찾아와 반갑게 환영해 주었다. 옛날같이 절친한 친구로 다시 묶어 주신 주님께 감사드린다. 친구

한 사람을 다시 얻어 기쁘다.

침묵의 위엄!

창세기 26장에 보면 이삭이 가는 곳마다 아비멜렉이 따라다니며 우물을 메우며 훼방했다. 이삭은 다른 곳으로 피하며 또 우물을 팠다. 아비멜렉의 종들이 그 우물을 메우면 또 피했다. 이삭은 싸우지 않았다. 결국 브엘세바까지 밀려 갔다. 그곳에서 하나님이 나타나셨다. 큰 축복의 약속을 주셨다(창 26:24). 브엘세바가 하나님의 복을 받는 약속의 땅이었던 것이다. 하나님은 이삭을 이 브엘세바까지 인도하기 위하여 어려움을 허락하셨던 것이다. 결국 어려움도 극복하고, 성품도 아름답게 빚어 주셨다.

침묵의 위엄을 지니신 최고 모범은 역시 예수님이다. 빌라도 앞에서, 대제사장 앞에서 육체적, 정신적으로 온갖 수모와 조롱을 받았지만 자신을 변호하지 않으셨다. 그것이 예수님이 지닌 진정한 힘이었다. 마땅히 말할 수 있을 때 침묵하시는 예수님께 권위와 고매한 인격과 강인함이 나타났다.

> "그가 곤욕을 당하여 괴로울 때에도 그의 입을 열지 아니하였음이여 마치 도수장으로 끌려가는 어린양과 털 깎는 자 앞에서 잠잠한 양같이 그의 입을 열지 아니하였도다"(사 53:7).

"침묵은 위대한 일들이 자리를 잡아가는 데 필요한 요소다"(카일라일).
만일 예수님이 아픔을 다 감내하지 않고 힘껏 자신을 변호하기 위해 힘을 썼다면, 과연 인류의 구원이라는 위대한 일이 이루어졌을까.

평신도 사역자 취급을 받았어도

세 번째 어려움은 조직에서 왔다. 우리 교회는 1년이 지날 즈음 회의를 거쳐 성공회 교단으로 가입하기로 했다. 반대하는 교인들도 있었지만 오히려 내가 그러자고 주장했고, 교인들은 존중해 주었다. 우리 교회는 성장하고 있고 또 성장해야 하는데 독립 교회가 된다면 다른 교회에게 복이 되기보다 위협의 대상이 될 것이다. 성장해도 경험한 복을 나눌 더 넓은 공동체가 없게 되니 교단에 속하는 것이 좋다는 것이 나의 논리였다. 다행히 우리 지역 담당의 주교와 교구교회가 다 복음적이니 문제가 없을 것이라고 설득했다.

그레이엄 다오 주교로부터 대환영의 편지가 왔다. 1파운드의 자금도 지원하지 않았는데 성공회 평균 교회 크기의 개척교회가 제 발로 걸어들어 왔으니 기뻤을 것이다. 앞으로 교회가 커지면 이스트버리를 별도의 교구로 만드는 것까지 생각한다고 쓰여 있었다. 임마누엘 교회 담임목사도 대환영이었다. 개척에 도움을 준 일이 별로 없음에도 불구하고 자주 그런 공을 내세우려 했는데 이제 모양새가 완전히 자신들의 지교회로 홍보할 수 있게 되었기 때문이다.

우리의 좋은 의도와는 상관없이 앞서 언급한 대로 재정 문제부터 시작해 불협화음이 생기기 시작했다. 그러나 주님께서는 그런 어려움을 기회로 바꾸어 주셨다. 내부적으로 재정 협약을 맺었다. 이스트버리는 재정적으로 독립하여 임마누엘 교회에 재정적 부담을 주지 않는 대신 임마누엘은 이스트버리의 재정과 운영에 손댈 수 없다는 내용이었다. 자체 운영규정인 이스트버리 교회 정관을 만들었다. 정관에 스스로 시작한 교회인 것과 앞으로도 자주, 자치, 자전하는 삼자(三自) 교회가 될 것을 명문화했다. 대신 우리 교세나 재정 규모를 임마누엘 교회 통계에 포함시키는 것은 괜찮다고 합의했다. 외부적으로 자기들이 개척한 지교회로 홍보할 때마다 교인들은 불편해 했지만 대의를 위해 웬만한 것은 참기로 했다.

우리 교회가 성공회에 가입함으로써 나에게 변화가 생겼다. 위에 갑자기 두 계층의 보스(boss)가 생긴 것이다. 주교와 교구목사가 내 위에 있게 되었다. 복음의 진보에 도움이 된다면 그 정도는 감수해야 한다고 생각했다. 주교는 성공회 목사로 다시 안수를 받으라고 권면했다. 안수받는 절차가 무척 까다로운 성공회에서 그냥 안수를 주겠다는 것은 주교가 나와 교회를 인정해서 큰 특혜를 베풀겠다는 의미였다. 하지만 다시 안수받는 것에는 마음에 평안이 없었다. 더구나 영국에 영원히 살 계획도 없고, 또 한국 내의 성공회가 천주교와 가까운 하이 앵글리칸(High Anglican)이어서 괜한 오해를 받을 수도 있다고 생각되었다.

그래서 장로교 목사로 그냥 있었더니 임마누엘 교회 담임목사는 내 공식 직함이 '평신도 사역자'(Lay Worker)라고 하면서 그렇게 대우했다. 임마누엘 교회 제직들까지 나서서 그러면 안 된다고 했지만 그 목사는 주교와 상의해 보겠다며 소극적으로 대응했다. 목회자 명부에도 다른 목사들은 다 '목사'(Rev) 직함을 쓰면서 내 것은 직함 없이 이름만 썼다. 우리 성도

○ 우여곡절 끝에 2002년 10월 6일에야 발급된 주교의 사역허가증서. "다니엘 최 목사 박사"로 기록된 것이 눈에 띈다.
2005년 12월 31일까지 허가되었으나 우리는 2004년 1월 25일 사임하고 둘로스 선교선으로 옮겼다.

들은 'Rev Dr'(목사 박사)라고 넣어 달라고 거듭 요구했다. 그 직함이 들어가는 데 일 년이 넘게 걸렸다. 교회에서 성찬, 세례, 설교, 장례 집례 같은 사역을 하려면 3년 단위로 주교의 허가증을 받아야 했다. 어차피 그런 사역을 다할 수 있으니 허가를 받는다고 자존심이 상할 것은 없었다. 그래도 몇몇 교인들은 불편해했다.

복음의 진보에 도움이 된다고 생각해 순수한 마음으로 교회를 성공회로 인도했다. 담임목사의 위치와 자존심까지 내려놓고 결정한 용기의 현실적 대가는 냉랭했다. 재정적으로 어렵고 교인 수가 줄어 가는 자기 교회의 체면을 세우기 위한 의도가 앞선 듯하여 안타까웠다. 그 목사는 정년으로 교회를 떠날 때까지도 내가 '목사'로서 사역하는 문제를 주교와 매듭짓지 않았다. 1999년 12월에 시작된 나의 자격 문제가 3년이 지난 2002년 10월에야 결론이 났다.

이런 과정에서 마음고생을 했다. 아시아 사람이라고 무시한다는 생각까지 들었다. 하지만 다툰 적은 없다. 참으면 됐다. 내색을 하지 않았으니 내가 불편해하는지 몰랐을 수도 있다.

하지만 주님은 은혜를 베푸셨다. 둘로스에 갈 때 임마누엘 교회는 우리를 협력 선교사로 허입하고 기도와 재정 지원을 하겠다고 먼저 제안했다. 매년 3천 5백 파운드(약 650만 원)씩 5년 동안 크게 지원해 주었다. 어려운 과정을 지냈지만 내색하지 않고 우리 교인들을 다독이며 맡은 일에 충실했다고 주님과 임마누엘 교회 성도들이 좋게 봐주었기 때문인 것 같다.

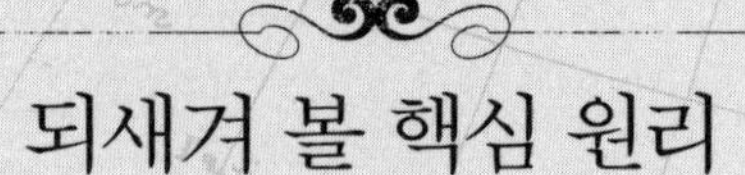

되새겨 볼 핵심 원리

1.

사역의 중요성을 먼저 생각하라

교회개척을 중요하게 생각했기에 월급이 얼마인가는 묻지도 않았다. 월 100파운드인 줄 미리 알았으면 마음이 흔들렸을지도 모른다. 먼저 하나님의 나라와 그의 의를 구하면 사역자에게 있어야 할 것이 무엇인지 미리 아시는 주님께서 필요한 모든 것을 더해 주신다(마 6:8, 32-33). 돈을 사랑하여 탐하면 믿음에서 떠나게 된다(딤전 6:10). 사역자는 일용할 양식과 사역에 필요한 것을 기도함으로 하나님으로부터 끌어올 수 있어야 한다. 그의 나라와 그의 의를 먼저 구하는 삶을 살아야 한다.

2.

억울한 비판이라도 은혜로 받으라

비판을 어떻게 받아들이며 처리하는가는 성숙의 잣대가 된다. 억울한 비판일 경우는 더욱 그렇다. "판단받는 것이 내게는 매우 작은 일이라"(고전 4:3)고 천명한 바울을 본받아야 한다. 주님께서도 좋은 권면을 주신다.

"너희를 욕하고 박해하고 거짓으로 너희를 거슬러 모든 악한 말을 할 때에는 너희에게 복이 있나니 기뻐하고 즐거워하라"(마 5:11-12).

비판은 우리 사역의 초점을 흐리게 할 수 있다. 그러나 변명하려고 애쓰지 말라. 누명 벗는 일을 주님께 맡기고 사역에 매진해야 한다. 아무도 칭찬하지 않을 때, 비난하거나 무시할 때도 마음의 쉼을 가져야 한다. 문을 닫고, 무릎을 꿇고, 하늘을 바라보라. 모든 것을 주께 맡기고 은밀한 중에 주시는 깊은 바다의 잠잠함 같은 평안을 누리라.

3.
침묵의 위엄을 지키라

비판받을 자세가 되어 있어야 한다. 억울한 비판을 받아도 명철한 자는 잠잠한다(잠 11:12). 사울은 모욕당할 때도 잠잠했다(삼상 10:27). 다윗은 시므이가 저주할 때 "여호와께서 그에게 명령하신 것이니 그가 저주하게 버려두라"(삼하 16:11)고 했다. 하나님 앞에서 자신의 부족을 보면서 은혜를 사모하는 자는 침묵할 수 있다. 원수 갚는 것을 주께 맡길 수 있다. 주님을 바라보며 침묵으로 대처하는 자가 강한 자다.

4.
높은 자로 대접받으려 하지 말라

자존심이 짓밟힐 때 견디기 힘들다. 인정받을 수 있을 때 인정받지 못하면 불만이 싹트기 쉽다. 그러나 푸대접을 받는다 해도 초조해하거나 짜증내거나 실망하거나 상처받거나 화 내지 말라. 대접받지 못하는 것이 정상인 줄 알아야 한다. 주님은 말씀하셨다. "너희는 랍비라 칭함을 받지 말라… 또한 지도자라 칭함을 받지 말라… 누구든지 자기를 높이는 자는 낮아지고 누구든지 자기를 낮추는 자는 높아지리라"(마 23:8-12). 겸손해야 한다. 때가 되면 높이신다고 하셨다. 어떤 경우에도 마음의 평정을 잃지 말자.

5.
어려움은 가장(假裝)된 축복이다

어려움은 환영할 만한 것이 못된다. 많은 시간과 정열을 빼앗아 간다. 사기를 저하시키기도 한다. 주님께서는 미성숙과 이기심으로 문제를 일으키는 사람을 기뻐하지 않으신다. 어려움을 겪는 사람은 힘이 든다. 그러나 인내하며 자신을 돌아보며 주님을 간절히 의지한다면 문제는 기회가 되기도 한다. 긍휼이 풍성하신 주님께서 어려움을 은혜와 기적을 경험하는 기회로 바꾸어 주시기 때문이다. 따라서 힘든 중에서도 겸손으로 허리를 동이고 주님을 바라보아야 한다.

Chapter.10

고난 중에 예수를 바라보다

이스트버리 교회 개척에 참여할 수 있었던 것은 하나님께서 우리를 영국에 묶어 두셨기 때문이다. 하지만 주님의 방법은 전혀 예기치 못한 아픔을 통해서였다. 원래 공부를 하러 영국에 왔기 때문에 어서 공부를 마치고 한국으로 돌아가 사역하고자 했다. 1995년 6월 5일, 최종 구두 시험에서 학위논문이 통과되었다. 전적인 하나님의 은혜였다. 그날 저녁 맥스터너 박사 부부가 자택에서 '축하 파티'를 열어 주었다. 그 자리에서 그는 모교에서 3년 정도 가르치는 것이 어떻겠냐고 제안했다. 부학장이며 신약학 부장인 그의 위치로 보나 성격으로 보아 이것은 정식으로 교수로 초청한다는 것을 의미했다. 너무 놀랍고 감사했지만 한국에 돌아가 할 일이 있어 어렵다고 분명히 대답했다. 기도해 보겠다는 말도 하지 못했다.

일시 귀국한 때에 홍정길 목사와 옥한흠 목사에게 이 초청에 대해 간단히 말하게 되었다. 두 분은 런던에서 교수사역을 하고 오라고 분명히 선을 그어 주었다. 한국 사람이 런던신학대학에서 교수가 되기도 어렵거니와 자리라는 것은 늘 있는 것이 아니라며 조언해 주었다. 다음 날 터너 교수에게 전화를 걸어 아직도 그 초청이 유효하면 받아들이고 싶다 했더니 반가워했다.

첫 3년간 지도교수였던 피터 코트럴 학장도 모교에서 가르치는 것이 좋겠다고 했다. 하지만 당신은 다음 달에 은퇴하고 데릭 티드볼 학장이 9월 초에 오게 되어 있으니, 그 후에 임용 절차를 정식으로 밟는 것이 좋겠다고 말해 주었다. 데릭 티드볼 새 학장은 취임 후 업무 파악에 바쁜 나머지 내 임용에 일찍 신경을 쓸 수 없었다. 조금 기다려 달라는 편지를 보내 주고는 한참 동안 말이 없었다.

이러는 사이에 체류 비자를 연장해야 했다. 만기일인 9월 30일을 며칠 앞두고 9월 27일에 일단 기본 서류를 제출하면서 연장 신청을 냈다. 10월 24일에 나머지 보충 서류를 제출했다. 거의 여덟 달이 지난 1996년 5월 15일에 돌아온 답을 보고 우리 가족은 아연실색했다. 비자 연장이 거절되었다. 뿐만 아니라 비자가 거절될 경우 반드시 함께 따라오는 재심청구권(Right of Appeal)마저 줄 수 없다고 했다. 이유는 비자 만기일을 넘겨 10월 24일에 신청했기 때문이라는 것이었다. 따라서 지체 없이(without delay) 영국을 떠나라는 '추방 명령' 내용까지 포함되어 있었다. 그러지 않으면 2,500파운드의 벌금과 6개월 이하의 징역에 처하겠다는 것이었다. '지체 없이'의 기간을 알아 보니 28일간이라고 했다. 이스트버리 교회 개척과 목회는 이 체류 비자가 거절된 것과 밀접하게 연결되어 있다. 이번 장과 다음 장에서 하나님께서 어떻게 비자 문제와 교회 사역을 엮어 주셨는지 이야기하려 한다.

✦

28일 이내로 영국을 떠나라

비자가 거절된 후에야 우리 신분이 외국 땅에 사는 나그네인 것과 외국에서 안정적으로 살려면 가장 기본적인 것이 체류비자임을 절감하게 되었다. 11년 살던 곳을 28일 이내로 떠나는 것은 쉬운 일이 아니었다. 아이들에게 설명하고 학교를 정리하기에도 시간이 촉박했다. 집주인에게도 갑자기 나간다고 하기가 쉽지 않았다. 억울한 것은 연장 신청 서류에 하자가 없는데도 재심청구권을 주지 않는 것이었다. 법적으로 해결할 수밖에 없었다. 변호사를 쓸 돈도 없거니와 무엇을 어디서 어떻게 시작해야 할지 막막했다. 동동걸음으로 수소문 끝에 무료로 도와주는 이민상담센터(Immigration Advisory Services)를 찾아갔다. 담당자는 말도 안 된다며 나보다 더 흥분했다. 심적으로나마 위로가 되었다. 재심청구권을 회복하는 것이 시급한데, 만기일 전에 신청했다는 등기 영수증 같은 것이 있느냐고 물었다.

잘 기억이 나지 않았다. 지금까지 비자가 문제된 적이 한 번도 없었기에 등기로 부쳤는지도 모르겠고 그 영수증을 보관해 두었을 것 같지도 않았다. 집에 돌아와 사방을 뒤졌다. 그런데 할렐루야, '27 SP 95'라는 도장이 찍힌 등기우송증을 찾았다. 이것은 내가 1995년 9월 27일 비자국으로 편지를 발송했다는 것을 증명해 주었다. IAS 직원은 '생명줄'을 찾았다며 좋아했다.

런던신학대학과 당시 박사 후 과정(Post-Doc) 프로젝트를 하고 있던 더럼대학교의 지미 던 교수, 국제 오엠 본부 등이 다 나서서 나를 지지하는 서류를 작성해 주었다. 결정적인 것은 이스트버리 성도를 통해 지역구 국회의원 리처드 페이지 씨를 만나게 된 것이었다. 비자국과 주고 받은 모든 서류를 보고 난 후, 그는 비자국에 항의하는 편지를 써 주었다. 비자국은 페이지 의원에게 "재심청구권을 허락하지 않은 것은 명백한 오류였다"고 시인하는 편지를 보내왔고 내게는 재심청구신청권을 부여한다는 편지가 왔다. 그러면서도 비자 연장은 계속 거절한다고 했다.

그 후 5년 가까이 걸린 긴 법정 싸움 이야기를 다 적을 필요는 없다. 간단히 적으면 1998년 2월 11일에 열린 비자연장 거부 불복 재판에서 패소하고 말았다. 두 가지 항목에서는 이겼으나 하나가 걸려 지고 만 것이다. 변호사는 우리에게 잘못이 없어도 이대로 쫓겨나면 출입국 블랙 리스트에 오르게 되어 앞으로는 영국 입국이 안 된다고 했다. 앞으로 통합된 유럽의 다른 나라도 못 가게 될 뿐 아니라 아이들이 커서 유럽을 왕래하는 데도 어려움을 겪게 된다고 했다. 그러니 떠날 때 떠나더라도 반드시 출입국 사항에 오점을 남겨서는 안 된다고 변호사들은 강권했다.

마지막 남은 기회는 3명의 법관이 심사하는 법정(Tribunal)에 항소하는 수밖에 없었다. 항소는 한 시간에 180파운드를 주어야 하는 정식 변호사를 고용해야만 했다. 감당하기 어려운 경비였지만 다른 도리가 없었다. 그런데 소개받은 변호사는 많은 돈을 받으면서도 무료로 도와주던 IAS 직원보다도 열심을 내지 않았다. 다른 변호사를 구했는데 그도 마찬가지였다. 이 과정에서 알게 된 것은 이 사람들에게 내가 이기고 지는 것은 큰 문제가 아니라는 점이었다. 큰 건수에 비하면 우리 케이스는 너무도 미미한 것이라는 점이었다. 야속했다. 그제서야 나보다 더 내 케이스에 애착을 가지는 사람도, 또 더 잘 아는 사람도 없다는 것을 뼈저리게 느꼈다. 이제부터는 내가 직접 법원을 찾아다니며 판례 자료를 모으고 법정 논박을 준비하기로 다짐했다. 그렇게 자료를 찾아오면 변호사는 힘도 들이지 않고 간단히 자기 말로 다듬어 쓰곤 했다. 물론 변호사비는 계속 지불하고 있었다.

그러던 중, 하나님께서 한 변호사를 붙여 주셨다. 그는 전에 비자국에서 근무했던 사람으로 비자국의 비리와 비효율성을 보고 사표를 낸 후 뒤늦게 법을 공부하여 변호사가 된 사람이었다. 그는 철저히 케이스를 새로 준비했고 페이지 국회의원에게도 부당성을 다시 알리며 박차를 가했다.

1998년 10월 6일! 법정 심사와 판결이 있는 날이었다. 혼자 법정에 나갔던 그가 만면에 웃음을 짓고 돌아왔다. 3명의 법관이 비자국의 판단에 문제가 있으니 다시 검토하여 제출하라고 연기를 시켰다는 것이다. 그러면서 그는 비자국에서 절대로 다시 제출하지 못할 것이라고 단언했다.

그의 말대로 비자국은 다시 제출하지 않았다. 그 대신 비자국은 시간

끌기 작전을 폈다. 변호사는 페이지 국회의원에게 한 번만 더 관여해 달
라고 편지를 쓰는 열심을 보였다. 나는 2000년 3월 24일, 페이지 국회의
원을 처음으로 직접 면담했다. 그간의 도움에 감사드리고 한 번만 더 수
고해 달라고 부탁했다. 그는 비자국의 상부기관인 내무부(Home Office) 차
관에게 직접 편지를 썼다. 마이크 오브라이언 차관은 "자세히 다시 검토
한 결과 기존 결정을 번복했다"고 페이지 의원에게 편지를 보냈다. 비자
국의 최고 책임자가 우리 비자 연장을 거부한 직원들의 결정을 뒤집은 것
이다. 법정에서 승소하는 감격 없이 결과는 싱겁게 끝나 버렸다. 하지만
얼마나 놀라운 승리인가!

페이지 의원은 즉시 축하 메시지와 함께 차관의 편지를 전달해 주었다.
28일 내로 영국을 떠나라고 추방 위협을 했던 비자국은 2000년 4월 20
일, 영주권을 발급했다. 영주권이 찍힌 여권을 받았을 때 얼마나 감격하
고 감사했는지 어떻게 표현할 수 있을까? 미안했다는 사과 한 마디 없었
지만, 영주권은 천 마디의 사과보다 값진 것이었다. 약 5년이라는 긴 고
통의 시간에 종지부를 찍은 것이다!

네덜란드에서 열린 오엠 국제 선교회 연례선교대회 강사 초청을 수락
했지만 그때까지 비자가 해결되지 않아 설교의 기회를 놓치고 말았다. 국
내 두 곳의 신학대학원에서 교수 초청이 있었지만 추진할 수 없었다. 막내
딸인 아내는 장모님 병 간호도 하지 못했고, 돌아가셨을 때도 비자에 묶여
장례식에 참석하지 못하고 하염없이 울어야만 했다. 비자 미결 상태에서
영국을 떠나면 포기한 것으로 간주되어 케이스가 마무리 되기 때문이었
다. 사역이나 아이들 교육에 관계된 장래 계획을 세울 수도 없이 불확실성

속에서 살아온 세월이었다. IMF를 지나던 때라서 경제적으로도 어려웠는데 비싼 변호사비까지 상당히 쓰지 않을 수 없었다.

마음 졸이며 보냈던 그때의 고통을 어찌 다 쓸 수 있을까? 이제껏 살면서 내가 치른 가장 큰 시련이었다. 변호사는 비자국에 손해배상청구 신청을 내자고 했다. 비자국이 애초 실수한 결과로 수많은 시간은 물론 변호사비를 포함해 심한 정신적 고통을 받았으니 보상을 받을 수 있다고 부추겼다. 당연히 보상받아야 마땅할 것 같았다. 하지만 손해배상 청구를 하지 않겠다고 못을 박았다. 더 이상 이 일에 시간과 에너지를 쓰고 싶지 않았다. 하나님께서 주시는 위로로 충분한 보상을 받았기 때문이다.

〰️

하나님이 예비하신 천사

이 모든 시련 가운데 두 가지 비밀이 있었다. 하나는 비자 문제가 꼬이게 된 발단은 덕스럽지 못한 어떤 인위적인 개입이 있었기 때문이라는 사실이다. 두 번째 비밀은 비자국의 한 간부가 도움을 주었다는 사실이다.

나는 아직도 이 간부직원의 이름과 얼굴을 모른다. 전화번호도 모른다. 그가 전화를 해주면 받기만 할 뿐이었다. 그는 비서구인이며 다른 종교를 가지고 있었다. 지금은 은퇴한 지 오래 되었을 것이다. 비자국에서 내 서류를 다 볼 수 있는 위치에 있던 그는 내가 불의한 인위적 개입으로 불이익을 당하는 것을 알고 난 후, 억울함을 풀어 주기 위해 돕겠다는 결심을 하게 되었다고 했다. 절대로 쉬운 일이 아니다. 그는 하나님께서 비자국에 미리 심어 두신 천사였다. 그는 어떻게 준비하면 이길 수 있는지를 전화로 가르쳐 주곤 했다.

어떤 경우에 나는 크리스천이고 목사이기 때문에 그렇게는 할 수 없다고 거절하기도 했다. 몇 년을 이렇게 하라, 저렇게 하라고 여러 가지로 코치해 주었다. 하나님은 이 사람을 통하여 눈물겹도록 우리를 위로해 주셨다. 반드시 이겨야 하는 상황에서 열심 없는 변호사들이 우리를 불안하게 만들 때에도 이 천사를 통하여 하나님은 "네가 가는 길을 다 보고 있노라. 내가 너를 돕고 있노라"고 속삭여 주셨다.

맨 마지막 변호사도 이 사람이 소개해 주었으니 얼마나 놀라운가! 비자국에서 제일 무서워하는 변호사가 있는데 꼭 찾아가 변호를 부탁하라고 했다. 하지만 그 변호사는 우리 일을 맡으려 하지 않았다. 그는 냉정하고 분명하게 말했다.

"미스터 최, 이 케이스가 당신에게는 생사가 달린 문제인 줄은 알지만, 우리가 볼 때에는 새끼손가락 다쳐 병원에 온 것과 같습니다. 심장이식 수술을 해야 할 케이스들도 많이 밀려 있습니다."

그러나 이 천사가 소개한 변호사이기에 물러설 수 없었다. 몇 번이고 찾아갔다. 결국 하나님은 그의 마음을 움직여 주셨고, 우리 케이스가 어떻게 꼬인 것인지 알고 난 후에는 열심히 도와주었다. 승소를 이끌어 냈다. 비자국은 다시 한 번 그를 무서워하게 되었을 것이다. 이 모든 것을 지켜 본 비자국 천사에게서 어느 날 밤 11시가 넘어 전화가 왔다.

"하나님이 당신을 도와주시는 것을 보니 이젠 당신을 목사님(The Reverend)이라고 부르겠습니다."

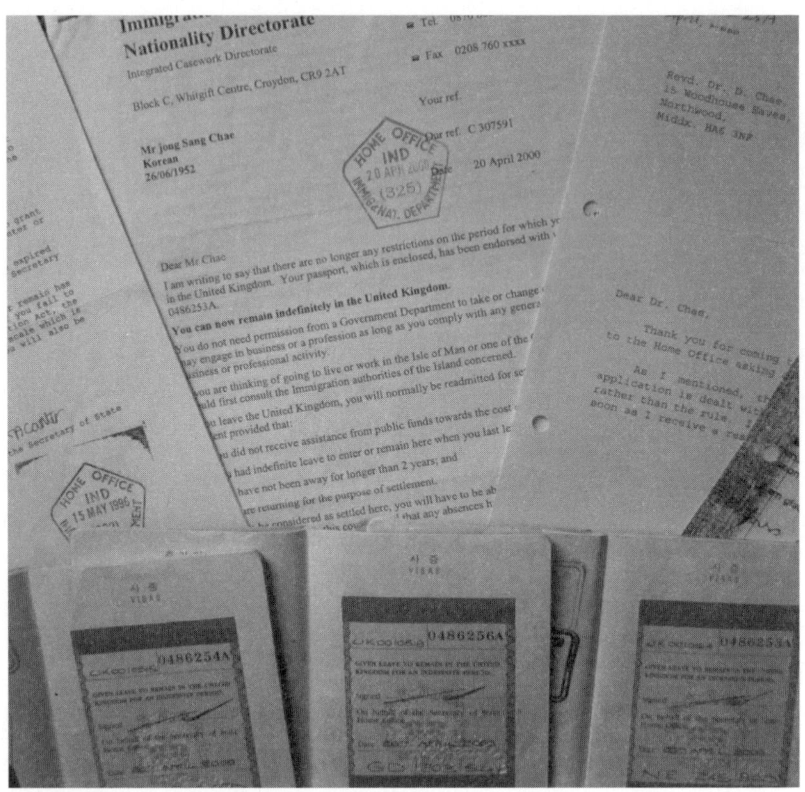

○ 중요 체류 비자 서류: 위쪽 좌측부터 비자 거절과 추방명령서, 항소 허락서, 페이지 국회의원의 편지, 기존 결정을 번복한다는 차관의 편지, 그리고 아래는 영주권이 붙여져 돌아온 가족들의 여권.

그가 하나님이 나를 도와주셨다고 말하는 것을 듣고 놀랐다. 그의 조언을 거절한 경우도 있었는데 결국 자기 조언보다 하나님의 도우심이 컸다고 그가 인정한 셈이다.

그에게 말했다.

"그렇습니다. 참으로 하나님은 저를 도와주셨습니다. 그런데 당신을 통해 도와주셨습니다. 하나님께서 나를 아시고 사랑하시는 것처럼 당신도 보시고 사랑하십니다."

비자가 거절되고 이렇게 긴 법정 투쟁이 있는 동안 유익한 일들도 많았다.

첫째, 비자 거절 통보를 받은 1996년 5월부터 이웃 영국 교회에 나가 새벽기도를 시작한 것이다.

이 기도 시간은 주님께 아픔을 토하고 위로를 받는 시간이었다. 하루하루 필요한 은혜를 공급받는 시간이었다. 갈 길을 인도해 달라고 절실하게 기도하며, 자신과 가정을 온전히 주님께 드리는 헌신의 기도를 반복한 시간이었다.

둘째, 이러는 동안에 이스트버리 교회가 개척되었다.

1년 만 섬기려고 시작한 개척 목회를 영국을 떠날 수 없는 상황 때문에 6년 반이나 지속하게 되었다.

셋째, 용서를 배웠다.

아는 사람이 오해와 자기 의(義)에 가득 차 비자국에 연락했다는 사실은 우리를 참으로 힘들게 했다. 처음에는 분노가 치밀었다. 그러나 비자국 천사를 통해 하나님께서 함께하시는 것을 보여 주셨을 때 남에게 이 개입 사실을 알리지 않을 수 있었다. 불가피한 상황에서 1~2명에게 말을 하긴 했지만 그의 이름은 계속 비밀에 묻어두도록 하나님께서 은혜를 주셨다. 지금은 다 용서했다. 그를 다시 만나지 못하여 말로는 못했지만 마음속에서는 용서했다.

요셉은 형들이 회개하는 것을 확인한 후 그들을 용서했다. "당신들은 나를 해하려 하였으나 하나님은 그것을 선으로 바꾸사 오늘과 같이 많은 백성의 생명을 구원하게 하시려 하셨다"(창 50:20)면서 자신의 고난을 더 넓고 큰 하나님 뜻의 관점에서 해석했다. 우리를 힘들게 한 사람은 아직 우리에게 용서를 구하지 않았다. 하나님께 회개했기를 바란다. 그러나 하나님의 넓은 뜻을 보며 마음의 여유를 갖는다. 영국 교회를 개척하여 목회하고, 둘로스에서 단장을 지내고, 이제 영국에 교회개척학교를 세워 영국과 유럽을 재복음화하려는 비전을 가지게 된 지금 이 글을 쓰면서 지난날을 돌아보고 서류들을 들춰 보니 하나님의 큰 뜻이 있었던 것을 새로이 확신할 수 있었다.

"내가 가는 길을 그가 아시나니 그가 나를 단련하신 후에는 내가 순금같이 되어 나오리라"(욥 23:10).

"도가니는 은을, 풀무는 금을 연단하거니와 여호와는 마음을 연단하시느니라"(잠 17:3).

"하나님을 사랑하는 자 곧 그의 뜻대로 부르심을 입은 자들에게는 모든 것이 합력하여 선을 이루느니라"(롬 8:28).

인간이 앞길을 계획할 수는 있으나 항상 하나님이 개입하실 수 있는 여백을 드려야 한다. 나아가 하나님께서 당신의 뜻대로 인도해 주시도록 기도해야 한다. 케네스 그라이더의 말대로 "하나님은 모든 환경을 정하시지는 않는다. 그러나 모든 환경에 뜻을 갖고 계신다." 하나님의 뜻을 행할 때 우리에게 평강이 임한다.

되새겨 볼 핵심 원리

1.

하나님은 선한 계획을 가지고 우리를 인도하신다

우리는 알지 못했지만 하나님께서는 우리의 발을 묶어 두셨다. 마치 바울의 선교 문을 막으시며 그가 생각지도 못했던 유럽으로 선교의 향로를 바꾸신 것과 같다. 어떤 때는 지금의 'No'가 앞으로 보여 주실 더 큰 'Yes'의 일부분이다. 성령님은 미래의 'Yes'를 보시면서도, 지금은 'No'라고 하실 때가 있다.

2.

하나님이 허락하시는 고통이 있다

비자 문제가 얽혀 있는 기간은 아픔의 연속이었다. 그러나 그 고통은 하나님이 더 큰 뜻을 이루시기 위해 허락하신 고통이었다. 주님은 이것을 다 내려다 보고 계시면서 당신을 끝까지 붙잡고 승리하길 기대하셨다. 고통과 고난은 힘들다. 그러나 하나님께서 그것과 함께 주실 선물은 아픈 마음을 위로하고도 남는다.

3.

하나님은 위로하는 분이시다

비자국에다 천사를 예비해 놓으신 주님의 자상하심을 보라. 그를 통해 위로해 주시는 하나님은 늘 인내하라고 일깨워 주셨다. 사면이 막혔으니 위를 바라볼 수밖에 없었는데 거기로부터 천지를 지으신 여호와께서 도움을 주셨다(시 121:1-2). 잠잠하여 그가 하나님 됨을 알게 되었다(시 46:10).

4.

남을 용서해야 내가 용서받는다

비자 문제의 원인 제공자가 불의한 동기로 그렇게 했음을 알고 아픔이 컸던 것은 사실이다. 그를 용서하기가 쉽지 않았다.

"우리가 우리에게 죄 지은 자를 사하여 준 것같이 우리 죄를 사하여 주시옵
고"(마 6:12).

이미 남을 용서한 데 근거하여 용서를 빌어야 한다. 남을 용서해야 용서받을 수 있
다는 말씀이다. 다시 강조하셨다.

"너희가 사람의 잘못을 용서하면 너희 하늘 아버지께서도 너희 잘못을 용서
하시려니와 너희가 사람의 잘못을 용서하지 아니하면 너희 아버지께서도 너
희 잘못을 용서하지 아니하시리라"(마 6:14-15).

잘못한 사람은 하나님께서 다루신다. 그가 먼저 용서를 빌어야 한다. 그러나 용서를
구하지 않았다 할지라도 용서는 내가 먼저 해야 한다. 용서하지 않고는, 또 용서받지
않고는 기도가 막혀 주님의 일을 온전히 할 수가 없다.

5.
주님을 의지하되 부지런히 노력하라

하나님은 마음을 들여 부지런히 일하여 예루살렘 성벽을 재건한 백성들을 칭찬하셨
다. 조롱과 반대와 위협에도 불구하고 그들은 부지런히 일했다. 비자 문제도 하나님이
눈동자 같이 지켜 주셨지만, 열심히 사방으로 뛰어다녀야 했다. 도움을 줄 변호사를 찾
아 다니고, 국회의원을 찾아가고, 밤새워 법정 준비를 해야 했다. 이런 과정을 통하여
더 기도하게 하시고, 지혜를 주시고, 인생을 경험하게 하셨다. 비자 문제를 가지고도
하나님과 동역했다! 주님의 도움은 그냥 앉아 있다가 받는 것이 아니다.

"구하라, 찾으라, 두드리라. 그리하면 받게 되고, 찾게 되고, 열리게 된다"고 하셨다
(마 7:7-8).

Chapter.11

"나는 행복한 목회자였습니다"

이스트버리를 개척하는 과정에서 체류비자 문제로 긴장된 시간을 보내고 있었다. 성도들은 비자 문제를 위해 열심히 기도해 주었지만, 우리가 지나가고 있는 불확실한 터널의 깊이는 알 리가 없었다. 성도들을 불안하게 하지 말아야겠다는 생각에서 시시각각으로 변하는 상황을 일일이 말하지 않았기 때문이다.

국회의원까지 합세하여 어렵게 재심청구권을 받아 냈는데, 재판 날짜가 두어 번 연기되다가 1998년 2월 11일에 재판이 열렸다. 1996년 5월

17일에 비자연장 거절 통보를 받은 후 1년 9개월 만이다. 비자국에서 일부 오류를 시인했기 때문에 승소할 것으로 생각했다. 그러나 1998년 2월 27일에 받은 재판 결과는 패소였다. 너무도 큰 충격이었다. 이 결과에 불복하면 상급 법정에 항소해도 좋다고 했지만, 항소를 하려면 먼저 항소할 이유가 있다는 인정을 받아야 했다. 인정을 못 받는다면 지금의 결과가 최종 결정이기 때문에 항소 인정이 거부된 날로부터 28일 이내로 영국을 떠나야 했다.

또 항소 인정을 받았다 하더라도 법정에서 다시 패소하면 마찬가지로 28일 내로 영국을 떠나야 했다. 이긴다면 처음 약속한 대로 일 년 정도는 더 목회하고 갈 수 있겠지만, 이긴다 해도 어차피 귀국할 것이므로 교회의 장기적인 대안이 못된다고 생각했다. 그러니 거취에 관한 한 다음 법정에서 이기든지 지든지 마찬가지였다. 당연히 이길 줄 알았던 첫 재판에서 지고 나니 다음번에 또 질 수도 있다는 생각이 냉혹한 현실로 엄습해 왔다.

사임하고도 같은 사례를 받는 목사

이 과정에서 먼저 교회를 생각했다. 우리의 체류 불확실성은 교회도 불확실한 상황으로 끌고가게 될 것이라고 판단했다. 아내와 기도하면서 담임목사직을 사임하고 교회가 다른 목회자를 모시게 해야 우리의 불확실성에 관계없이 교회는 안정을 유지할 것이라고 판단했다.

단단히 결심을 하고 1998년 5월 7일, 리더십 팀 회의에서 조심스럽게 사임을 결심했다고 밝혔다. 교회 리더들은 믿질 않았다. 아니, 믿고 싶어 하지 않았다.

"목사님이 어려울 때 교회가 하나 되어 기도하고 힘이 돼 드려야 마땅한데, 어떻게 사표를 받습니까? 절대 못합니다. 비자 연장이 되리라고 믿고 기도하고 있습니다. 혹 비자 문제가 잘 해결되지 않아 갑자기 영국을 떠나게 된다 하더라도 괜찮으니 지금 사임하시면 안 됩니다."

이런 만류에 철회할 것이었으면 말도 꺼내지 않았을 것이다. 2주가 넘도록 리더십 팀과 실랑이를 벌인 끝에 5월 30일에 교회에 사임을 발표하기로 했다. 리더십 팀은 교회에 미칠 영향을 생각하여 철저히 비밀을 유지하기로 했다. 다음 목회자 청빙에 대한 계획안을 마련한 뒤 5월 30일에 발표했다. 이번에는 교인들이 나서서 말렸다.

내가 사임 이야기를 꺼낸 것은 쉬운 일이 아니었다. 목회자가 가장 신중해야 할 것이 바로 거취 문제임을 잘 알고 있었다. 국면 전환용으로 사임 카드를 꺼냈다가 정말로 사임당해 당황하던 목회자를 가까이서 본 적도 있었다. 그 목회자에게 진정으로 사임 의사가 있었던 것이 아닌 것이 드러나자 교회는 걷잡을 수 없는 소용돌이에 휘말리는 것을 본 적이 있다.

뜻을 굽히지 않고 성도들을 설득하기 시작했다.

"이겨도 교회에 일 년밖에 못 있습니다. 불과 몇 달밖에 남지 않았습니다. 게다가 억울하지만 질 수도 있다는 현실을 감안하지 않을 수 없습니다. 그러니 이 기회에 장기적으로 목회할 분을 모시는 것이 교회를 위해 낫습니다."

"그러면 사임하지 마시고, 설교나 교회 일만 보지 마십시오."

"아닙니다. 오히려 저는 다음 목사님이 오실 때까지 설교나 교회 일은 다 할 수 있지만, 사임은 공식화해야 합니다."

그러지 않으면 성도들이 다음 목회자를 찾지 않을 것 같아서 한 말이었다. 사실 교회 사역에 공백이 생기게 할 수는 없었다. 나의 진심과 단호함을 보고 리더십 팀은 많이 수그러졌다.

이 이야기를 하면서 나는 사임하겠다는 말로 'resign'이라는 단어를 자주 썼다.

"목사님, 'resign' 하시는 것이 아니고 'relinquish' 하시는 겁니다. 절대로 'resign'이라는 말을 다시는 쓰지 마십시오. 교인들이 놀랍니다."

그때서야 두 단어가 다 '사임'이라는 뜻이지만 직책을 놓고 기관을 떠난다는 '이임'의 의미가 강한 'resign'과 계속 있으면서 직책만 내려놓는다는 '퇴임'의 의미가 강한 'relinquish' 사이의 의미 차이를 알게 되었다. 영국 교인들이 내가 'resign' 한다고 하니 교회를 떠나 더 이상 안 나오는 것으로 이해를 하면서 마음을 졸였던 것이다.

교회는 목회자 청빙 광고를 냈다. 나는 설교, 성경공부 교재 작성과 인도, 기도 모임 인도, 전도 활동 등 교회의 일을 거의 그대로 하는 조건으로 합의를 보았다. 담임목사의 모자는 벗었으므로 피터 아드킨스 형제를 다음 목사가 올 때까지 교회 행정을 보살피면서 교회의 구심점이 될 임시 행정 코디네이터(Interim Coordinator)로 세웠다. 교회의 요청으로 리더십 팀 회의에 계속 참석했다. 회의 의장은 피터가 맡게 했다. 리더십 팀이 나의 의견을 들으려 하고 존중하는 것은 전과 마찬가지였다. 교인들도 달리 대하는 것이 없었다. 교회는 예전과 같은 월 200파운드의 사례를 헌금이라는 명목으로 바꾸어 지급했다. 참으로 재미있는 사임이었다. 하지만 내가 하는 일이 바뀌지 않았다 하더라도 내가 담임목사직을 내려놓았다는 것을 교인들이 인식하는 것이 중요했다.

사임 의사를 밝힌 뒤 여섯 주 만인 1998년 6월 21일부터 주보에 새 목회자를 위한 기도제목이 실리기 시작했다. 7월 10일, 피터와 간단한 인수인계식을 가졌다. 주일부터 토요일까지 날짜별로 진행되는 사역을 어떻게 미리 준비할지를 설명해 주었다. 각종 자료를 담은 파일들과 유인물과 컴퓨터 디스크도 전달했다. 주요 행사 준비 운영에 대한 내용도 인계했다. 주일예배 준비를 위한 갖가지 할 일 12가지도 목록별로 설명하고 자료를 넘겼다. 7월 12일 주일에 '고별 설교'를 했다. "내가 내 교회를 세우리니"(마 16:13-20)라는 제목으로 주님께서 교회에 맞는 목회자를 보내 주실 것이고, 궁극적으로는 주님께서 당신의 피로 값 주고 사신 교회를 지키시고 세워 가신다는 말씀으로 위로했다. 함께 주님을 바라보고 주님의 교회에 충성 봉사하며 주님을 섬기자고 격려했다. 이제 사임은 기정사실이 되었다.

피터와 함께 목사 청빙 광고를 만들어 런던신학대학 등 세 신학교의 광고판에도 붙였다. 신문에도 냈다. 놀랍게도 침례교 목사, 런던신학대학 교수, 3학년 학생, 이렇게 3명이 신청서를 냈다. 청빙위원회가 인터뷰도 했고, 설교도 하게 했다. 문제는 교인들이 아무도 마음에 들어하지 않는 것이었다. 결국 청빙위원회는 3명에게 다 모시지 못한다고 편지를 보냈다.

나는 청빙위원회에 들어가지 않았다. 하지만 리더십 팀 회의에 참석하기 때문에 거기서 진척 상황을 들을 수 있었다. 사실 이들의 고민을 들으며 마음이 아프기도 했지만 끝까지 냉정해야 했다. 1998년 9월 27일 리더십 팀 회의에서 후임 목회자 청빙 얘기를 하던 중 한 사람이 정색을 하고 물었다.

"목사님, 딱 12개월 만 더 해주시면 안 될까요?"

자기들끼리는 여러 번 얘기하며 의견을 모은 것 같았다.

"지난 7월 7일에 항소가 가능하다는 통보를 받았습니만 이긴다는 보장은 없습니다. 믿음이 없다고 해도 어쩔 수 없지만 저는 냉혹한 현실에도 대비해야 합니다. 또 이기면 좀 더 있겠지만 그것도 오래 있지는 못합니다. 교회를 위해서는 장기적으로 목회할 사람을 빨리 찾아야 합니다."

단칼에 자르듯 대답하고 집에 와서는 마음이 슬펐다. 특히 노인 성도들이 부탁할 때는 더욱 그랬다.

사임한 교회에서 재청빙을 받다

사임한 지 1년 2개월이 지난 1999년 8월 1일 주일예배를 보고 나오는데 행정 책임과 청빙위원장을 맡아 온 피터가 중요한 편지라며 봉투를 전해 주었다. 집에 돌아와 읽어 보니 재청빙에 대한 내용이었다. 교회 편지지 서식에다가 정식으로 쓴 편지 내용을 옮겨 본다.

"목사님도 아시다시피 이스트버리 교회는 지난 14개월 동안 적극적으로 후임목사를 찾았으나 성공하지 못했습니다. 저희는 주님께서 주님이 원하시는 분을 주님의 시간에 보내 주시리라고 믿으며 수없이 여러 번 모여 의논하고 기도해 왔습니다.

교회 중진들과 리더십 팀이 여러 차례 의논한 결과 바로 지금이 다음 목회자를 청빙할 주님의 때라고 분명히 믿게 되었습니다. 리더십 팀의 뜻을 모아 목사님께 이 편지를 드립니다.

목사님, 지금 공석으로 있는 이스트버리 교회 담임목사직을 다시 맡아 달라고 초청을 드립니다. 진지하게 기도하시고 신속한 답을 주시기 바랍니다. 교인 모두는 이것이 주님의 뜻이라고 강하게 믿고 있습니다. 따라서 이 초청을 수락해 주시길 부탁드립니다. 수락하신다면 필요한 절차를 걸쳐 1999년 10월 1일부터 공식적으로 임직하시는 것으로 하려고 합니다.”

우리 부부는 숙연해졌다. 교인들의 아픔을 알고 있기 때문이었다. 교인들은 진지하게 후임목회자를 구하려고 했다. 필요한 절차들도 잘 거쳤다. 문제는 주님이 보내 주신 사람이라고 확신할 만한 사역자를 찾지 못했다는 것이다. 그 과정에서 우리에게 여러 번 말을 했지만 번번이 안 된다고 하니까 이번에는 정식으로 편지를 보내 자기들의 진정한 마음을 전달하려고 한 것이다. 이렇게 할 수밖에 없는 교인들이 불쌍하기까지 했다.

좀더 진지하게 기도해 보아야겠다는 생각이 들었다. 기도는 하면서도 오랫동안 아무 대답도 해줄 수 없었다. 교회에서나 회의 때 늘 만나지만 이 주제에 대해서는 서로 아무 말도 하지 않았다. 성도들도 편지를 보내 놓고는 물어 보거나 독촉하는 사람이 없었다. 기다리는 데는 세계 일등인 영국 사람들의 기질이다. 그들은 남에게 압력이나 압박을 가하지 않으려고 노력한다. 이렇게 36일이나 지나갔다. 그만큼 우리의 결정은 어려웠고 교인들은 오래 참았다.

이 과정에서 옥한흠 목사, 홍정길 목사, 이태웅 목사에게 이 재청빙 편지를 팩스로 보내 보고하고 기도와 조언을 부탁했다. 옥한흠 목사는 재청빙받는 것은 그동안 최 목사가 목회를 잘해 왔다는 증거이니 영국에 빚갚는 심정으로 다시 목회하면서 모델 교회를 일으켜 보라고 격려해 주었다. 홍정길 목사는 최 선교사가 국내에서 해야 할 일이 많지만, 영국인 목회도 좋은 일이니 일단 기도해 보자고 신중성을 보였다. 이태웅 목사는 이 편지를 귀국하여 같이 일할 기관의 간부들에게 보여 주면서 상의했다.

그런데 이 편지가 기관에서는 큰 오해를 불러 일으켰다. 선교회 간부들은 우리가 영국에 눌러 살려고 머리를 쓰고 있다면서 성토했다고 한다. 비자가 거절되었으면 귀국하면 되지 무엇 때문에 법정 투쟁을 하며 귀국을 지연시키느냐는 것이었다. 왜 비자가 거절되었고 추방명령까지 받았는지 그 배경을 알 리 없었다. 추방명령이 내려진 우리의 비자 케이스가 가져올 장기적인 피해도 알 리 없었을 것이다. 결국 '해임'한다는 팩스를 보내왔다. 영국에서 사역하는 것은 선교회의 비전과 맞지 않는다는 말도 덧붙였다. 그때만 해도 한국에서는 유럽의 영적 현실을 잘 모르고 있었다. 해임 결정이 부당하다는 것을 여섯 가지 이유로 반박하는 팩스를 보냈다. 하지만 해임 결과는 받아들이겠다고 답을 보냈다.

따라서 이제는 반드시 귀국해야 할 일차적 이유가 사라져 버렸다. 주님께서 인도하시는 일이라 믿고, 36일이 지난 9월 5일, 이스트버리 교회에 답장을 썼다.

"다시 목회를 맡아달라는 부탁을 여러 번 받았지만 계속 못한다고만 했습니다. 하지만 몇 년이 지나도 해결되지 않는 비자 문제와 온 교회의 간절한 마음이 담긴 공식 재청빙을 받고 많은 생각을 하게 되었습니다. 이렇게 기도하며 의논하는 중에 주님의 뜻인 줄 인정하고 청빙을 수락합니다. 이스트버리 지역은 물론 영국에서 주님의 명예를 회복하기 위해 이스트버리 교회가 해야 할 역할이 있다고 생각합니다. 향후 4년간 담임목사직을 맡기로 약속합니다."

1999년 11월 7일부터 다시 담임목사로 목회를 시작했다. 피터로부터 교회 서류를 다시 넘겨 받았다. 그러던 중 2000년 4월 25일, 녹색 영주권이 붙여진 여권들이 도착했다. 영국에 영주할 생각은 없었지만 더 이상 체류비자 문제로 마음고생하는 일이 없도록 주님께서 은혜를 주셨다. 무엇보다 새로 노동허가를 얻을 필요도 없게 되었으니 이스트버리 교회에서 사역하고 월급 받고 세금 내는 데도 전혀 문제가 없게 된 것이다. 감사와 찬양이 넘쳤다.

담임목사 모자를 벗었다가 다시 쓰던 16개월 사이에 유익했던 점도 많았다. 먼저 성도들이 스스로 교회에 대한 주인의식을 갖는 데 결정적 역할을 했다. 성도 각자가 자신의 은사를 사용하여 주님과 교회를 위해 할 수 있는 일을 찾아 섬겨야 한다는 것도 배웠다. 우리 가족이 담임목사직을 사임한 후에도 평교인으로서 목회와 봉사의 일을 계속하는 것을 보고 강한 메시지를 받았다고 성도들이 말했다. 목사가 무엇을 하며 일주일을 보내는지, 작은 교회라도 목사가 감당해야 할 일이 얼마나 많은지 교인들이 알게 되었다. 그간 행정 책임을 맡았던 피터 아드킨스는 "어떻게 이 많은 일을 혼자 했느냐?"며 감탄해 마지 않았다.

재취임 때에도 사례 액수 문제는 서로 얘기하지 않았다. 나중에 법적 요식행위로 계약서를 작성해 온 것을 보니 일주일에 21시간 일하는 것으로 일 년에 12,000파운드를 적어 놓았다. 영국 수준에서 한 달에 1천 파운드면 많지 않은 것이었지만 사례는 문제삼지 않았다. 다만 성도들이 목사가 일주일에 21시간만 일해도 목회사역이 될 것이라고 인식하는 것은 좀 곤란했다. 교회 일을 하는 시간을 몇 달간 기록해 보니 새벽기도 빼고도 일주일에 평균 68시간을 일하고 있었다. 왜 21시간이라고 했느냐고 물으니 교회가 그만큼 밖에 사례할 수 없어서 그렇게 적었다고 말해 주었다. 나는 사례는 적게 해도 되지만, 21시간만 일해도 목회가 잘되고 교회가 성장하기를 기대하는 것은 옳지 않다고 지적해 주었다. 로저 쿠퍼는 그때 일을 이렇게 기억했다.

"목사님은 110% 헌신적으로 사역하셨습니다. 저희가 목사님과 계약서를 작성할 때 하신 말씀을 저는 항상 기억할 것입니다. 일주일에 21시간 일하는 것으로 제안을 했는데 목사님은 '파트타임 목사란 있을 수 없다'며 앞장서서 모범을 보이며 교회를 인도했습니다. 특히 전도와 심방에서 그랬습니다. 목사님은 믿음으로 사셨고, 그 모습은 많은 성도들에게 격려가 되었습니다."

다시 담임을 맡으면서는 더욱 심기일전해야겠기에 새로운 사역계획을 세웠다. 성도들은 목사관을 준비하려는 계획을 세웠다. 그러면 집세를 내지 않아도 되기 때문이었다. 아내를 목회비서로 하여 월급을 지급하겠다고 했다. 성도들의 따뜻한 배려였다. 결국 하나님께서는 전체 수입으로 보면 생활에 어려움이 없도록 배려해 주셨다.

또 다시 사임하다

담임목사로 다시 취임할 때 4년을 더 목회하겠다고 약속했다. 물론 더 하게 될지도 모르지만 그것은 그때 가서 주님의 인도하심을 받고 싶었다. 다시 취임한 후에도 힘차게 사역했다. 교회 사역을 하면서 런던신학대학과 첼튼함대학 신학부에 바울 신학과 복음서 개론 강의를 나갔다. 강의를 하면서 느낀 것은 풀타임 교수를 하는 것은 소명이 아니라는 것이었다. 그때까지의 경험과 배경으로 볼 때 내게는 전도, 훈련과 목회 같은 현장이 주님께서 부르신 소명인 것 같았다.

재부임한 지 3년이던 어느 날 아내와 대화하는 중에 주님께서 같은 생각을 주신 것을 발견하고 놀랐다. 그것은 우리가 아브람 같다는 생각이었다. 아브람은 가나안으로 들어가도록 부름을 받고 우르를 떠나기는 했지만, 중간의 하란에 오래 머물러 있었다. 주님께서는 그에게 다시 일어나 가나안을 향해 가라고 명령하셨다(창 12:1-5). 우리 역시 런던이라는 하란에 정착해 있는 자신을 발견한 것이다. 교회도 안정되고 교인들과 사이도 좋았다. 아이들도 잘 자라 주었다. 박사공부 할 때에는 런던에 있는 것이 가시방석에 앉은 것 같을 때도 있었다. 비난과 시기가 없었던 것도 아니다. 그러나 영국 교회를 개척하여 재미있게 목회하니 흠잡는 사람이 없었다. 도리어 모델 교회로 성장시켜 한국 교회가 영국 교회에 진 복음의 빚을 갚아 달라고 격려하는 사람이 많았다.

하지만 마음이 편하지 않았다. 우리가 나아갈 가나안은 이 목회보다 더 활력이 넘치는 사역 현장일 것이라는 생각이 들었다. 교회도 거의 안정되었다는 생각도 들었다. 약속한 4년이 끝나면 사임해야겠다는 생각을 했다. 이런 생각이 점점 자리를 잡아가면서 2002년 어느 주일 아침에 '새로운 출발'이라는 제목으로 설교했다. 가나안은 미지의 땅이요, 변수가 많은 불안정의 땅이었지만 하나님의 임재와 약속이 있는 축복의 땅이기도 했다. 우리는 하나님께 장래의 사역을 맡겼다. 이때 성도들 가운데 우리가 다른 사역을 꿈꾸고 있는다는 것을 아는 사람은 아무도 없었다.

목회를 그만두고 무슨 사역을 할까? 어디가 우리의 가나안일까를 놓고 기도하기 시작했다. 런던신학대학에 교회개척 코스를 개설하여 신학생들에게 주중에 이틀 저녁 정도 교회개척에 대한 동기를 부여하고 실질적인 전도와 목회 훈련을 시키는 것이 영국에 필요한 사역이라는 생각이 들었다. 사실 영국 신학생들은 졸업 후 사역의 기회가 거의 없다. 교회가 줄어드는 상황이므로 신학교를 졸업한 사람들이 전도사 일을 할 수 있는 기회가 많지 않았다.

교회개척 코스를 운영해야겠다는 생각이 굳어져 갈 때 오엠 국제선교회 차기 총재로 지명된 피터 메이든 부총재가 우리 집을 방문했다. 교회 개척 코스 계획을 들은 그는 그 프로그램을 국제적 네트워크를 가지고 있는 오엠과 하자고 제안했다. 그러면 우리 프로그램을 다른 신학교들에게도 나누어 줄 수 있지 않겠느냐는 것이었다. 기도와 의논 끝에 그렇게 하기로 마음을 굳혔다. 차기 총재의 조언에 따라 교회개척학교 계획서를 오엠 영국 지부에 냈다. 그러나 오엠 영국 지부의 리더들은 이 사역을 영국에서 하기에는 재정적으로 역부족이라는 판단하에 부결시키고 말았다.

그러던 어느 날 오엠 선교선 총책임자 번트 궐커로부터 전화가 왔다. 둘로스 단장으로 초청하고 싶다는 것이었다. 알고 보니 둘로스 단장이 일찍 배를 떠나겠다고 하자 번트가 후임 단장에 대해 차기 총재와 상의한 것이었다. 둘로스는 당시 오엠에서 가장 큰 지부였기 때문에 총재의 의중이 중요했다. 이 세상에서 우리가 교회를 떠날 생각을 하고 있다는 것을 아는 사람은 차기 총재뿐이었다. 그가 나를 둘로스로 초청하자고 추천한 것이었다. 주님의 인도하심인 줄 확신하고 둘로스 선교선으로 가기로 결정했다.

☙❧

나는 행복한 목회자

둘로스로 가기 위해 교회를 사임해야겠다는 소식을 어떻게 교회에 알릴지가 관건이었다. 다음 사역지 결정 과정에서 리더십 팀 멤버인 로저 쿠퍼 한 사람과는 처음부터 모든 것을 얘기하고 기도를 부탁했다. 6월 23

일에는 관할 주교에게 사임 의사를 알렸다. 7월 11일 금요일에 리더십 팀 전체에게 알리고, 13일 주일예배 때 전교인에게 발표했다. 성도들은 충격을 받았는지 찬물을 끼얹은 듯 조용했다. 우리 부부도 마음이 무겁기는 했지만 주님께서 교회의 머리시고 주인이시니 인도해 주실 것을 신뢰했다. 둘로스로 가려면 현실적으로 해결해야 할 것이 산재해 있었지만, 주님의 부르심에 순종하여 가나안으로 옮기는 우리의 발걸음이 감사하기만 했다.

몇 주가 지나면서 비로소 현실적인 염려를 하게 된 성도들은 떨어져 있어야 할 세 딸 걱정을 하기 시작했다. 얼마 후 함께 데리고 있으며 보살펴 주겠다는 가정들이 나타났다. 이렇게 우리가 둘로스로 옮길 때 아이들을 돌보아 줄 사람들을 예비하신 것은 하나님의 큰 선물이었다. 우리는 하나님께 감사했다.

2004년 1월 25일에 이임 예배를 드렸다. 오엠 국제선교회 창립자인 조지 버워 전 총재가 설교를 맡아 먼 길을 왔다. 이태식 주영대사 내외, 맥스

○ 2004년 1월 25일 이임예배에 모인 성도들과 주민들. 따뜻한 환송을 받은 이 예배에는 조지 버워 오엠 선교회 설립자가 설교를 맡았고, 이태식 주영대사 부부, 박사과정을 지도한 맥스 터너 교수 부부도 참석했다.

터너 교수 내외 등 많은 분들이 참석해 주었다. 이웃 교회들에서도 대표들을 보내 주었다. 특별한 손님들이 많이 왔는데 바로 내가 전도하며 만난 주민들이었다. 교회에서는 1부에는 예배, 2부에는 인사와 감사 순서, 3부에는 점심식사를 준비했다. 한 성도가 만들어 온 둘로스 배 모양의 케이크도 잘랐다. 이임 예배였지만 사도행전 13장의 안디옥 교회와 같이 담임목사를 선교지로 보내는 파송 예배이기도 했다.

2004년 9월 3일, 승합차 편으로 프랑스 서남부의 상트 나제르 항에서 사역하던 둘로스에 합류했다. 본부에서는 10월 9일에 단장취임 감사예배를 드리기로 날을 잡았다. 그때 둘로스는 이태리 제노아에서 사역하고 있었다. 본부에서는 피터 메이든 국제총재, 번트 퀼커 선교선 책임자 부부가 왔다. 한국에서는 한국오엠 이사장인 옥한흠 목사를 대신하여 사랑의교회 선교담당 유승관 목사가 참석하고 백재현 한국오엠 대표도 왔다. 이렇게 먼 곳까지 오다니 참으로 감사했다.

가장 큰 감동은 이스트버리 성도들의 '행차'였다. 교회에서 비밀에 부쳤기에 몇 명이 오는지 알 수 없었다. 5명이 온다면 대단한 일이라고 생각했다. 하지만 그 전날 도착한 이스트버리 성도는 모두 13명! 거기다가 우리 세 딸까지 16명이나 오니 둘로스 사역자들도 부러워했다. 더 감사한 것은 함께 온 한 가정에서 세 딸의 항공료를 전담해 준 것이다. 이스트버리 교회는 우리를 떠나보냈지만 아주 보내지 않았다. 우리 마음속에 항상 그들이 있는 것같이 그들도 우리를 항상 가슴에 품고 있었다.

우리 부부는 행복한 목회자였다. 둘로스로 떠난 후, 성도들은 우리 아이들을 돌보았을 뿐 아니라 매주 예배 때마다 우리를 위해 기도했고, 선교비를 지원해 주었다. 둘로스 임기를 마치고 2009년 12월에 다시 런던에 돌아온 후에도 부담 없이 가끔 예배에 참석한다. 한국식 목회윤리를 생각해서 잘 안 나가는 편이지만 성도들이나 새로 온 목사는 신경 쓰지 않고 언제나 환영한다. 두 달에 한 번씩은 정규적으로 설교하며 좋은 동역을 계속하고 있다. 영국에 다시 돌아와 교회개척학교 계획을 알렸을 때 어떤 교인들은 눈물을 글썽이며 좋아했다. 로저 쿠퍼는 교회개척학교의 자선 단체 등록을 위해 발벗고 뛰어 주었다.

이스트버리 교회를 생각할 때마다 사도 바울의 말씀을 생각하며 기도한다.

"내가 너희를 생각할 때마다 나의 하나님께 감사하며 간구할 때마다 너희 무리를 위하여 기쁨으로 항상 간구함은 너희가 첫날부터 이제까지 복음을 위한 일에 참여하고 있기 때문이라 너희 안에서 착한 일을 시작하신 이가 그리스도 예수의 날까지 이루실 줄을 우리는 확신하노라"(빌 1:3-6).

❷ 50여 개국에서 모인 350여 사역자들의 공동체인 둘로스 선교선. 하나님께서는 이스트버리교회 사역을 통해 둘로스 단장 사역을 준비시키셨다

되새겨 볼 핵심 원리

1.
목회자 개인보다 교회가 중요하다

지역교회는 그리스도의 몸이며, 레슬리 뉴비긴이 말한 대로 천국의 해석학이다. 지역교회를 통해 천국을 엿볼 수 있고 알 수 있다는 뜻이다. 교회의 안정과 성장, 연합과 유익을 먼저 생각하는 것이 중요하다. 교회는 목회자를 통해 발전한다. 그러나 목회자가 교회보다 앞설 수 없다. 개척하여 모든 것을 바쳤다 할지라도 교회는 사유화될 수 없다. 목회자의 거취는 하나님의 영광과 교회의 안정을 위해 상식을 따라 정해져야 한다.

2.
한몸의 여러 지체는 서로 보완해야 한다

교회에는 인종과 성별과 직업과 신분을 포함하여 다양한 배경을 가진 사람들이 모여 있다. 다양함 속에서 연합을 이룰 때 교회는 천국이 된다. 다양한 재능과 은사와 사고와 관점을 가진 사람들이 그리스도의 몸을 세운다는 한 가지 목표로 나아갈 때 교회는 발전한다. 교회에 구경꾼은 있을 수 없다. 모두 참여하여 주님을 위해 무엇인가 해야 한다. 목사직을 내려놓고도 목회의 일을 섬겼다. 직책을 맡았기에 일하는 것이 아니라 직능을 가졌기에 섬기는 것이다. 더 중요하고 덜 중요한 일이 있는 것이 아니다. 다른 지체를 귀하고 고맙게 여겨야 한다. 모두 요긴한 일을 맡았기 때문이다(롬 12:4-8; 고전 12:12-31).

3.
하란에 오래 머물지 말라

아브라함은 가나안에 들어가도록 부름 받았다. 순종하여 갈대아 우르를 떠났으나 하란에 오래 머물렀다. 자주 천막을 치고 걷을 필요도 없었다. 편하고 안정된 하란 생활에 익숙해졌다. 그때 하나님이 다시 찾아 오셨다. 아브라함은 미지의 불확실한 세계를 향하여 걸음을 내딛었다. 그 길은 캄캄했다. 하지만 익숙한 길보다 더 안전한 길로 보였다. 순종하여 주님의 손을 붙잡았기 때문이다. 늘 옮겨다니는 것도 지혜롭지 못하지만 가끔은 질문해 보아야 한다. 내가 지금 하란에 머물고 있지는 않은가? 가야 할 나의 가나안은 어디인가?

4.
사랑과 복음으로 관계를 다지라

사임한 교회에 다시 취임하여 목회했다. 목회자와 성도의 관계를 넘어 친구와 동역자로 지냈기 때문이다. 바울은 아버지처럼, 유모처럼 목회했다고 고백한다(살전 2:5-11). 탐심의 탈을 쓰지 않고 사람에게서 영광을 구하지 않았다고 말한다. 사도로서 마땅히 주장할 수 있으나 도리어 유순한 자가 되어 유모가 자기 자녀를 기르는 것과 같이 길렀다고 한다. 산모에게서만 젖이 나온다. 가난한 산모가 부잣집 아기의 유모가 되었다. 집에 돌아와서야 자기 아이에게 젖을 물린다. 남은 젖이 거의 없다. 한 방울이라도 더 아이에게 먹이려고 애쓰는 그 유모 엄마의 심정으로 목회했다고 바울은 고백한다. 진정한 목회는 복음으로 맺어지고 사랑으로 다져져야 가능하다.

5.
주님께 맡기고 교회를 떠날 수도 있어야 한다

예수님은 3년 동안 가르치신 후 제자들의 곁을 떠나셨다. 구속 사업을 완성하시고, 사역이 지속될 수 있도록 제자들을 훈련시켜 놓으셨다. 바울도 길어야 3년을 목회하고 교회를 떠난 것을 보면 놀랍다. 교회는 그리스도의 몸이다. "내가 내 교회를 세운다"고 하셨다. 주님이 교회의 주인이요, 머리이기에 주님이 책임지신다. 음부의 권세가 이기지 못하리라 하셨다. 목회자는 교회에 대해 사심이 없어야 한다. 언제든지 진정한 주인이신 주님께 교회를 맡기고 떠날 수 있어야 한다. 그러나 떠났다고 잊으면 안 된다. 성도들의 성장과 교회가 사명을 다하도록 계속 기도해야 한다.

NORD SEE
DÄNEMARK
DEUTSCHLAND
SCHWEIZ
ITALIEN
ADRIATISCHES MEER
MITTELLÄNDISCHES MEER
PORTUGAL
ALGERIEN
AFRICA
EUROPA

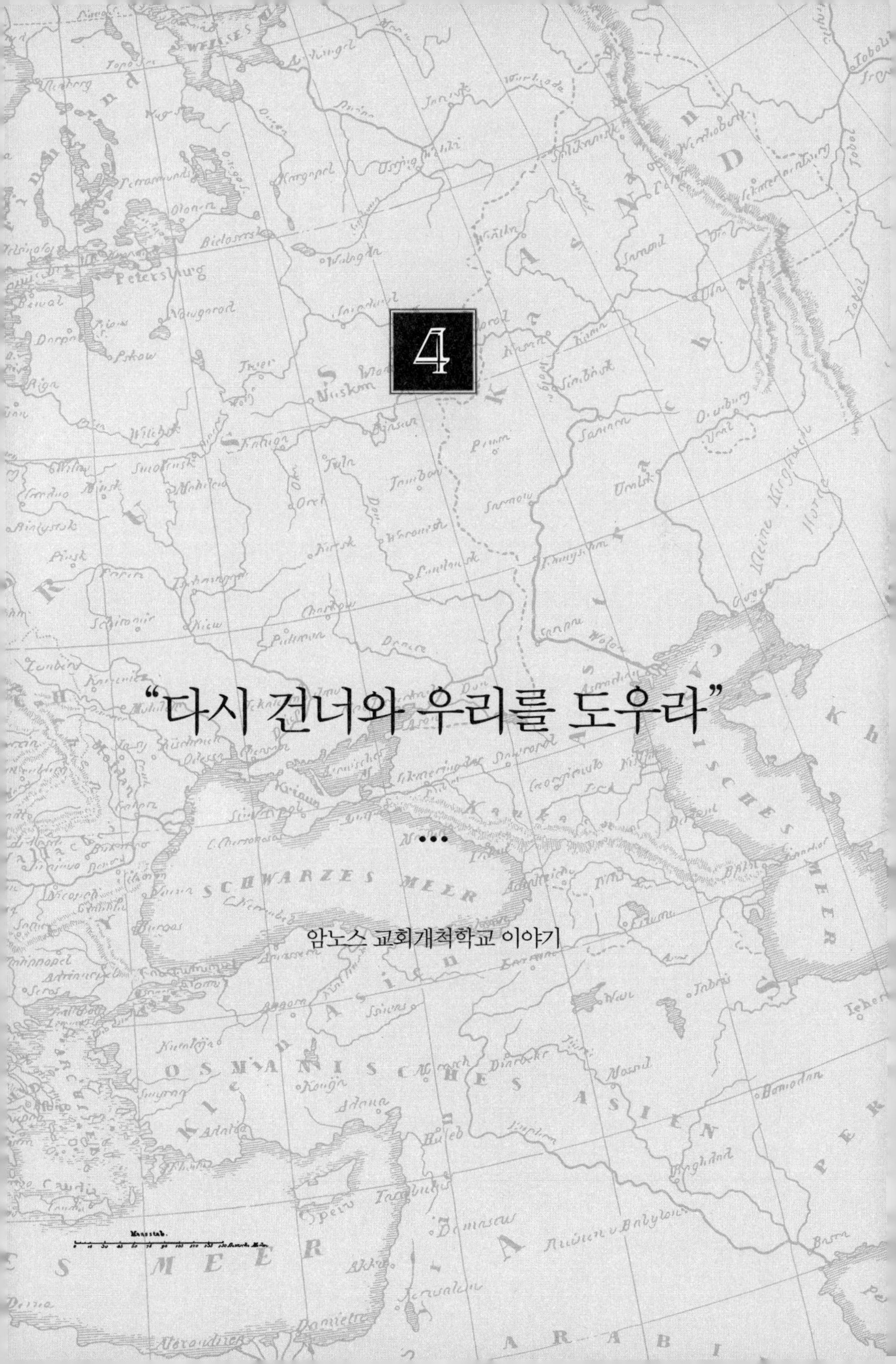

4

"다시 건너와 우리를 도우라"

암노스 교회개척학교 이야기

Chapter.12

"다시 건너와 우리를 도우라"

2010년 10월 10일, 예배 중에 이스트버리 교회는 우리 부부를 영국에서 교회개척학교 사역을 하는 선교사로 다시 파송해 주었다. 이것은 우리에게 상징적인 의미도 컸다. 유럽 재복음화 사역에 뛰어드는 것이 하나님의 인도하심으로 생각되게 하는 하나의 예표였기 때문이다. 사실 교회개척학교 사역을 계획하면서 100교회가 반대해도 이스트버리 교회가 인정하면 우리는 하고, 100교회가 좋다 해도 이스트버리 교회가 안 될 것 같다고 하면 다시 생각해 보아야 할지 모른다고 생각했다. 그만큼 우리를 아는 이스트버리의 의견이 중요했다.

이스트버리 교회 개척 목회 경험이 교회개척학교 설립과 운영에 도움이 되겠지만, 그 경험 때문에 시작하려는 것은 아니었다. 오히려 1984년 영국에 처음 도착했을 때부터 27년 동안 영국과 유럽 교회에 대해 가졌던 부담과 아픔이 이 길을 가게 했다. 아무리 작은 일이라도 새로 시작하는 일은 힘들다. 준비할 것이 너무도 많다. 하드웨어뿐만 아니라 소프트웨어의 준비가 더 중요하고 시간이 걸린다. 그러나 누군가 기초를 놓아야 한다.

돌아보면 하나님께서 피너힐 교회를 재건하게 하시고, 이스트버리 교회를 개척하게 인도하시면서 많은 것을 준비시켜 주셨다. 무엇보다도 "다시 건너와 우리를 도우라"는 유럽 교회의 간청과 유럽을 향한 주님의 심장 소리를 듣게 하셨다. 바울과 같이 나도 "하나님께서 저 사람들에게 복음을 전하라고 우리를 부르신 줄로 인정(확신)"하게 되었다.

심각한 선교지가 된 유럽

"독일 교회가 무슬림들에게 복음으로 다가가 섬길 수 있다고 생각하십니까?"

2010 동경선교대회 개회식에서 축사를 했던 토마스 쉬르마허 박사에게 물었다. 이미 소개한 대로 그는 세계복음주의연맹의 신학위원장이며, 동 연맹 산하 국제종교자유연구소 소장이다. 독일 신학교 교수이기도 하다. 나리타 공항에서 동경선교대회장으로 가는 버스를 탔는데 우연히 나

란히 앉게 되었다. 인사를 하고 여러 대화를 나누었다. 그러던 중 이 질문을 던졌다.

"아니요!"

신속하게 돌아온 단호한 대답에 나는 움찔했다. 일종의 충격을 받았다. 독일 기독교 최고 지도자 중 1명이 이렇게 패배적으로 생각하고 있다니! 이어서 그는 물어보지 않은 대답까지 보태 주었다.

"하지만 당신 같은 아시아 사람은 할 수 있다고 생각합니다."

속으로 또 한 번 놀라면서 왜 그렇게 생각하느냐고 물었다.

"제가 가르치는 [독일] 마르틴부버신학대학에 의사 출신의 한국 학생이 있었습니다. 이 사람이 무슬림들에게 들어가 이미 교회를 세 개나 세웠습니다! 우리가 엄두도 못내는 일을 한국 사람이 해내고 있습니다."

다시 한 번 놀랐다. 마게도냐인의 간청을 듣는 것 같았다.

이런 말을 개인적으로 미리 들었던 터여서 그가 개회식에서 "와서 유럽을 도와주십시오"라고 말했을 때 나는 그 부탁이 진지한 것임을 알 수 있었다. 나는 그의 간청이 특별히 한국을 염두에 둔 것이라고 생각했다.

실로 유럽은 심각한 선교지로 변했다. 세계 여러 나라로부터 온 이주자로 유럽은 이미 다인종, 다언어, 다문화, 다종교의 대륙이 되었다. 이들 중에는 복음의 자유로운 전파가 금지된 나라에서 온 타종교인들도 많은데 유럽에서는 이들에게 훨씬 더 자유롭게 복음을 전할 수 있다.

뿐만 아니라 기독교 대륙이라고 자처하던 유럽에서 교회가 수십 년간 급격한 추세로 감소하고 있다. 유럽은 현재 세계에서 기독교가 성장하지 않는 유일한 대륙이다. 매년 아시아에서 3.66%, 아프리카에서 2.83%, 태

평양지역에서 0.74%, 북남미에서 0.66% 성장하고 있지만, 유럽에서는 0.44%씩 감소하고 있다. 유럽을 기독교 대륙이라고 하지만 사실상 개신교 우세 나라는 영국, 네덜란드, 스위스, 스웨덴 등 대여섯 나라에 불과하다. 앞에서도 언급했듯이 유럽의 개신교 출석교인도 평균 3% 정도에 불과하다. 성경을 하나님의 말씀으로 믿고, 또 예수님의 대속의 은혜를 믿는 복음주의자가 1%도 안 되는 나라가 유럽 47개 국가 중 19개국이나 된다.

오랫동안 세속화해 온 유럽에서 교회는 생존을 염려해야 할 만큼 심각한 상황에 처해 있다. 어떤 사람들은 회복의 기미가 보이지 않고 곧 몰락할 것이라고 말하기도 한다. 유럽이 거의 지난 2천 년 동안 기독교의 중심이었기에 이런 유럽의 위기는 세계 교회의 위기라 해도 과언이 아니다.

영국 교회의 감소

2001년 영국 인구조사에 의하면 전체 인구의 72%가 기독교인이라고 대답하면서도 동시에 66%는 교회에 나가지 않는다고 대답했다고 한다. 그 후의 조사에서는 1979년과 2005년 사이 영국 교인의 절반이 교회 출석을 중단한 것으로 나타났다. 1998년과 2005년 사이에만도 50만 명이 교회를 떠났다. 〈데일리 텔레그라프〉 신문에 의하면 "매주 1천 명의 새 교인이 생기지만 동시에 2천 5백 명이 교회를 떠나고 있다"는 보도를 냈다. 이렇게 지난 1980년부터 1998년 사이에 150만 명의 기독교인이 사망하고, 또 150만 명은 교회를 떠나 교세가 급격히 줄어들었다. 국교인 성공회의 경우 1960년과 1985년 사이에 교세가 절반으로 줄었고, 그 후 1990년과 2001년 사이에도 18%나 줄었다.

이미 제1장에서 언급한 것 같이 1989년부터 1998년의 10년 사이에 런던과 인근 두 지역을 제외한 잉글랜드 전역에서 출석교세가 일제히 10% 이상 감소했다. 영국 교회들이 자체적으로 집계한 출석인원을 보면 1979년 12%에서 1989년 10%, 1999년 7.5%, 2006년 6.3%로서, 거의 십 년마다 2% 정도씩 감소했다. 거의 매주 출석하는 사람을 2% 미만으로 보는 영국 교수도 있다. 그 결과 1980년에서 2009년까지 30년 동안 9천여 개의 교회가 문을 닫았다. 2000년대에 들어와서도 매주 평균 4개 교회가 문을 닫고 있어 매년 220개의 영국 교회가 폐쇄되고 있는 현실이다.

물론 새로 개척되는 교회도 있고, 성장하는 교단도 있다. 1989년과 2005년 사이 오순절교단은 22% 가량 성장했다. 하지만 같은 기간에 천주교가 49%, 감리교가 44%, 성공회가 31% 감소했다. 그나마 영국 전체 교인수가 더 줄어들지 않는 이유는 오순절교단과 영국 출석 교인의 12%를 차지하는 소수민족 교회들 덕분이다.

교인수의 감소와 함께 심각한 것은 차세대 리더십 부재와 고령화 현상이다. 2010년 9월 26일, 한 감리교회 예배에 참석했다. 200년 가량 된 건물이지만 내부를 현대식으로 리모델링한 교회였다. 50여 명이 모여 예배를 드렸다. 예배 중에 주일학교 아이들이 분반공부하러 나갈 시간이 되었다.

"오늘 주일학교 분반공부 하러 나갈 아이들은… 없군요."

회중을 둘러보던 사회자가 말했다. 그날 그 교회에는 십대 학생들과 초등학생들이 1명도 오지 않았던 것이다. 예배가 끝나고 좌중을 둘러보니 대부분 70세가 넘은 노인들이었다.

"제가 65살인데 교회에서 젊은층에 속해요."

축호전도에서 만나 안면이 있는 헤이젤이 귀뜸해 주었다.

2006년 영국 콘월의 십대 4천 명을 대상으로 실시한 조사에서 22%만이 신의 존재를 믿는다고 대답했고, 49%는 믿지 않는다고 응답했다. 1989년에는 15세 미만 아이들 중 14%가 교회에 출석했으나 1998년에는 8%로 감소했다. 영국 교회의 40%가 주일학교 프로그램이 없다는 것은 실로 안타까운 일이 아닐 수 없다. 이렇게 다음 세대를 준비하지 못하고 있으니 장래가 더 어두울 수밖에 없다.

이슬람의 유럽 진출

유럽의 영적 현황을 다루면서 빠뜨릴 수 없는 것이 바로 타종교들, 특히 이슬람의 유럽 진출이다. '퓨 포럼'이 2009년 10월에 발표한 "세계 무슬림 인구 지도"(Mapping the Global Muslim Population)에 따르면 현재 무슬림 인구는 15억 7천만 명으로서 전 세계 68억 인구의 23%를 차지한다. 지난 세기 동안 무슬림이 무려 500%나 성장했고, 특히 기독교가 감소하는 유럽에서 지난 30년 동안 무슬림 인구가 300% 급성장했다. 현재 무슬림은 유럽 인구의 5%를 차지하고 있지만, 2025년에는 16%에 달할 것으로 예측된다.

프랑스에서는 이미 무슬림 인구가 전체 인구의 10%에 육박했고, 네덜란드 6%, 오스트리아 5%, 독일 4.9%, 스위스 4.3%, 벨기에 4%, 영국 3%로 모두 성장 추세에 있다. 이슬람의 성장은 특히 유럽의 대도시에서 두드러진다. 무슬림 인구는 마르세이유와 로테르담에서 25%, 말모에서 20%, 브뤼셀과 버밍엄에서 15%, 런던, 파리, 코펜하겐에서 10%를 넘고 있다.

이런 추세가 지속된다면 20년 후에는 무슬림이 프랑스 인구의 약 25~30%를 차지하게 되고 40여 년 후에는 프랑스가 이슬람 국가가 된다는 보고가 있다. 프랑스에서는 20세 미만 인구의 30%가 무슬림이고, 이들의 높은 출산율로 무슬림이 계속 증가할 것이기 때문이다. 현재 4백만의 무슬림이 살고 있는 독일의 경우도 40년 후인 2050년에는 무슬림이 국민의 다수가 되고 70년 후에 그 나라 역시 이슬람 국가가 된다는 예상도 있다. 네덜란드의 경우 신생아의 절반이 무슬림이고, 4대 도시에서 남자 신생아에게 가장 많이 지어 주는 이름이 '무하마드'인 현실을 감안하여 15년 내에 무슬림이 네덜란드 인구의 50%를 차지할 것으로 보고 있다.

무슬림들이 유럽 이슬람화의 거점으로 삼은 영국도 마찬가지다. 2009년 영국에서 남자 신생아에게 가장 많이 지어 준 이름도 무하마드로 밝혀졌다. 7,549명에 달했다. 미국 CNN은 2010년에도 무하마드가 영국에서 제일 많이 지어 준 이름이라고 발표했다. 가파른 성장세를 보이는 무슬림 인구는 앞으로 영국 내에서 최대 종교 그룹으로 부상할 가능성이 가장 높은 것으로 나타났다.

2009년 1월 30일 〈더 타임즈〉에 다음과 같은 영국 통계청의 조사결과가 보도되었다.

"영국의 무슬림 인구는 지난 4년 만에 50만 명이 증가하여 현재 240만 명으로 성장했다. 영국 통계청이 발표한 조사에 따르면 무슬림 인구는 여타 사회(종교) 그룹보다 10배 빠르게 성장한 것이다. 같은 기간에 영국의 기독 인구는 2백만 이상이 감소했다. … 덧붙여, 이 보고서는 기독 인구가 가장 많이 밀집되어 있는 연령층이 70대 이상인 반면 무슬림 인구 밀집 연령층은 4세 미만이라고 밝혔다. 영국 무슬림협의회의 무하마드 압둘 바리 총무는 현재 1,600개의 모스크가 있지만 무슬림 인구의 증가와 발맞추어 모스크가 계속 늘어날 것이라고 전망했다. 그는 무슬림이 앞으로 영국을 지휘하게 될 것(Muslims would command in the future)이라는 전망이 다른 사회(종교) 그룹에 위협으로 인식되어서는 안 된다고 말했다."

뿐만 아니다. 2011년 1월 4일, 영국 유명 일간지들에 지난 10년간 무슬림으로 개종한 영국 백인이 두 배로 급증하여 이미 10만 명에 이르렀다는 보도가 대서특필 되었다. 2010년 한 해에만 런던에서 1400명, 영국 전체에서는 5200명이 이슬람으로 개종한 것으로 통계가 나왔다. 이민과 고출산으로 영국 내의 무슬림 인구는 이미 많이 늘어나고 있는데, 적극적 포교로 이제는 영국 백인들까지도 개종하고 있는 상황이다.

무슬림들은 "이슬람이 세계를 압도할 것"(Islam will dominate the world!)이라고 공공연하게 선포한다. 그 일환으로 그들은 정치에도 깊숙이 참여한다. 2010년 5월, 영국 총선에서 무슬림 국회의원 8명이 당선되어 2005년 총선 때보다 두 배가 늘어났다. 보수당으로 첫 무슬림 국회의원 2명이 당선되었는가 하면, 무슬림 여성인 사이다 와르시가 보수당 당수가 되는 놀라운 일이 생겼다. 무슬림 지방의원은 200명이 넘는다. 무슬림으로서 처음으로 영국 내각에 입각하여 내무차관과 법무차관을 겸직한 샤히드 말릭은 30년 내에 영국은 이슬람화되며 무슬림 수상이 탄생하게 될 것이라고 공언했다.

소피아 대성당이 주는 교훈

2010년 10월, 터키의 이스탄불을 방문했다. 한국 선교사들에게 로마서 특강을, 외국 선교사들에게 바울 특강을 하기 위해서였다. 그때 소피아 대성당(Hagia Sophia)을 둘러 보았다. 4세기에 콘스탄틴 대제의 모후 헬레나가 헌금하여 지은 교회당으로서 현존하는 교회 건물로서는 가장 오래된 것이라고 한다. 415년과 537년에 복원 증축된 16층 건물 높이의 이 웅장한 성당은 본당에 기둥 없이 반원을 들어 올린 형식의 돔(Dome)이다. 오랜 역사와 거대한 건물의 이 대성당은 기독교 역사의 산 증거다. 여덟 번에 걸친 기독공회 중에서 세 차례가 이곳에서 열렸다. 황금의 입을 가진 교부로 불렸던 크리소스톰이 목회한 교회였다.

그러나 1453년 동로마가 오스만 제국에 의해 멸망하면서 콘스탄티노플은 이스탄불로 이름이 바뀌었다. 소피아 대성당도 무슬림들에게 빼앗겨 원형을 그대로 보존한 채 이슬람 사원으로 바뀌고 말았다. 뿐만 아니라 이스탄불 안에 있던 52개의 다른 웅장한 교회당들도 이슬람 사원이 되고 말았다. 무슬림들은 이렇게 빼앗은 교회당들을 파티 자미(Fatih Camii)

라고 부른다. 정복한 모스크라는 뜻이다. 기독교 예배당이었지만 자기들이 빼앗아 모스크로 만들었음을 자랑스러워한다.

이런 모습을 보면서 마음이 무거웠다. "주님, 이 땅에서 주님 이름의 명예를 회복하소서"라는 기도가 절로 터져 나왔다. 터키는 사도 바울이 복음을 전하며 교회를 개척했던 땅이요, 초대 일곱 교회가 있었던 땅이다. 초기 기독교의 기독론을 정립한 기독교 공회들이 열렸던 땅이다. 그러나 지난 500년 동안 이곳에서는 예수님의 명예가 훼손된 듯 보였다.

유럽도 이대로 가면 이곳처럼 될 수밖에 없다는 생각에 유럽 재복음화에 대한 각오가 더욱 살아났다. 소피아 대성당이 모스크가 되었다고 해서 하나님의 영광과 권세가 사라진 것은 아니다. 그분은 영원히 만유의 주재시다. 깊은 섭리 가운데 허락하신 일이다. 그리고 그 영광을 그 땅에서 회복하실 것이다. 하지만 예수님을 따르는 우리로서는 주님의 지상명령을 준행함으로써 어디서든 하나님 나라를 지키고 확장해 가는 데 최선을 다해야 한다.

～≈≈～

왜 유럽 교회가 이렇게 되었을까?

그러면 왜 유럽 교회가 지난 50~60년 동안 이렇게 급격히 감소하게 되었을까? 이유는 복합적이다. 감소의 배경은 훨씬 오래 전으로 거슬러 올라간다. 2010 동경선교대회에서 유럽 주제강의를 한 스테판 구스타브슨 박사는 다음과 같이 그 이유를 설명했다.

첫째, 도시화 현상 때문이다.

세계 인구는 전통적으로 시골에 살았다. 기원 전 5년에 로마가 처음으로 100만 이상의 인구를 가진 대도시가 되었고, 그 후 런던이 1811년에야 1백만을 넘어섰다. 산업혁명의 영향으로 대도시가 형성되기 시작하다가 2007년에는 100만 인구 이상의 도시가 전 세계에 무려 468개나 되었다. 그러다보니 시골 지역의 인구가 대폭 줄어들면서 교회 출석 인원도 자연스레 감소하고, 문을 닫는 교회들이 늘어나게 된 것이다.

둘째, 더 심각한 이유는 인본주의에 뿌리를 둔 세속화 때문이다.

인본주의는 모든 일의 중심에 인간을 두고 판단 기준으로 삼는 사고 구조다. 이 사상은 15세기 르네상스 때부터 시작하여 18세기 이후에는 계몽주의의 핵심 사상으로 자리잡았다. 이때부터 인간이 가장 중요한 판단의 기준이 된다. 하나님과 기적 같은 초자연적 현상은 안중에도 들지 못했다. 계몽주의가 둥지를 틀고 자리잡을 수 있었던 것은 이런 인간 사고의 변화가 일어나고 있을 때 유럽 교회가 타협(compromise)과 후퇴(withdrawal)로 잘못 대처하였기 때문이다.

많은 신학자들과 기독교 지도자들이 계몽주의 철학과 과학에 신학을 절충해야 한다는 타협론으로 대응했다. 지적으로 정직하다는 인상을 주려고 기적과 계시와 초자연적 현상을 부인하기 시작한 것이다. 이것이 바로 유럽 교회를 중독시킨 자유신학이다. 유명한 교회 지도자들과 신학자들이 동정녀 탄생과 기적들과 그리스도의 부활이 역사적 사실이 아니라 단지 신학적 주장에 불과하다고 인정하기에 이르렀다. 그리하여 유럽 기독교 지도자들 가운데서 종교적 언어는 구사하면서도 초자연적 현상을 부인하는 '종교적 무신론자'(Religious Atheists)들이 많이 생겨났다. 계몽주의 사상에 감염되면서 교회는 스스로 무덤을 판 꼴이 되고 말았다.

또 다른 반응은 계몽주의의 도전을 수용하지 않으려는 후퇴 반응이었다. 이들은 대체로 문화와 학문 세계와 과학으로부터 움츠러들면서 복음을 수호하려 했다. 이것이 바로 많은 교회에 깊은 영향을 끼친 경건주의와 훗날 생긴 은사주의 신학이다. 이 운동이 지닌 장점은 이루 말할 수 없이 많다. 하지만 이런 입장은 문화로부터 스스로를 소외시키고 지성적 도전을 소홀히 하는 위험한 약점을 노출했다.

그리고 기독교 세계관에 대한 가르침이 미약했다. 오히려 지성과 감성, 마음과 영혼 사이의 분리만 조장했다. 결과적으로 교회는 지성세계를 비켜가고 말았다. 1900년에는 이런 결과가 분명하게 보이지 않다가, 20세기에는 확연하게 드러났다. 그리하여 오늘날 유럽의 대학, 대중 문화, 언론, 과학 등 모든 분야를 세속적 사고를 가진 사람들이 완전히 장악했다.

오늘날 유럽은 세속 문화에 깊이 빠져 사회 전반에 하나님의 임재가 사라지고 자연주의적 인본주의 세계관이 지배하고 있다. 유럽의 세속화는 정상적 규범에 도전하는 소수 개인들의 무신론이나 회의론 정도가 아니다. 오히려 세속화가 정상이 되어 버리고 만 것이다.

포기할 수 없는 유럽

현 추세가 아무리 절망적으로 보인다 할지라도 유럽을 그냥 포기할 수는 없다. 유럽에서 기독교가 소수 종교로 전락하고 만다면 그 추세는 북미와 아시아에도 영향을 미칠 것이기 때문이다. 한국의 큰 교회당도 50~100년이 지나면 관광지로 변할 것이라고 이야기하는 배경에는 유럽 교회의 쇠퇴가 있다.

그러나 유럽 교회가 다시 복음의 능력을 회복한다면 유럽에 있는 많은 이주민들에게 자유롭게 복음을 전할 수 있을 것이다. 그들은 복음 전파가 제한된 국가에서 이민 온 경우가 많기 때문이다. 반면 다시 일어서지 못한다면 유럽은 타종교에 잠식당하고 말 것이다. 현재 많은 유럽 교회들은 자신들의 생존에 급급한 나머지 유럽에 이주해 있는 많은 이주민들에게 복음을 전할 전략과 기회를 거의 만들지 못하고 있다.

유럽 교회가 다시 복음의 영성을 회복한다면 유럽 교회는 다시 한 번 세계 복음화를 위해 크게 쓰임 받을 것이다. 유럽에는 뿌리 깊은 신앙 전통이 많다. 더 나아가 정치, 경제, 문화적으로 유럽이 세계에서 차지하는 역할과 영향력은 아직도 엄청나다. 그 영향력을 통해 세계 선교에 또 다시 지대한 영향을 미치게 될 것이다. 따라서 우리는 유럽을 포기할 수 없다.

한국 교회, 유럽을 도울 수 있다

영국과 유럽의 재복음화를 위해서 전 세계의 교회가 기도해야 한다. 할 수 있는 대로 참여해야 한다. 그중에서도 한국 교회는 더욱 적극적으로 참여해야 한다.

첫째, 한국 교회는 특히 영국 교회에 큰 복음의 빚을 졌기 때문이다.

개신교 최초 선교사로 우리나라에 들어와 목 베임을 당하고 순교한 로버트 토마스 선교사가 영국 사람이요, 성경을 우리 말로 제일 처음 번역한 존 로스 선교사가 영국 사람이다. 영국은 6.25 동란에 참전하여 우리나라뿐만 아니라 한국 교회도 지켜 주었다.

존 로스 목사 기념교회는 2000년 3월 첫 주에 문을 닫았다. 마을회관으로 쓰이다가 지금은 슈퍼마켓이 되었다고 한다. 웨일즈에 있는 토마스 선교사 기념교회에서 설교했다. 그날 출석한 영국 교인은 9명뿐이었다. 전체적인 영국 교회의 감소는 캔터버리 대주교의 표현대로 피 흘리며 죽어가는 것과 같다. 복음의 큰 빚을 진 한국 교회가 영국 교회를 도우며 섬겨야 하는 것은 당연한 이치다.

둘째, 하나님께서 한국 교회를 이 시대의 선교 대국으로 세워 주셨기 때문이다.

아프리카, 인도, 중국, 남미, 중앙아시아, 중동에서 교회가 성장하고 있다. 그러나 이 지역 교회들이 본격적으로 해외선교 인력으로 쓰임 받으려면 아직 10~20년의 시간이 필요하다. 어떤 나라든 해외선교를 잘 감당하려면 그 나라 교회의 영적 성숙도와 경제의 뒷받침이 필요한데 지금 성장하고 있는 이 지역의 교회들은 아직 그럴 여력이 충분하지 않다. 마치 1960년대와 70년대의 한국 교회 상황과 비슷하다. 교회가 숫적으로는 성장했지만 영적으로 선교를 감당하기에는 부족한 점이 많고 국가 경제력도 해외로 선교비를 조달하기 어려운 형편이었다. 1980년대부터 영성훈련, 전도훈련, 큐티훈련, 제자훈련이 한국 교회에 보편적으로 뿌리 내리고, 국가 경제가 성장하면서 한국 교회도 해외선교를 감당하기 시작했다.

하나님께서는 한국 교회를 짧은 기간에 세계 선교에서 중요한 역할을 감당하도록 인도해 주셨다. 한국 교회는 2010년 말까지 22,014명의 선교사를 169개국에 파송하여 세계적으로 인정받고 있다. 다른 비서구 교회들이 세계 선교의 역할을 본격적으로 감당하게 될 향후 10~20년 동안 국내외 한국 교회와 해외 중국 교회 같은 아시아 교회가 세계 선교의 역할을 감당해야 할 것이다. 그런 면에서 유럽 선교도 우리가 참여해야 할 선교의 영역임이 분명하다.

셋째, 하나님께서 한국과 한국 교회의 지도력을 높여 주셨다.

지난 20년 사이에 한국의 위상이 엄청나게 달라졌다. 작은 나라지만 경제, 스포츠, IT 분야에서 세계적인 두각을 나타내고 있다. 반기문 유엔 사무총장은 우리나라가 국가 위상에 비하여 국제사회에 경제적으로 공헌하는 정도가 너무 약하다고 말했다. 그것은 우리나라가 가난하거나 인색해서가 아니다. 이제는 남을 도울 위치에 와 있다는 것을 충분히 인식하지 못하기 때문이라고 생각한다. 원조를 더 이상 받지 않는 것으로 만족하지 말고 원조를 베푸는 나라가 되어야 한다. 2010년 11월에는 G20 의장국이 되어 성공적으로 회의를 개최했다. G20 이후 〈뉴욕타임즈〉는 한국 국민만 한국의 높아진 위상을 모르는 것 같다고 했다.

선교적으로도 마찬가지다. '이제는 유럽이다'라는 인식을 해야 한다. 복음으로 서구인도 도울 수 있는 위치, 아니 도와야 하는 위치에 와 있다는 시대적 사명을 인식해야 한다. 특히 많은 비서구 교회가 아직 본격적으로 해외선교를 감당하기 어렵고, 서구 교회가 예전같이 선교할 수 없게 된 형편 속에서 하나님께서 한국 교회를 선교 대국으로 세워 주신 시대적 사명감을 인식해야 한다. 그리하여 전도, 기도, 헌신을 포함한 교회개척과 부흥의 노하우와 인적, 재정적 자원을 동원하여 유럽을 포함한 세계 교회를 돕는 사명을 다해야 하겠다.

유럽 연합은 2010년 10월 자유무역협정(FTA)의 첫 파트너로 한국을 선택했다. 예삿일이 아니다. 하나님께서 한국이 유럽에 들어갈 문을 여신 것이다. 무기력해진 유럽 교회에 영적으로도 활력을 불어넣어야 한다. 한국 교회는 복음으로 서구를 도울 수 있다는 자신감도 가져야 한다. 동시에 겸손함도 가져야 한다. 우리는 빚을 갚는 것이다. 한국 교회의 교세와 한국의 경제 능력으로 선교할 수 있는 것이 아니다. 오히려 그 자신감의 원리는 성경과 교회의 역사에서 찾는다. 식민지 속국이었던 조그만 유대 나라 출신들이 찬란한 문화의 본고장인 그리스와 정치와 경제의 중심지인 로마제국을 복음으로 도왔다. 그리고 '정복'했다. 복음의 능력 때문이었다. 한국 교회도 하나님의 심장을 가지고 복음의 능력을 의지하면 복음으로 유럽을 도울 수 있다.

한국 교회, 유럽 교회의 부름에 응답해야 한다

2010 동경선교대회에서 돋보인 것은 한국 선교의 약진이었다. 이 세계적 대회에서 참가자와 강사와 지도력에서 두각을 나타냈다. 백 년 전, 한국에서 에딘버러 대회(1910.6.13~23)에 참석한 사람은 아펜젤러, 언더우드,

모펫 선교사 등 모두 15명이었다. 그중 한국인은 참관인 자격으로 참석한 윤치호 선생 혼자뿐이었다. 그러나 이번 동경대회에는 약 150명의 한국 선교 지도자들이 참석했다. 가까운 일본에서 대회가 열렸던 이유를 감안하더라도 전체 참가자의 15%에 달하는 참석 인원은 매우 높은 비중이었다.

조동진, 강승삼 선교사가 주제강의를 맡았다. 하용조, 이영훈 목사가 저녁 집회 주강사로 설교했다. 이종용 목사가 아침 경건회에서 설교했다. 김규동, 배다윗, 안교성, 유승관, 이은무, 이현정, 전철한, 조용중, 최종상, 한정국 선교사가 대륙별, 전략별 워크숍에서 발표를 맡았다. 특히 조용중 선교사가 이 대회의 준비위원장으로 대회 준비는 물론 대회 개막부터 폐막까지 사회를 보면서 대회의 흐름을 인도한 것은 의미가 깊다. 한국 선교사들이 국제단체와 국제대회에 영향력을 발휘하며 리더십 그룹으로 자리를 잡아가고 있음을 보여 준 대회였다.

한국 교회가 비서구 교회 가운데서 선교운동을 주도해 온 것을 감안할 때 우리가 서구 교회와 비서구 교회를 잇는 다리 역할을 해야 한다는 목소리가 높다. 앞으로 서구 교회의 선교적 역할이 점점 감소할 것을 감안하면 한국 교회는 우리가 앞으로 어떻게 선교할 것인가의 고민을 넘어 세계 교회에 선교 방향과 전략을 제시하는 지도적 역할을 감당해야 할 것이다. 서구 교회의 감소 현상과 함께 그들의 세계 선교 지도력이 점점 줄어든다는 것을 유념해야 한다. 누군가 지도력을 계승해야 한다. 하나님께서 그때를 대비하여 한국 교회의 세계 선교 참여를 축복해 주셨다. 지난 동경선교대회에서 한국 교회가 그 역할을 충분히 감당할 역량이 있음을 보여 주셨다. 한국 교회가 새로운 선교 도약의 기회를 모색해야 한다면, 지금까지 서구 주도하에서 이루어진 선교 전략 중에서 좋은 것은 취하고 부족한 것은 과감히 버려야 한다. 새로운 모델과 전략으로 지도력을 발휘해야 한다. 특히 유럽이 새로운 선교지로 부각된 만큼 세계 교회가 유럽을 위해 무엇인가 해야 한다는 공감대를 형성하고 그것을 실천에 옮기는 데 한국 교회가 의미 있는 역할을 감당해야 한다.

부족하지만 나의 개척 목회 이야기가 한국 교회에 잔잔한 격려가 되기를 소망한다. 감사하게도 2011년 현재 영국, 프랑스, 독일에서 유럽 현지인들을 대상으로 목회하는 한국 사역자가 20여 명에 이르고 있다.

유럽의 교회가 다시 살아난 후 유럽에 이주해 온 수많은 타종교 이주민들에게 열정적으로 복음 전하는 모습을 상상해 보라! 그들이 자기 나라에 돌아가 복음 전하는 모습을 상상해 보라! 소생한 유럽 교회가 다시금 정치, 경제, 외교적 영향력으로 세계를 복음으로 섬기면서 과거의 영광과 역할을 회복하는 모습을 상상해 보라! 그날이 있기 위하여 먼저 우리는 "다시 와서 우리를 도우라"는 유럽 교회의 간절한 부름에 응답하며 유럽 재복음화의 비전을 한 걸음씩 실천해 나가야 한다. 2천 년 전 유럽은 아시아를 향하여 "건너와서 우리를 도우라"고 간청했다. 사도 바울은 이 마게도니아인의 간절한 부름에 응답하여 선교 항로를 유럽으로 바꾸었다(행 16:9). 그래서 유럽이 복음화되었고, 유럽은 전 세계를 복음으로 복 주는 대륙이 되었다. 그 후 2천 년 동안 그들이 아시아를 도와주었지 한 번도 도와 달라고 한 적이 없었다. 그러나 지금 유럽이 아시아를 향하여 "다시 건너와 우리를 도우라"고 부르고 있다. 한국 교회는 유럽이 간절히 부르는 '新 마게도니아 환상'을 보고, 그 부름에 응답해야 할 시점에 서 있다.

Chapter.13

암노스 교회개척학교를 꿈꾼다

영국에서만 2004년부터 2008년까지 불과 4~5년 사이에 50만의 무슬림이 늘어나고 2백만의 기독교인이 줄었다. 모스크는 계속 늘어 가는데, 교회는 문을 닫고 있다. 현재 영국 인구의 3%밖에 안 되는 무슬림들이 앞으로 영국을 지휘해 갈 것이라고 공언하며 그 비전을 향해 달려가고 있는데 기독교인들은 영국을 위해 무슨 비전과 전략을 가지고 있는가?

유럽의 어려운 영적 상황을 보고 마음만 아파해서는 안 된다. 한 단계 더 나아가 구체적인 전략으로 무엇인가 해야 한다. 한때 울창했던 유럽 교회라는 산이 지난 50년 사이에 벌거숭이가 되었다. 많은 고목이 쓰러진 산을 다시 푸르게 하는 방법은 작은 나무를 많이 심고 잘 가꾸는 것이다. 많은 나무를 심어야 한다. 많은 교회를 개척해야 한다.

교회개척학교에 대해 생각하게 된 것은 어떤 우연한 대화로부터 시작되었다. 런던신학대학 3학년 학생들에게 바울 신학을 강의하던 때였다. 졸업을 앞둔 한 영국 학생에게 물었다.

"졸업 후 할 사역이 정해졌는가?"

"네, 은행에서 일하게 되었습니다."

"아니, 이 좋은 학교에서 신학을 공부했으면 교회나 기독기관으로 가서 하나님의 일을 해야지 않겠어?"

"저도 주님 일을 하고 싶었고, 그래서 주님의 뜻인 줄 알고 신학교에 왔습니다. 하지만 공부를 마치면서 교회와 여러 기독교 기관에 이력서를 냈지만 취직이 되지 않았습니다. 아무도 저를 고용해 주지 않았어요."

그 말을 들으니 이해는 되었다. 교회가 성장해야 전도사를 1명 쓰던 교회가 1명을 더 쓰게 될 텐데, 교회가 줄어드니 더 뽑지 않을 뿐더러 도리어 있던 전도사마저 내보내는 형편이 된 것이다.

학생의 안타까운 말을 듣고 생각해 보지 못했던 말이 튀어 나왔다.

"아무도 고용해 주지 않으면 자네가 자네를 고용하면 되지!"

"무슨 말씀입니까?"

"무엇을 하려고 교회에 신청서를 냈는데?"

"어린이 사역도 하고 설교도 하면서 목회를 돕고 배우려는 것이었지요.”

“그래, 남이 그런 일을 하도록 기회를 주지 않으니까 자네 스스로 그런 기회를 만들어 사역하면 되지 않겠어?”

“교회를 개척하라는 말씀입니까?”

“그래, 교회를 개척해서 자네가 어린이 사역도 하고 설교도 하면서 목회를 하면 되지!”

“어떻게 교회를 개척합니까? 그건 못합니다.”

“나 같은 한국 사람도 하고 있는데, 영국 사람인 자네가 왜 못하겠어. 할 수 있어. 수천 개의 교회가 문닫는 것을 보시는 하나님의 마음이 얼마나 아프시겠어? 누구든지 교회의 문을 열겠다고 기도하고 헌신하면 하나님께서 틀림없이 도와주실걸세.”

그날 나는 영국 학생들의 기도제목에는 졸업 후 교회를 개척할 비전은 들어 있지 않다는 것을 알았다. 또한 학생들이 신학교에서 배운 것으로는 교회를 개척하기 어렵다는 것도 알았다. 그때 나는 처음으로 일주일에 하루 이틀 정도 저녁시간에 교회개척에 대해 무료 강좌를 개설하고, 교회개척에 대한 동기부여와 전도훈련, 목회훈련을 시켜 졸업 후 개척할 수 있도록 도와야겠다는 생각을 했다.

그러나 하나님께서는 우리를 둘로스 선교선으로 먼저 인도하셨다. 둘로스에서 사역하는 동안에도 교회개척학교의 꿈이 사라지지 않았다. 특히 중동을 포함한 전 세계의 교회가 다 성장하는데 유럽만 급속히 쇠퇴하는 상황을 보면서 교회개척을 통한 유럽 재복음화 비전이 더욱 새로워졌다. 영국에서 신학교 교수를 하거나 교회를 목회하거나 한두 교회를 개척한다 해도 의미 있는 사역이 되겠지만, 수천 교회가 문닫고 있는 영국과 유럽의 상황을 반전시키는 데는 큰 도움이 되지 못할 것이라고 생각되었다. 오히려 개척학교를 열어 영국 신학교 졸업생 20명을 훈련시켜 그들이 교회를 개척하도록 내보낸다면 훨씬 전략적일 것 같았다. 주님의 축복으로 학교가 일 년에 50명씩 훈련시킬 수 있다면, 그래서 이들이 매년 20~30교회를 개척할 수 있다면 엄청난 일이 일어날 것 같았다.

"코부르 학장을 꼭 만나 보세요"

5년 1개월을 단장으로 섬긴 후 정든 둘로스를 떠났다. 재직기간에 55개국의 92개 항구도시에서 사역했는데 코타키나발루가 마지막 방문지가 된 것도 감사했다. 여기서 필립 로 목사를 만났다. 영국에 돌아가 할 사역 계획을 들은 그는 브리스톨에 있는 트리니티신학대학의 조지 코부르 학장을 꼭 만나 보라고 했다.

영국으로 돌아온 후 둘로스에 가 있는 동안에도 연구교수직을 유지시켜 준 런던신학대학을 먼저 찾았다. 그 사이에 새 학장으로 사이먼 스티어 박사가 취임해 있었다. 2010년 1월 27일, 대학에서 점심식사를 같이 했다. 교회개척학교에 대한 이야기를 듣고 학장은 그 개척학교를 이 대학에서 하자고 적극적으로 나서 주었다. 대학과 함께 교회개척학교를 한다고 생각해 보지 않은 나로서는 기도하고 의논할 시간이 필요하다고 했다.

스티어 학장은 점점 열심을 냈다. 5월 21일에는 대학에서 3명, 우리 쪽에서 3명이 모여 정식으로 의논을 했다. 긴밀한 동역관계를 갖기로 했다. 학장의 제안에 따라 6월 2일 이사회에 교회개척학교 설립 및 동역안을 제출했다. 그런데 공교롭게도 바로 그 주간에 스티어 학장은 병가(病暇)를 냈다. 이사회에서는 학장이 없는 자리에서 이 안건을 토의하기 어렵다며 계속 미루었다. 6주간의 병가는 6개월로 이어졌고, 결국 학장은 사임하고 말았다.

학장서리가 된 부학장은 학교가 어려움이 많은 관계로 2011년 10월에는 대학과 함께 시작하기가 어렵겠다고 자세히 설명해 주었다. 그러면서 자신은 교수로 오기 전에 프랑스에서 교회개척 사역을 했다면서 어떻게든지 우리 사역을 돕겠다고 했다. 원한다면 강의도 해줄 수 있고 이사회에도 들어올 용의가 있다고 했다. 감사했다.

⌘

"신약학 교수로 오십시오"

그러는 사이에 3월 22일 코부르 학장도 만났다. 두 시간 약속을 하고 갔는데 무려 다섯 시간을 보냈다. 그만큼 얘기할 것이 많았다. 주님께서 처음부터 서로 마음이 통하게 해주셨다. 그는 영국과 유럽의 재복음화를 사명으로 삼고 있었다. 나와 비전이 정확히 같았다.

인도 사람인데도 엘리자베스 여왕 전속목사로 2003년부터 여왕과 왕실을 섬기고 있었다. 대여섯 번 만나면서 우리는 가까워졌다. 만날수록 귀하다는 생각이 들었다. 런던신학대학과 함께하지 못하게 되었다는 소식을 들은 코부르 학장은 트리니티대학과 같이 하자고 강권했다.

2010년 12월 17일, 대학의 크리스마스 디너에 초청해 주었다. 점심 후 코부르 학장은 그날 이런 제안을 했다.

"트리니티에서 신약학 교수를 하면서 대학 안에 교회개척학교를 개설하고 운영해 주면 좋겠습니다."

"…."

"대학 체제 내에서 해야 하니 좀 제한이 따를 겁니다. 하지만 제가 전적으로 지원할 테니 많은 일을 할 수 있을 겁니다."

다시 잠시 생각하고 대답했다.

"참으로 감사합니다. 하지만 교수직은 사양하겠습니다. 저는 교수직을 구해 오지 않았습니다. 교회개척학교에만 전념해야 합니다. 교수 일도 풀타임 일인데 어떻게 두 가지를 같이 하겠습니까? 같이 하게 되면 자연히 개척학교 일이 뒷전으로 밀릴 수밖에 없을 것입니다."

"다시 한 번 생각해 보세요. 부인과 의논해서 나중에 답을 주셔도 됩니다."

"제게는 간단합니다. 신약학 교수 모집 광고를 내시면 20명은 신청할 것입니다. 교회개척학교를 시작할 사람은 영국에 몇 명이나 된다고 생각하십니까? 저희 부부는 그동안 안정된 자리나 생활을 구하지 않았습니다. 그보다는 영국과 유럽에 요긴한 일을 해야 한다고 생각합니다. 지금은 땅 한 평 없는 미미한 일이지만 개척학교 일이 주님께 더 큰 영광을 돌릴 일일 것 같습니다."

"…."

이번에는 코부르 학장이 말이 없었다.

"그러면 가르치는 일은 놔두고 여기 와서 대학의 교회개척 사역을 책임져 주십시오."

"죄송하지만 그것도 힘들겠습니다. 개척학교가 런던 가까운 곳에 있어야 한다고 생각합니다. 한국 교회도 섬기기 위해서입니다. 한국 교회는 저를 위해 32년간 기도하고 지원해 주었습니다. 그 사랑의 빚을 갚고 싶습니다. 한국 교회가 영국 교회에 복음의 빚을 갚을 수 있도록 많은 기회를 제공하고자 합니다. 그러자면 런던 부근에 있는 것이 좋습니다. 한국에서 방문 팀들을 받아서 영국을 보여 주고 기도를 부탁하거나, 한인 교회들에게도 사역의 기회를 제공하려면 런던에 있어야 효과적이라고 생각합니다."

정말 미안했다. 좋은 초청을 해주었는데 모두 사양하고 만 것이다. 본의 아니게 협조적이지 못한 모양새가 되고 말았다.

그러나 코부르 학장은 그릇이 큰 사람이었다.

"알겠습니다. 그러면 다른 제안을 하지요. 브렌트우드에 있는 트리니티 교회에서 그 교회개척학교를 해보십시오. 그 교회에다 추천해 드리겠습니다. 전에 학교로 썼던 시설이어서 사용 가능한 공간이 있습니다. 마침 제가 1월 16일, 그 교회에서 설교하니 그때 오십시오."

"이해해 주시니 감사합니다."

"처음 만났을 때 이미 어떤 모양으로든지 동역하기를 주님께서 원하신다고 생각했습니다."

"저도 마찬가지였습니다."

예상치 못한 우군(友軍)

2010년 12월 12일, 코부르 학장의 초대를 받고 브렌트우드에 있는 트리니티 교회 예배에 참석한 적이 있었다. 500여 명이 출석하는 큰 교회였다. 힘차고 간절한 찬송으로 예배가 살아 있었다. 아침 예배에는 나이지리아의 윌리엄 꾸무이 목사가 설교했다. 그는 1973년에 교회를 개척하여 37년 만에 나이지리아는 물론 세계 여러 나라에 교회를 개척했다. 피터 와그너가 교단 없는 교회의 대표적 사례로 거론하는 이 교회에 속한 세계의 신자는 백만 명이 넘는다고 한다. 수도 라고스에 12만 5천 명이 앉는 체육관형 교회당을 건축 중이라고 했다.

점심식사 전에 교회개척학교 비전을 듣고 꾸무이 목사는 이렇게 말했다. "조지 코부르 목사하고 그 일을 할 때 나도 꼭 끼워 주세요."

저녁에는 2010년 크리스마스 콘서트가 열렸다. 80여 명의 성가대와 오케스트라와 이웃의 브라스 밴드까지 합하여 주님의 탄생을 소리 높여 찬양했다. 처음 듣는 코부르 목사의 설교는 놀라웠다. 복음적인 내용과 힘있는 전달, 그리고 원고도 없이 쏟아내는 그의 달변이 놀라웠다. BBC TV 방송국을 연상케 하는 조명 시설을 갖추고 여섯 대의 카메라가 예배 실황을 녹화하고 있었다. 이 예배 내용은 케이블 TV에 방영된다고 했다.

영국에 이렇게 살아 있고 건강한 교회가 있다는 것이 놀랍고 감사했다. 35년 역사의 이 교회는 한 때 800명까지 출석했다고 한다. 그런데 믿기 어려운 사실은 그동안 하나의 지교회도 개척하지 않았고, 1명의 선교사도 파송하지 않았다는 점이었다. 돌아와서 기도를 할수록 이 교회에서 개척학교를 했으면 좋겠다는 생각이 들었다.

첫째는 우리 학생들을 전도 인력으로 공급해 주어 이 교회가 지교회를 개척하도록 도울 수 있다는 생각이었다.

둘째는 건강한 교회가 건강한 지교회를 개척할 수 있을 것이라는 생각이었다. 런던 외곽에 있으니 자리도 좋았다. 그래서 기도하기 시작했는데 그날로부터 닷새 후인 12월 17일에 코부르 학장이 이 교회를 사용하면 좋겠다는 제안을 한 것이다.

이 제안을 듣고 런던으로 돌아온 후 트리니티 교회 담임목사 앞으로 편지를 썼다. 우리의 사역 계획을 설명하고 교회를 사용하게 해달라는 내용이었다. 하지만 직접 보내지 않고 코부르 목사에게 먼저 보내 보완할 내용이 없는지 의견을 부탁했다. 하지만 그는 그 신청서를 곧바로 리니커 목사에게 전달했다.

2011년 1월 16일, 그 교회 예배에 다시 참석했다. 동역하기로 한 김주경 목사 부부도 파리에서 일부러 왔다.

예배를 드리고 전에 만났던 그 교회 리더십 팀 몇 명을 만났다. 콜린 클레민슨이 먼저 얘기를 꺼냈다.

"우리 리더십 팀이 어제 아침에 모여 목사님의 제안을 검토하고 의논했습니다."

"아니, 어떻게 벌써?"

"리니커 목사님이 미리 이메일로 돌렸습니다. 어제 의논하면서 우리는 모두 흥분했습니다. 지난 여러 달 동안 우리 교회가 무엇을 해야 하는가를 놓고 기도해 왔는데 이 개척학교가 기도의 응답이라고 생각했습니다.”

“정말 감사합니다. 제가 생각한 속도보다 훨씬 빨리 진행되는 것 같습니다. 이 교회에서 개척학교를 하도록 리더십 팀에서 지원해 주십시오. 이 교회에는 특별한 사명이 있다고 생각합니다. 영국에 이만한 교회가 몇 개나 되겠습니까? 트리니티 교회는 이 교회만 생각하거나 이 지역만 위해 사역하면 안 되고 영국 전체를 가슴에 품고 유럽에서 할 일을 감당해야 합니다.”

“맞는 말씀입니다. 많이 도와주십시오.”

코부르 학장은 예상치 못한 우군(友軍)이었다. 이스라엘 민족이 가나안으로 들어가기 전에 여호수아는 2명의 정탐꾼을 미리 보내 여리고와 가나안 땅을 알아보게 했다. 얼굴 모습과 복장과 악센트가 다른 그들은 쉽게 노출되고 말았다. 그러나 하나님은 기생 라합을 준비시켜 놓으셨다. 전혀 예상치 못한 우군이었다. 천한 신분의 라합을 사용하셔서 정탐꾼을 구하고 이스라엘 민족을 구하셨다. 우리가 영국 교회를 위해 작은 시작을 하려 하자 대영제국 여왕의 전속목사까지 붙여 주신 주님의 손길이 놀랍지 않은가! 이렇듯 하나님은 상상을 초월하여 일하신다. 하나님께서 교회개척학교 사역을 기뻐하신다는 것을 다시 확인할 수 있었다.

영국과 유럽 재복음화를 위한 동반자로

코부르 학장은 자기가 브렌트우드에 왔을 때 교회 사용 여부를 결정짓는 것이 좋겠다고 했다. 김주경 목사와 나는 코부르 학장과 리니커 담임 목사와 마주 앉았다. 그들은 미리 의논한 내용을 설명해 주었다. 먼저 이 교회를 사용할 수 있다고 했다. 사무실 두 개, 강의실, 신학 도서관, 컴퓨터실, 부엌과 식당, 필요하면 게스트 룸도 사용할 수 있다고 했다. 또 교회 부지에 3층짜리 비어 있는 집이 있는데 수리 개조하여 학생 기숙사로도 쓸 수 있다고 했다. 나중에 둘러보니 우리에게는 정말 알맞은 시설이었다. 우편물 관리와 전화 교환 서비스도 해주겠다고 했다.

우리는 처음부터 빌려 쓰는 세(貰)를 내겠다고 했다. 그 교회도 어느 정도의 세를 받으면 좋겠다고 했다. 일 년에 2만 5천 파운드(약 5천만 원)의 사용료를 내기로 합의했다. 싸게 얻은 것이다. 개척학교는 별개의 단체로서 존립하는 것이 좋겠다고 했고, 우리도 당연히 그래야 한다고 동의했다. 이 교회를 대표할 사람이 '암노스 유럽 선교회' 이사회에 들어왔으면 좋겠다고 했다. 또 담임목사와 나는 정기적인 모임을 갖고 긴밀히 소통하기로 했다. 나는 코부르 학장을 우리 개척학교의 고문으로 초청했고, 그는 기꺼이 수락했다. 코부르 학장과 리니커 목사는 나에게 가끔 이 교회 멤버로 적극 참여해 주고 부탁이 있을 때마다 설교해 주기를 바랐다. 선교와 전도 부분도 지도해 달라고 했다. 기꺼이 그렇게 하겠다고 했다. 이렇듯 쌍방은 집 주인과 세 들어 사는 사람의 관계가 아니라 긴밀한 동반자 관계를 유지하기로 했다.

이러한 실무진의 합의를 암노스의 이사회가 먼저 검토하고 의견을 제시하면 트리니티 교회 재단이사회가 검토하여 동역합의서를 작성하기로 했다. 쌍방 이사회가 필요하면 조율한 후 최종 서명을 해서 확정하기로

○ 암노스 교회개척학교가 장소로 사용하는 트리니티교회의 모습.
넓은 부지와 강의실, 신학 도서관, 기숙사 시설 등은 하나님께서 예비하신 곳임을 직감하게 했다.

했다. 여기서 가장 중요한 것은 실무진의 합의였다.

너무도 신속히 합의되었다. 서로 돕고 섬기며 동역하기로 마음을 모으고 기도하고 일어섰다. 돌아온 즉시 나는 우리 이사회를 소집하여 이 사실을 알렸다. 이사들도 주님께 감사를 드렸다. 트리니티 교회가 제안한 내용에 대해 몇 가지 의견과 의논 사항을 보냈다. 다음 날 나는 서류로 작성하여 리니커 목사와 코부르 학장에게 이메일을 보냈다.

일 년을 넘게 장소를 찾느라 수없이 많은 곳을 찾아 다녔지만 평안이 없었다. 그러나 이곳은 주님의 인도하심이라는 확신이 들었다. 큰 평강과 기대가 우리를 사로잡았다. 우리의 필요를 아시는 하나님께서 상상한 것 이상의 시설을 주셨다. 우리 사역을 귀하게 여기는 교회로 우리를 인도해 주신 것이다. 이런 은혜는 2011년 5월 16일, 양측의 이사 대표들이 모인 모임에서도 재확인되었다.

이 교회는 10명이 전화해도 10명이 동시에 받을 수 있는 편리한 기능을 가진 전화시설을 무료로 쓰도록 해주었다. 이렇게 편리한 시설을 미리 예비해 주신 주님의 손길이 놀라울 뿐이다. 암노스 교회개척학교를 소개하는 안내장(Brochure)을 인쇄하기 직전에 전화번호를 넣을 수 있었으니 우리는 주님의 자상하심에 감격할 수밖에 없었다.

트리니티 교회가 장소로 결정된 것이 특별히 감사했던 것은 지난 거의 일 년 동안 장소를 구하기 위하여 너무도 많은 곳을 다녔기 때문이다. 다 쓰러져 가는 마굿간부터 넓은 정원이 있는 저택까지 다양했다. 공터도 보고 교회 건물들도 보았다. 어떤 교회는 우리가 전도지향적으로 너무 활발해서 빌려 주기 어렵다고도 했다. 모든 종교를 수용하는 자기 교회의 좋은 평판에 지장을 줄 것 같다는 것이었다. 너무도 어처구니가 없었다. 이렇게 알맞은 곳을 찾지 못하여 낙심되던 때에 트리니티 교회를 만나 전격적으로 결정된 것이다.

❧

1141888 - 자선단체 등록번호

영국에서 사역을 시작하려면 먼저 자선단체로 등록되어야 한다. 그래야 재정의 투명성을 공인받고, 헌금한 사람들이 세제 혜택을 받을 수 있기 때문이다. 자선단체로 들어온 기부금에 대해서는 정부에서 28%를 얹어 주기 때문에 사실 절대적으로 등록되어야 한다. 그 단계는 먼저 회사 등록을 한 후에 자선단체로 추가 등록 절차를 밟아야 한다.

수십 페이지의 서류를 검토하며 작성하여 등록 신청을 하는 일도 쉽지 않다. 무슨 일이든지 개척하려 하면 참으로 일이 많다. 그런데 하나님께서는 이것을 위해서도 미리 우군을 준비시켜 두셨다. 바로 이스트버리 교회의 로저 쿠퍼다. 회계사로 평생을 보내면서 자선단체 등록만 열두 개나 해본 전문가였다. 로저는 다 알아서 할 터이니 달라는 정보만 주라고 했다. 최소한 3명의 멤버가 있어야 회사 등록이 가능하다. 나는 로저와 가레스 존스 변호사, 페이스 글린 교수를 초청했다. 존스 변호사는 우리 두 딸을 4년 동안 집에 데리고 있으면서 돌보아 준 고마운 사람이다. 글린 박사는 임페리얼 대학 명예교수이며 엔지니어로 영국에서 권위자다. 왕립 엔지니어링 학회를 비롯하여 네 개 학회의 펠로우(석학회원)로 있다. 이스트버리 교회 성도다. 우리가 둘로스에 가 있을 때 교회에서 우리를 지원하는 창구 역할을 하기도 했다.

런던신학대학 학장서리가 된 크리스 잭 목사도 합류하게 될 것이다. 앞으로 한국인을 포함하여 9명으로 확대하려고 한다. 런던신학대학 학장과 영국침례교 총회장을 지낸 데릭 티드볼 박사는 코부르 학장과 함께 고문으로 모시게 되었다.

이름이 있어야 등록을 할 수 있다. 많은 생각과 기도 끝에 이름을 '암노스 미니스트리스'(Amnos Ministries)라고 지었다. '암노스'는 헬라어로 '어린 양'이라는 뜻이다. 요한복음 1장 29절에서 "보라, 세상 죄를 지고가는 하나님의 어린 양이로다"에 나오는 '어린 양'이다. '어린 양'은 예수님을 지칭한다. 구원하러 오신 어린 양(요 1:29), 흠 없고 점 없는 어린 양(벧전 1:19),

희생하신 어린 양(고전 5:7), 보좌에 앉으신 어린 양(계 7:10)이다. 예수님의 섬김과 성결과 희생과 영광을 선포하는 사역을 하고 싶다. 어린 양 예수님을 본받아 성결과 희생의 삶을 강조하고자 한다. 예수님의 십자가와 부활과 영광을 전하고, 그분의 몸 된 교회를 강건하게 하고 싶다. 예수님 이름의 명예가 실추되어 가는 유럽 땅에 복음의 씨를 뿌려 황폐해진 유럽 땅을 다시 푸르게 하고 싶다.

2011년 1월 25일, 영국 정부의 회사 등록기관으로부터 '암노스 미니스트리스'가 합법적으로 등록되었다면서 등록번호 7505282가 선명하게 인쇄된 등록증서를 보내 왔다. 하나님께서 앞으로 우리가 할 사역의 지경을 넓혀 주시려고 하나의 선교회를 설립해 주셨다. 한국 명칭으로는 '암노스 유럽 선교회'로 하여 유럽에 집중하는 사역인 것을 나타내고자 했다. 암노스 유럽 선교회 안에 여러 사역이 펼쳐질 것이다. 우선 암노스 교회개척학교가 첫 번째다. 그 외에도 주님께서 허락하시는 때에 목회자가 없는 유럽 교회에 목회자를 공급하는 사역도 주력하고자 한다. 유럽의 영적인 상황을 홍보하고 기도운동을 일으키는 사역도 병행하려 한다. 영국을 포함한 유럽의 신학교들이 다 어렵고 자유신학을 신봉하는 곳이 많으므로 유럽의 신학교들도 섬기고 싶다. 하나님께서 허락하시는 일들을 추진해 가되 무리하지 않을 것이다. 항상 '크게 생각하고 작게 시작하는' 정신과 자세를 갖고자 한다.

회사가 설립되고 먼저 해야 할 일은 은행구좌를 개설하는 일이다. 최소한 1천 파운드가 있어야 회사용 구좌를 개설할 수 있다. 당시 교회개척학교를 위한 지정헌금은 한국에서 230만 원을 받아 구좌를 개설해 놓은 것 밖에는 없었다. 우리 가정에서 우선 필요한 것은 출자하기로 생각했었다. 그런데 회사가 설립된 이틀 후에 편지를 받았다. 선교회를 위해 사용하라, 절대로 헌금자를 밝히지 말라는 메모와 함께 1천 파운드 수표가 들어 있었다. 이것이 영국 사람에게서 온 헌금이어서 더욱 감사했다. 그것은 꼭 영국 사람들이 우리 사역의 시작을 기뻐한다는 징표로 보였기 때문이다.

더 중요한 것은 자선단체 등록이었다. 그러자면 기본 자금으로 5천 파운드(약 1천만 원)가 있다는 서류를 제출해야 했다. 마침 귀국하여 2011년 2월 16일 대구동신교회에서 설교했다. 권성수 담임목사는 영국과 유럽의 재복음화를 위해 간절히 기도하며 이 사역을 돕자고 강권했다. 다음 날 권 목사는 한 가정에서 1천만 원을 헌금했다는 감사한 소식을 전해 주었다. 이것도 영국 교회에 복음의 빚을 진 한국 교회가 이 사역에 기도와 물질로 동참함으로 그 빚을 갚겠다는 징표로 생각되었다. 2011년 5월 12일, 암노스 미니스트리스가 자선단체로 등록허가가 났다는 통보와 함께 등록번호 1141888이 배정되었다. 이제 주님은 영국에서 사역할 수 있는 기반을 놓아 주신 것이다.

암노스 교회개척학교의 훈련과 사역

선교학자 피터 와그너가 말한 것처럼 교회개척은 하늘 아래에서 가장 효과적인 전도방법이다. 영국을 포함한 유럽 교회들이 교회개척에 집중

하도록 기도하고 격려해야 한다. 동시에 국내와 해외 한인 교회들도 유럽에 교회개척 선교사들을 적극 파송해야 한다. 이스트버리 교회가 개척이 되었기에 그 교회를 통해 많은 전도가 이루어진 것과 같은 일들이 영국과 유럽 전역에서 일어나야 한다.

이제는 교회개척을 더욱 본격화해야 할 때가 왔다. 교회를 몇 개 개척하는 것보다 '교회개척학교'를 세워 훈련된 교회개척자들을 길러내고 그들이 이뤄 나갈 개척을 적극적으로 지원하는 것이 전략적이라고 생각한다. 암노스는 신학훈련을 마친 20명의 영국 청년들에게 일 년 동안 공동체 훈련을 시키려고 한다. 일 년 과정은 세 학기와 인턴십 과정으로 구성되어 있다. 교회개척에 대한 동기유발, 자신감 부여는 물론 전도, 설교, 상담, 제자훈련 등을 가르친다. 영국과 유럽의 교회 현황을 파악하게 하고 기도하게 한다. 매일 새벽기도를 하고, 그 외에도 많은 기도의 시간을 가질 것이다. 새벽기도 시간에 교직원과 학생들이 돌아가며 간단한 설교를 맡는다. 학생들에게는 설교 실습과 훈련도 될 것이다.

암노스 교회개척학교의 생명은 실습과 실천이다. '실제적인 전도와 목회 훈련'(A practical evangelism and pastoral training)을 타협 없이 지키려고 한다. 7~8명으로 구성된 전도대 세 개를 운영하면서, 일주일에 이틀을 현장 전도에 전념하게 한다. 전도를 배우고, 배운 것을 가지고 현장에 나가 전하는 것이다. 각 팀은 한 지역을 정하여 적어도 일주일에 한 번씩 7개월 동안 반복 방문하며 사역하게 한다. 우리의 전도 인력으로 다른 교회의 개척을 도와줄 수도 있다. 나를 포함한 교직원들도 전도에 정기적으로 참여한다. 결신자와 관심자들을 양육하다가 일 년이 지나면 세 개의 교회를 개척하거나 소생시키는 일을 시작할 수 있을 것이다.

이제 훈련생들은 교회개척에 대해 배웠을 뿐 아니라 직접 참여해 개척해 보았기 때문에 훈련과정을 마친 후 자신감을 가지고 하나님의 인도하심에 따라 여러 곳에 흩어져 교회를 개척할 수 있을 것이다. 2명이 한 교회를 같이 개척할 수도 있을 것이다. 이렇게 하여 일 년에 10~15개 교회를 개척해 갈 것이다. 이렇게 교회개척학교의 규모도 조금씩 키우고 개척되는 교회 수도 늘어간다면 영국 교회에 격려와 신선한 충격을 줄 수 있으리라 확신한다.

또한 영국처럼 열악한 환경에서는 교회개척학교 과정을 마친 후에도 지속적인 관심과 지원이 필요하다. 기도와 지속적인 전도 인력 공급으로 개척한 훈련생들을 도우려고 한다.

첫째, 10월부터 다음 해 6월 말까지 학교에서 훈련받은 학생을 7월부터 9월까지 3개월간 인턴십으로 보내려고 한다.

한국 내의 교회들과 해외 한인 교회, 해외 중국 교회 또 영국의 건강한 교회들로 인턴십을 보낸다. 한국 교회나 건강한 교회의 영성과 목회자의 헌신, 실제적인 목회 프로그램을 배우고 경험하게 하기 위해서다. 여기서 목회의 새로운 모델과 열정을 경험하게 한다.

교회를 개척하는 것은 중요하다. 그러나 어떤 교회를 개척하는가는 더 중요하다. 건강한 교회론을 가르쳐야 한다. 어떻게 계속 교회를 질적으로 양적으로 부흥 성장시켜 갈 것인가를 고민하며 노력해야 한다. 트리니티 교회처럼 건강하고 활발한 교회와 동역하게 된 것을 감사한다. 우리 학생들이 볼 수 있는 건강한 교회의 모델이 되기 때문이다. 인턴십 교회들도 건강한 교회와 목회자의 모습을 보여 줄 것이다. 인턴들은 인턴 교회와 목회자를 잘 관찰하며 배워야 한다. 이 교회가 건강하게 성장하는 이유가 무엇인지 연구하게 한다. 그 원리를 찾아내어 자신이 교회를 개척하여 목회할 때 어떻게 적용할 것인지 리포트를 쓰게 한다.

둘째, 후속 훈련생들이 한 달에 한 번 정도 팀을 나누어 선배 훈련생들이 개척한 교회들을 찾아가 주변을 전도하며 사역지원을 해주는 것이다. 뿐만 아니라 인턴 교회들이 단기선교팀을 1~2주씩 보내 전도 인력을 공급하며 특별 전도 행사를 갖게 한다. 그러나 무엇보다 중요한 것은 개척된 각 교회가 처음부터 전도대를 운용하며 정규적이고도 지속적인 전도 활동을 꾸준히 펼치는 것이다.

셋째, 일 년에 두 차례씩 개척 목회를 하고 있는 졸업생들을 모아 보고와 간증을 듣고 기도하며 격려하는 모임을 주선할 것이다.

전도와 목회의 어려움을 나누기도 하고 성공 사례도 발표하며 서로 배워가는 기회를 제공하고자 한다. 대부분의 신학대학들은 졸업과 동시에 졸업생들과 지속적인 관계를 유지하지 못한다. 그러나 우리는 지속적으로 기도와 훈련과 인력 지원으로 졸업생들의 사역을 격려하고자 한다. 그들이 개척한 교회가 속히 지교회를 개척하도록 돕고자 한다.

넷째, 약속은 못하지만 재정적으로도 지원하고 싶다. 학생들에게 자립, 자전, 자치의 '삼자정신'을 철저히 가르칠 것이다.

하지만 어느 정도 재정적 지원이 있다면 큰 도움이 될 것이다. 먼저 인턴 교회들이 도왔으면 좋겠다. 인턴십 기간에 인턴들과 호스트하는 인턴 교회가 서로 가까워지면 좋겠다. 그래서 인턴들이 교회를 개척할 때에 인턴 교회는 그들을 위해 기도하며 혹 경제적으로도 지원해 줄 수 있으면 좋겠다. 이런 지원은 인턴 교회가 기도하며 자유로이 결정할 일이다. 만일 지원을 한다면 3년으로 제한하되 첫해에는 목회자 생활비의 2/3, 다음 해는 1/2, 3년 째에는 1/3을 지원하는 식이다. 몇 교회가 힘을 합쳐 지원해도 좋다. 개척된 교회는 3년 후 재정 독립을 목표로 한다. 그 후에는 지원받은 빚을 갚아야 한다. 지원해 준 교회에 갚는 것이 아니라, 다른 훈련생이 개척하는 교회를 지원하도록 하는 것이다.

영국에 교회개척 운동이 일어나기 시작해 감사하다. 알파 코스를 처음 시작한 런던의 홀리트리니티브롬톤 교회(Holy Trinity Brompton)는 1985년부터 교회개척에 많은 노력을 기울이고 있다. 기존 교인 20~50명을 내보내 개척하는 '분가 개척' 방식이다. 지금까지 15개 정도의 교회를 개척하여 좋은 본을 보이고 있다. 런던 남부의 돈더날드 교회도 런던 부근에 250개 교회를 개척할 꿈을 가지고 이미 열 번째 교회를 개척했다. 마찬가지로 분가식 개척이고, 두 교회 모두 전적으로 재정 지원을 한다. 귀한 일이다.

그러나 이 방식은 한계가 있다고 본다. 계속 분가시키며 재정 지원하는 데 한계가 올 것이어서 역동적인 개척 운동으로 발전하지 못할 것이다. 또 다른 교회에도 좋은 모델이 되는 데 한계가 있다. 분가시키고 재정 지원할 수 있는 교회가 영국과 유럽에 많지 않기 때문이다. 어느 교회나 할 수 있는 것은 바로 '전도하여 개척'하는 것이다. 5~10명의 전도대가 한 지역에서 교회개척을 목표로 지속적으로 전도하여 결신자와 관심자를 찾아내 양육하며 교회를 개척하는 전략이다.

○ 한 영국 교회에서 유럽 재복음화의 필요성과 전략을 역설하는 최종상 선교사

암노스는 이런 전략으로 기도하며 훈련시켜 학생들이 사도행전적 교회 개척을 이루어 가도록 준비시키고자 한다. 바울은 예루살렘 교회나 안디옥 교회로부터 재정 지원을 받아 교회를 개척하지 않았다. 그 교회 성도들을 데리고 나가 교회를 세우지도 않았다. 여러 교회가 보내 준 동역자들로 구성된 전도대와 함께 정기적이고 지속적인 전도 활동을 하면서 여러 교회를 개척했다. 21세기에도 같은 원리를 실천하는 개척자들을 주님께서 복 주시리라 믿는다.

암노스 웹사이트를 보고 어떤 사람이 연락해 왔다. 30년간 영국에서 교회개척을 해오고 있으며 스펄전대학에서 교회개척과목을 가르쳤던 스튜어트 윌리엄스 박사였다. 2011년 6월 25일, 브리스톨에 사는 그를 방문했다. 나는 그에게 암노스 교회개척학교의 비전과 전략을 설명했고, 그는 영국에서 일어나고 있는 교회개척 운동에 대해 설명해 주었다. 그는 암노스는 다른 교회개척 운동과 특이한 점이 많고 기대가 크다고 격려해 주었다. 앞으로 교회개척에 대한 회의나 세미나가 있으면 초청해 주겠다고 했다.

영국과 유럽에서 교회를 개척하는 일은 수월하지 않다. 그래서 많은 기도가 요청된다. 2011년 5월 26일, 옥스포드선교대학 학장인 마원석 박사의 주선으로 옥스포드에서 제일 크고 활동적인 세인트 올데이츠 교회의 찰리 클레버리 담임목사를 방문하여 환담했다. 그는 "영국에서 교회를 개척하는 것은 포장된 주차장에 나무를 심는 것과 같다"고 말했다. 유럽 재복음화의 꿈을 가지고 활동하고 있는 큰 교회 목회자가 이렇게 말하는 것을 듣고 놀랐다. 또 우리가 얼마나 무모한 일을 시도하고 있는가를 돌아보게 했다. 그러나 생명이 있는 나무는 아스팔트 밑이라 할지라도 비집고 올라온다. 한 번은 포장된 도로를 뚫고 올라온 버섯을 보고 놀라움에 사진을 찍은 적도 있다. 모든 사람에게 구원을 주시는 하나님의 능력인 복음에는 생명이 있기에 아스팔트 주차장 같은 유럽이라도 푸른 숲이 되게 할 것이다.

목회자 없는 유럽 교회에 한인 목회자 공급

암노스의 사역이 성장하면 교회개척학교 이외에도 해야 할 일이 많다. 먼저 목회자 없는 영국과 유럽 교회에 사역자를 공급하는 일이다. 영국의 경우 그렇게 많은 교회가 문을 닫았음에도 불구하고 성직자의 수가 남아 있는 교회당 수에 비해 모자란다. 한 교회당 1명의 목사가 배정되지 못하고 있는 실정이다. 특히 도시의 큰 교회에 2~4명의 목사가 임직하고 있어 시골에는 담임목사를 모시지 못한 교회가 많다. 그래서 한 목사가 2~4곳의 교회를 돌보는 경우가 많고, 심지어 7~11교회를 돌보는 경우도 있다. 한 한국 목사는 웨일즈에서 8개 교회를 순회하며 예배를 인도하고 있다. 담임목사가 없는 교회들은 대부분 격주로 혹은 자체적으로 예배를 드린다. 그러다 보니 교회가 문을 닫는 사례가 계속 늘고 있고, 이 같은 추세는 앞으로 더 심해질 것으로 보인다. 교인 감소, 교회 감소, 성직자 감소, 신학생 감소의 악순환이 계속되고 있다.

이 악순환의 고리를 끊는 방안으로 목회자가 없는 영국 교회에 한인 목회자를 공급하는 전략을 시도할 필요가 있다. 유럽 목회자의 약점은 안일함이라고 본다. 반면 한인 목회자의 장점은 열정과 헌신이다. 영국 교인들은 유럽인들을 대상으로 목회하는 한국 목사들의 열정과 부지런함을 가장 높이 평가한다. 이것은 한인 목회자들이 영국 목회자들과 가장 차별화되는 장점이다.

비전과 열정과 실력을 겸비한 한인 목회자들이 한국 교회의 보수적 신앙과 강한 영성으로 영국 교회에 새로운 사역 모델을 보여 줄 수 있을 것이다. 물론 유럽의 문화와 의식구조, 언어에 대해 미리 훈련받을 필요가 있다. 여러 면에서 실력을 갖춘 한인 목회자들이 겸손한 자세로 영국 교회를 섬긴다면 영국 교회의 목회자 부족 문제를 어느 정도 해결해 줄 수 있을 것이라 생각한다.

이는 새롭게 개척을 시도하라는 것이 아니다. 목회자가 절대 부족한 영국 교회에서 한인 목회자는 우선 부교역자로 부임하여 섬길 수 있다. 이 기간에 문화와 언어를 익히며 열심히 관계를 형성하고 영국 목사와 교인들의 신임을 얻어야 한다. 계속 심방하고 전도하면서 교회가 조금씩 성장하면, 문닫는 수순을 밟아 가던 교회가 소생할 것이다. 많은 한인 사역자가 영국 교회를 다시 일으키는 사역에 동참함으로써 영국 재복음화에 중요한 일익을 감당하길 기대한다. 암노스가 그 사역에 참여할 한인 사역자들에게 오리엔테이션 과정을 마련하여 섬길 수 있을 것이다. 교회개척학교가 자리잡히면 방학 동안에 이런 프로그램을 운영할 수 있을 것이다. 생각만 해도 가슴이 벅차다!

이런 사역이 이루어지려면 한국 교회의 이해와 지원이 뒤따라야 한다. 그러기 위해서는 무엇보다도 '유럽이 이제 선교지'라는 사실을 널리 알려야 한다. 아직도 유럽이 기독교 대륙이라고 생각하는 전 세계 성도들에게 유럽의 영적 현실을 알리며 계몽해야 한다. 그래야 유럽을 위해 기도하는 운동이 일어나고, 기도할 때 헌신자가 생겨날 것이다. 비서구 교회는 유럽으로 선교사를 파송하게 될 것이다. 따라서 '유럽을 알자' 같은 세미나를 한국은 물론 해외 한인 교회들을 대상으로 정기적으로 실시해야 한다. 교회나 연합단체 차원에서 유럽 선교 기도회를 정기적으로 갖는 것도 시도해야 한다.

영국과 유럽을 재복음화하고자 하는 우리의 꿈이 이루어질 수 있을까? 어쩌면 공상만 하고 있는 것은 아닐까? 나는 우리의 계획과 비전을 믿는 것이 아니라 하나님을 믿는다. 그 하나님은 수천 개의 교회가 문을 닫을 때 마음 아프게 바라보신 분이다. 독생자를 주시기까지 이 땅의 백성을 사랑하신 분이다.

"에브라임이여 내가 어찌 너를 놓겠느냐 이스라엘이여 내가 어찌 너를 버리겠느냐 … 내가 다시는 에브라임을 멸하지 아니하리니 이는 내가 하나님이요 사람이 아님이라…"(호 11:8-9).

하나님을 완전히 등진 이스라엘을 향하여 이렇게 말씀하신 분이다. 이 유럽이 당신을 떠나갔어도 "이 땅을 위하여 성을 쌓으며 성 무너진 데를 막아 서서 나(하나님)로 하여금 멸하지 못하게 할 사람을 찾으시는" 분이다(겔 22:30). "황폐한 곳을 다시 세우며 파괴된 기초를 다시 쌓으며 무너진 데를 보수하는 사람"을 찾으시는 분이다(사 58:12). 누구든지 이땅에서 주님의 명예를 회복하려 하고 무너진 교회를 다시 세우려 한다면 하나님은 기다렸다는 듯이 도우실 것이다.

"너희 하늘 아버지께서 이 모든 것이 너희에게 있어야 할 줄을 아시느니라"(마 6:32).

우리에게 있어야 할 '이 모든 것'은 무엇일까?

첫째, 학생들이다.

정말로 좋은 재목의 학생들이 들어와야 한다. 영국과 유럽에 건실한 교회를 개척하여 교회개척 운동의 주역이 될 일꾼들이 모여야 한다. 예수님의 십자가 보혈과 부활의 능력을 전파할 학생들이 필요하다. 바울 같이 "예수 그리스도와 그가 십자가에 못 박히신 것 외에는 아무것도 알지 아니하기로 작정한"(고전 2:2) 사람들이 모여야 한다. 신학과 신앙과 실천에서 균형을 잡으면서 영국과 유럽 교회의 생태계를 바꿀 일꾼들이 와야 한다.

둘째, 이들을 지도할 교수와 훈련자들이 모여야 한다.

주님을 사랑하는 사람에서부터 복음에 대한 열정을 가진 사람들이 가르쳐야 한다. 암노스 교회개척학교는 지식을 전달하는 곳이 아닌 사람을 변화시키는 곳이 되어야 한다. 오직 변화된 사람만이 남을 변화시킬 수 있다. 계속 주님을 닮아 가며 변화되어 가는 사람만이 남을 변화시킬 수 있다. 이런 정신과 삶을 가진 좋은 팀이 모여 학생들을 지도하며 운영해야 변화를 기대할 수 있다. 감사하게도 주님께서 영국, 스웨덴, 독일, 미국 같은 서구에서뿐만 아니라 아프리카, 인도, 말레이시아, 한국 같은 비서구권에서 학문과 실천에서 뛰어난 방문교수들을 많이 참여하게 해주셨다.

셋째, 성경적 원리와 헌신적 정신과 담대한 비전이다.

영국과 유럽은 지극히 세속화된 땅이다. 하나님을 찾는 사람이 드물다. 더구나 동양 사람이 이끄는 사역이라면 무시당하기 쉽다. 유럽인들은 인종과 문화와 사고에 대한 우월의식이 대단하다. 이들을 녹일 수 있는 것은 그리스도의 사랑과 복음밖에 없다. 성경적 문화와 하나님의 손에 잡힌 담대함을 보이는 길밖에 없다. 암노스는 시대를 읽을 줄 알아야 하되 "주를 의뢰하고 적군을 향해 달리며 내 하나님을 의지하고 담을 뛰어넘는" 용기가 있어야 한다(시 18:29).

넷째, 동역자들이 필요하다.

영국과 유럽에 "추수할 것은 많되 일꾼이 적으니 그러므로 추수하는 주인에게 청하여 추수할 일꾼들을 보내어 주소서"라고 간절한 심정으로 기도할 '기도 부대'가 필요하다. 암노스 사역은 기도 없이 이룰 수 없다. 마음과 물질로 이 사역에 동참할 사람들도 필요하다. 도서기금, 장학기금, 시설기금, 운영기금을 지원할 사람들도 필요하다. 우리 학생들을 지도해 줄 인턴 교회들도 필요하다. 암노스의 사역은 혼자 할 수 있는 일이 아니다. 하나님의 축복으로 동역자들과 함께 이루어갈 위대한 일이 이제 작게 시작되고 있다. 한국 교회와 이민 교회 성도들이 복음의 빚을 갚으려고 기도와 정성을 모을 때 영국과 유럽에도 다시 부흥의 불길이 타오르며 생수의 강이 흐르는 날이 올 것이다. 주님께서 친히 부흥을 주시리라. "물이 바다를 덮음 같이 여호와의 영광을 인정하는 것이 [유럽을 포함하여] 세상에 가득할"(합 2:14) 날을 기다린다.

암노스 사역의 결과로 더 많은 영혼들이 어린 양의 보좌 앞에 모여 죽임을 당하신 어린 양, 영광의 예수님을 영원토록 찬양하게 되길 간절히 소망한다. 그 비전을 바라보며 함께 순례자의 길을 걷는 사랑하는 독자들에게 주님의 은혜와 평강과 축복을 기원한다.